Christa Fuchs • Gudrun Harrer

Als Oma im Keller Quargel aß

oder *Unser nicht alltäglich Brot*

Auch ein Kochbuch

Mandelbaum *Verlag* • Wien

Die hier abgedruckten Texte erscheinen als Kolumne seit 1993 in der Wiener Tageszeitung STANDARD.

ISBN 3-85476-023-x

Ferdinandstr. 25 / 2605, A-1020 Wien

Lektorat, Satz & Graphische Gestaltung: Michael Baiculescu
Umschlagillustration: Davor Markovic
Druck: RemaPrint, 1160 Wien

Inhaltsverzeichnis

Es ist ja nicht so, daß zwei Köchinnen gleich den Brei verderben müssen. So unterschiedlich unsere Kochtemperamente sind – die Fuchs ist die Akkuratesse in Person, während die Harrer unbestreitbar über den genialen Touch verfügt –, dem Konsens in den wesentlichen Dingen standen sie nie im Wege. Beispielsweise darüber, welche und wie viele Flaschen während des Kochens geleert werden.

Unsere nunmehr ins dritte Jahrzehnt gehende, herzinnigliche temporäre Küchengemeinschaft, die dieser Artikelsammlung zugrunde liegt, begann ausgerechnet in Detmold, Ostwestfalen-Lippe. Daß Detmold, wo wir beide Musik studierten, Ende der siebziger Jahre kulinarisch so besonders inspirierend war, kann man nun bei aller Liebe zu Grünkohl mit Kohlwurst – das einzige lokale Gericht, das uns einen bleibenden Eindruck hinterlassen hat – nicht behaupten. Auch sonst war nicht viel los, die englische Kaserne war von mäßigem Interesse. Und so trafen sich die beiden Exilösterreicherinnen, die sich schon aus Salzburg kannten, mangels anderer Unterhaltungen regelmäßig an den Wochenenden und kochten und aßen und tranken und waren's mehr oder weniger zufrieden.

In diese Zeit fällt auch unser erster Chateau Margaux, gekauft in einem Feinkostgeschäft in Minden, anläßlich der Besichtigung des dortigen Domes. Die zarten Fäden, die Leib und Seele zusammenhalten, waren uns also schon damals sehr bewußt. Wir wollen Ihnen auch nicht verschweigen, daß die armen Studentinnen die Rabattmarken im Supermarkt nicht für angeblich vernünftige Dinge, sondern für das eine oder andere Flascherl Champagner sammelten – wobei die (im Laufe der Zeit immer öfter gebrochene) Regel war, daß wir ungefähr die Hälfte des Preises zusammenhaben mußten, bevor wir an den Kauf schritten.

Warum wir Ihnen das erzählen? Wir schwelgen angesichts der Entwicklung, die die sogenannte Gastroszene dann später genommen hat, eben gerne in der Erinnerung, daß wir schon gut und gerne aßen und tranken, als das noch keine Domäne der »rich and beautiful« war. Unsereins – und das ist nicht erfunden – ließ sich gerade mal die Schuhe doppeln, wenn man das erste Mal einen höheren Freßtempel betrat.

Heute ist das alles ganz anders. Tiramisu und Mousse au chocolat gehören zu den ersten hundert Wörtern, die ein österreichisches Kleinkind sprechen kann; den ersten Hummer hauen sich die Bälger mit eineinhalb rein. Der Papi ißt Lachs aufs Frühstückssemmerl und memoriert am Abend im Bett Parker-Punkte, damit er am nächsten Tag seinem Chef beim Geschäftsessen imponieren kann. Der Schlitten vor der Haustür wird als Statussymbol langsam, aber sicher abgelöst von der Designerküche – wobei wir aber den Verdacht haben, daß auf der Granitplatte um Zehntausende Schilling nicht selten ein McDonald's-Laberl landet oder eine Packerlsuppe oder eines dieser tiefgefrorenen Gerichte, in die wie ins Hundsfutter süchtigmachende Zusätze kommen. Soll sein. Wir wollen ja nicht defätistisch sein. Uns freut's, daß man heute ganz im allgemeinen besser ißt als vor zwanzig Jahren. Sogar der Zucker im Salat der Wiener Wirtshäuser wird seltener.

~

Uns war die kulinarische Karriere jedenfalls durchaus an der Wiege gesungen, obwohl wir nicht mit Austern und Kaviar großgezogen wurden. Aber so gut auch bei ihr die häuslichen Voraussetzungen waren: Die Harrer war von etlichen Jahren katholischen Internatsaufenthalts kulinarisch mittelschwer geschädigt, als sie 1977 endlich der Fuchs in die Arme lief. Bei deren Eltern zu Hause wurde damals schon wild gekocht – angetrieben von der Tochter, die ihr Aha-Erlebnis als Au-pair-Mädchen in Frankreich gehabt hatte und seitdem Standards setzte, die hierzulande noch selten waren.

Die genetischen Voraussetzungen waren bei der Fuchs allerdings prächtig: Die legendäre Annatant' (eine Tante von Christas Großmutter mütterlicherseits) war schon in jungen Jahren Köchin des russischen Gesandten in Rom gewesen. Als der sie dann aber nach St.Petersburg mitnehmen wollte, zog sie es doch vor, mit ihrem angesparten Vermögen wieder heimzufahren – und hat dadurch die russische Revolution versäumt. In der Familie heißt es, die Annatante habe sogar einmal die Kaiserin Elisabeth bekocht, was bestimmt eine große Ehre, aber bekanntlich auch ein gewisser Frust gewesen sein muß. (Da war halt die mollerte Schratt etwas ganz anderes als die magersüchtige Sisi: Die Kathi hat den Kaiser mühelos eingekocht. Die spätere Harrer-Urgroßmutter mütterlicherseits hat übrigens von einem Besuch bei der Schratt ein Guglhupf-Rezept mitgebracht: Franz-Joseph-Guglhupf, wie denn auch sonst.)

Aber zurück zu den oberösterreichischen Fuchsens. Die Tante Lini, die Schwester ihres Großvaters mütterlicherseits – der ein breites kulinarisches Spektrum pflegte, von den eingebrannten Sauzechen bis zum frischen Spargel (damals eine Seltenheit!) –, hat die Christa selbst noch bis weit ins Erwachsenenalter hinein erlebt. Sie war der gute Geist des Hauses, auch in kulinarischen Dingen – sofern sie nicht zu neumodisch waren. Die Linitant' wird Ihnen in unseren Geschichten immer wieder begegnen.

Einschlägige Tanten, deren Fama wir ins 21. Jahrhundert hinüberretten werden, hat selbstverständlich auch die Harrer aufzuweisen: Die Tante Lilli und die Tante Mimi und die Tante Viktorin, Schwestern des Ururgroßvaters mütterlicherseits, verbrachten ihr Leben in der Küche, wo sie für den allerdings recht großen Haushalt täglich ein Kilo Butter verkocht haben sollen. In der Familie geht die Mär, daß sie zu jeder ihrer Kutschenausfahrten, die mehr oder weniger der einzige Grund für sie waren, sich aus der Küche zu entfernen, neue Kleider brauchten – weil sie schon wieder dicker geworden waren. Ihre Großnichte, Gudruns berühmte Tante Mutzi, schrieb dafür in den zwanziger Jahren ein Kochbuch: Iß Dich schlank!, hieß es. Ausgerechnet! Allerdings hat nie ein Mensch je die Tante Mutzi kochen gesehen. Sie war dafür berüchtigt, daß sie alle ihre Besuche, etwa zu Weihnachten, genau nach den Highlights auf den Speisezetteln der Verwandtschaft legte, von denen sie dann mit reichem Bschoad (»Bescheid«, zu neudeutsch doggy bag) versehen wieder in ihre Wiener Kemenate zurückkehrte. Für sie, die Erbtant', wurden die besten Leckerbissen aufgehoben, besonders in den Zeiten, als diese noch spärlich gesät waren. Und ihr Bruder, Gudruns Großvater, wußte ja, was gut war: Immerhin war er als Siebzehnjähriger aus der Kadettenschule ausgerückt und hatte sich jahrelang in Marseille herumgetrieben, und zwar in der Gastronomie.

Na ja, jedenfalls wissen Sie jetzt so ungefähr, woher bei uns – und unseren Müttern – der Hang zum Kochtopf unter anderem kommt. Erleichtert wurde die Sache eingestandenermaßen auch durch unsere Väter, die beide Jäger sind, was bei uns bereits in frühester Kindheit den Schweinsbraten gewissermaßen relativiert haben dürfte. Unsere auch vom Freundeskreis sehr geschätzten Anlagen haben wir jedenfalls gewissenhaft gepflegt und entwickelt.

Wie schon erzählt, auf die güldene Jugend folgte die Lehrzeit in Detmold, auf die sich bei der Fuchs schon die Wiener, bei der Harrer allerdings noch acht Mailänder Jahre anschlossen, in denen sie sich auch recht brav kulinarisch weiterbildete. Als sie dann 1993, schon als STANDARD-Redakteurin und offensichtlich bereits mit einem gewissen Ruf als begnadete Fresserin versehen, gefragt wurde, ob sie nicht einmal etwas aus ihrem reichen kulinarischen Leben zu Papier bringen wolle, sagte sie: Ja. Aber. Nicht ohne meine Fuchs. Das Ergebnis halten Sie in Händen.

Kleben ist seine Stärke

Wenn Reis und Suppe die ideale Verbindung zum RISOTTO eingehen sollen, muß man den Stolz jeder braven österreichischen Hausfrau, den perlenden Reis, vergessen. Aber die nimmt uns sowieso niemand ab.

Also lasset uns an die Tat schreiten zu unserem Erstlingswerk. Wieso wir beim Opus 1 gerade auf ein feines Risottino gekommen sind, dafür können wir Ihnen gerne eine – selbstverständlich völlig an den Haaren herbeigezogene, was unser Markenzeichen ist, wie Sie noch sehen werden – Erklärung liefern. Stellen Sie sich einfach vor, Ihnen ist ein bißchen schlecht. Sie haben Ihrem Magerl in rauschenden Faschingsballnächten zu viel Flüssiges zugemutet, es ist indigniert, aber noch nicht bereit, sich mit Haferschleim abzufinden. Ein Risotto muß her.

Uff, das wäre geschafft, grenzgenial, die Idee mit dem Mageneinrichten. Aber jetzt vergessen Sie's wieder, sonst müssen wir später bei der Butter sparen. Beginnen wir mit der schlechten Nachricht für die junge Hausfrau und den jungen Hausmann: Bei der italienischen Risottoküche vergesset das österreichische Ideal, wo jedes Körndl zehn Meter weit rollt, wenn's auf die Erd' fallt! Ein Risottoreiskörndl bleibt höchstens picken, und viele zusammen ergeben halt eine Art Gatsch, wobei die Körndln individuell aber durchaus noch Biß und Charakter haben – wie Ihre Autorinnen halt.

Spaß beiseite: Zum richtigen Risotto gehört Rundkornreis, der weichkörnig, weil stärkehaltig ist. Er nimmt beinahe bis zur Selbstauflösung Flüssigkeit auf und setzt gleichzeitig Stärke frei. Das ergibt nun einmal einen klebrigen Reis, der jedoch die Geschmacksstoffe der Zutaten viel besser transportiert. Geeignete Sorten gibt es viele. Am besten kauft man einen ausdrücklich für Risotti ausgewiesenen Reis, das ist heute kein Problem mehr.

Weiters steht und fällt das (oder der, wenn's denn sein muß) Risotto mit der Qualität der Suppe, in der der Reis gegart wird. Je nach den späteren Zutaten braucht man eine entfettete Rind-, Hühner- oder Fischsuppe. Von ihrer Stärke hängt auch ab, wie sehr man das Risotto noch salzen muß. Es hilft da nur eines: üben und kosten! Aus uns spricht die abgeklärte Risotto-Altersweisheit, hoffentlich sind Sie beeindruckt.

Das klassische *Risotto al parmigiano* ist einfach, aber gut. Schwitzen Sie kleingehackte Zwiebeln und, wenn Sie wollen, Knoblauch in halb Butter und halb Olivenöl an (letzteres sozusagen als Verbeugung vor Garibaldi, der den buttrigen Norden und den öligen Süden Italiens vereinte). Dann geben Sie den Reis dazu, lassen ihn unter ständigem Umrühren glasig werden und löschen mit Weißwein. Achtung, in Österreich sind die Weine viel säurehältiger als in Italien; oberste Grenze ist ein Sechzehnterl pro Person.

Nach und nach kommt nun die kochende Suppe dazu. Wieviel, hängt vom Reis und von der Kochstufe ab (Verdampfung!), wobei sich wieder einmal das unterschiedliche Temperament Ihrer Köchinnen zeigt: Während die eine, die Fuchs, brav beim Risotto stehen bleibt und rührt (hohe Kochstufe), ist der anderen, der Harrer, keine Ausrede zu blöd, um sich aus der Küche zu entfernen (niedrige Kochstufe). Grob kann man rechnen, daß man dreimal so viel Flüssigkeit wie Reis braucht.

Sobald der Reis weich genug, aber nicht zu weich (das vielbemühte al dente!) und nicht völlig trocken ist, weg von der Hitze. Ein schönes Stück Butter und genügend geriebenen Parmesan hinein, und fünf Minuten zugedeckt rasten lassen. Und wenn man dann den Deckel hebt ...

Für ein *Risotto alla Milanese* nehmen Sie anstelle des Olivenöls Rindermark zum Anrösten der Zwiebel. Nach dem ersten Schöpfer Suppe geben Sie Safran dazu. Auch hier sind Mengenangaben schwierig, weil der in Österreich gekaufte Safran sehr schwach an Farbe und Geruch ist. (Unserer kommt meist aus Teheran und ist eine Wucht.)

Das weitere Procedere siehe oben, mit Parmesan und Butter und allem drum und dran.

Zu den einfachsten und köstlichsten Rezepten gehört *Risotto al Barolo* mit dem großen Piemonteser Rotwein. Anstelle des Weißweins gießen wir mit Barolo auf, wobei man hier pro Person ein schwaches Achterl bemessen kann. Falls Sie statt des Barolo einen Österreicher nehmen, wird's haarig – achtgeben, daß das Ganze nicht zu sauer wird, auch ohne Körper (des Weines!) geht es nicht. Und wenn Sie die Rindsuppe durch Hühnersuppe und den Barolo durch Sekt ersetzen, haben Sie ein *Risotto allo Spumante*, so einfach ist manchmal das Leben. Echte Snobs bereiten es natürlich mit Champagner zu. Bei uns hat er den Weg vom Flaschenaufmachen ins Risotto noch nie geschafft, irgendwie ist die Flasche immer vorher leer.

Dies waren die einfachsten Grundrezepte. Der Risotto-Phantasie sind jedoch kaum Grenzen gesetzt. Ob Sie nun Herrenpilze, Spargel oder Meeresfrüchte nehmen, alles fügt sich köstlich zu Reis und Suppe, wenn Sie sich nicht allzu blöd anstellen (was bei unseren p.t. Lesern und Leserinnen selbstverständlich auszuschließen ist).

FEBRUAR 1993

Die Bekehrung der Eingefleischten

Um den Aschermittwoch, einen der strengsten Fasttage im Kirchenjahr, möglichst angenehm zu gestalten, haben Generationen von Katholiken ihre kulinarische Phantasie bemüht: Heraus kam der HERINGSSCHMAUS.

Manche haben sie im Blut, die Liebe zum Fisch, wie wir: Der Großvater der Fuchs nannte in Oberösterreich ein Fischwasser – damals noch mit Krebsen – sein eigen, derjenige der Harrer entwich als Siebzehnjähriger aus der Kadettenschule, um an Frankreichs Küsten gastronomische Wander- und Lehrjahre zu absolvieren. Herausgekommen ist dasselbe: ichtyophagische, sprich fischfressende Enkelkinder. Uns hätten sie gepaßt, die zahllosen Fasttage des katholischen Kirchenjahres, deren Speisezettel eine unglaubliche Vielfalt von Fischgerichten offerierte. Und was für ein sympathischer Zug, den Beginn der Fastenzeit, den Aschermittwoch, mit einem opulenten Fest zu begehen, für dessen kulinarisches Gelingen Generationen von reichlich verfressenen Katholiken ihre Ganglien bemüht haben.

Bei uns beiden beginnt ein ernsthafter Aschermittwoch schon am Faschingswochenende mit einer Fahrt an den schönen Attersee. Und die Kühltaschen, die wir am Sonntag nach Wien zurückkarren, enthalten vom Lachsforellenkaviar über Frischfische bis zum geräucherten Wels alles, was die Salzkammergutseen an Schätzen hergeben. Noch am Sonntag abend hebt das Kochen an; je frischer nämlich die *Lachsforelle* in die Beize kommt, desto zufriedenstellender das Ergebnis. Sie wird filetiert und entgrätet. Auf die Innenseiten eines rund kiloschweren Fisches trägt man gut zwei Eßlöffel Salz und ein bis zwei Eßlöffel Zucker, maximal zwanzig weiße Pfefferkörner, zehn Pimentkörner (beides im Mörser zerstoßen) und ein bis zwei Bund gehackte Dille auf. Mit der bestrichenen Seite nach unten in ein Gefäß legen, beschweren (am besten mit einem

Holzbrettel, auf das sie einen Stein legen) – und bis Mittwoch vergessen. Wie man Lachs aufschneidet, wissen Sie ja.

Nach langjährigen Versuchsreihen an dankbaren Freunden kommt bei uns am Aschermittwoch auf den Tisch: Lachsforellenkaviar, kaltgeräucherte und gebeizte (siehe oben) Lachsforelle, geräucherter Wels mit Oberskren, gesulzter Karpfen, eine Reinankenterrine mit Kressesauce und Räucheraalparfait mit Krenparadeisern. Eingedenk unserer glorreichen adriatischen Vergangenheit begeben wir uns auch ans Meer: Oktopussalat, Blattsalate mit Garnelen, weiters Heringe in Rahm- und Senfsauce (jaja, die sind nicht aus der Adria).

~

Da die wüstesten Drohungen – deren schärfste ist, den Aschermittwoch für ewige Zeiten abzuschaffen – sich als fruchtlos erwiesen haben und die lieben Freunde noch immer tröpferlweise, das heißt unpünktlich, zum hohen Fest eintreffen, haben wir kapituliert und uns etwas zum Zusammenwarten einfallen lassen: Pochierte Austern (aus der Dose, ganz lassen, etwas salzen und pfeffern) oder gehackter Räucherlachs mit Dille und einem Spritzer Zitronensaft oder Shrimps oder geselchte Forellen mit Obers püriert plus Petersilie (die Forellen-Bauchseiten sind für diesen Zweck am besten, weil am g'schmackigsten) werden in Kipferlform in Blätterteig gewickelt gebacken.

Also: Zusammenwarten, Buffet eröffnen, durchkosten. Die önologische Seite des Abends ist in Österreich mit seinen großartigen Weißweinen völlig unproblematisch zu lösen. Uns sind die frischen und duftigen Steirer – beispielsweise ein Welschriesling – zu dieser Art Essen am liebsten. Leicht müssen sie schon deshalb sein, damit wir die Aschermittwoch-Küchenfron ohne gröbere Ausfälle bis zum Ende durchhalten!

Zu fortgeschrittener Stunde werden sich die ermatteten Geister über eine Fischbeuschelsuppe freuen. Und sollten Sie noch verfressenere Gäste haben als wir, schlagen wir als warmen Gang einen in der Folie – auf einem Bett aus gehackten Schalotten, Champignons, Karotten und Fenchel mit Butter und ganz wenig Weißwein – gegarten Fisch (zum Beispiel Hecht) vor.

Mit diesem Buffet haben wir schon eingefleischte Fischgegner, die jahrzehntelang glaubten, Fisch nur in seiner absoluten Tiefstform als grätenlose Ziegel konsumieren zu können, bekehrt. Gerüchte, durch unseren Heringsschmaus mehrere protestantische Freunde in den Schoß der katholischen Mutterkirche zurückgeführt zu haben, müssen wir jedoch entschieden zurückweisen.

Februar 1993

Der kontemplative Pfad zum Genuß

Alle Jahre im Frühling steht uns das edle Stangengemüse SPARGEL ins Haus, dem man alles Mögliche nachsagt. Was aber nicht der Grund ist, warum wir ihn fast tonnenweise verzehren.

Wieder einmal haben wir's derwartet, die Spargelzeit. Lang war der Winter und groß die Entbehrung. Monatelang haben wir uns beherrscht, um unseren steirischen Sauvignon blanc in diese besondere Jahreszeit hinüberzuretten – finden wir doch, daß die beiden besonders gut zusammenpassen. Italienische Erinnerungen werden wach an ein Frühlingsmahl: wilder grüner Spargel, dazu ein grasiger Weißer aus Ligurien (ganz abgesehen vom Schwarzen aus Apulien, der der Harrer aber dann noch hübsch ein paar Jahre im Magen lag ...)

Verblaßt hingegen sind – Gott sei Dank – die Jugendeindrücke des Dosenspargels, mit dem man zu hohen Festen von wohlmeinenden Verwandten traktiert wurde. Es gibt wohl kaum ein zweites kulinarisch interessantes Produkt, das den Metallgeschmack einer Dose so nachhaltig annimmt wie der Spargel.

~

Den Spargel haben die Römer nach Mitteleuropa mitgebracht; schon sie haben ihm eine aphrodisierende Wirkung nachgesagt. Die diuretische können wir jedenfalls bestätigen, sie soll uns recht sein, denn man kommt ja langsam in ein Alter, wo's Töpfchen näher ans Bett rückt. Naja, stark übertrieben, jedenfalls ist Spargel gesund, und nicht nur deshalb hoffen wir heuer auf eine günstige Witterung: Der Spargel mag es warm-feucht, dann wächst er schnell und wird nicht bitter und holzig.

Schon den Einkauf sollte man zelebrieren. Die wahren Enthusiasten fahren ins Marchfeld, um ihren Spargel stechfrisch heimzuholen. Auf alle Fälle gilt: je frischer desto besser; kein noch so niedriger Preis sollte über angetrocknete oder gar angefaulte Köpfe, sich verjüngende Enden und hohle Stangen – beim Aneinanderschlagen hört man's – hinwegtrösten.

Und dann das Schälen: eine wichtige Station auf dem Weg zum Glück. Nehmen Sie sich Zeit, zeigen Sie Einfühlungsvermögen in die Beschaffenheit der Spargelstangenpersönlichkeit. Wir schälen nicht vom Kopf weg. Unten wird der gefühlvolle Schnitt angesetzt, so weiß man gleich, wie die Stange beschaffen ist – entsprechend zurückhaltend oder rigoros wird dann das Messer geführt. Geräte wie Sparschäler lehnen wir schon wegen ihres häßlichen Namens ab. Wer hier spart und sich kein Herz nimmt (wie man beim Rebschnitt sagen würde), wird nie in den siebten Spargelhimmel kommen.

Wer dem konzentriert-kontemplativen Spargelschälen nichts abgewinnen kann, dem sei zu grünem Spargel geraten oder aber – sollte er zur Spezies der schälfaulen Weißspargel-Adorateure gehören – zu den besonders dicken Exemplaren. Uns persönlich sind die mittelfingerdicken am liebsten; dickere strapazieren nur die Brieftasche, bringen geschmacklich aber nicht mehr als die mittleren.

Nun wollen wir ihn also den Fluten übergeben: Dazu haben wir gleich große Exemplare zu Bündeln von rund ein Viertel Kilo Gewicht zusammengebunden, die wir vorsichtig in reichlich kochendes gesalzenes Wasser legen. Danach Telefon und Türklingel abstellen, denn an zu weich gekochtem Spargel können Freundschaften zerbrechen. Eine sogenannte Freundin rief uns einmal sogar aus Florida an, just als wir dabei waren, den Spargel noch al dente aus dem Wasser zu fischen. Es war dieselbe, die Jahre früher zu einem Spargelessen zu spät gekommen ist – und wir waren so unvorsichtig gewesen, den Spargel vor ihrer vorgesehenen Ankunft in den Topf zu schmeißen. Wir nannten sie die Spargel-Klabauterfrau und haben den Kontakt mit ihr sehr reduziert.

Aber zurück zum Topf: Wie lange man den Spargel kocht, hängt natürlich ausschließlich von seiner Beschaffenheit ab; da gibt's kein Rezept. Bei Unsicherheit Stange herausnehmen und von unten, wo er härter ist, probieren. Beim Spargel können wir einer übertriebenen al-dente-Konsistenz nichts abgewinnen, der Geschmack entwickelt sich erst, wenn er gar ist. Beigaben wie Brot oder Zucker ins Kochwasser sind unserer bescheidenen Meinung nach so notwendig wie ein Kropf. Aber bitte, wer darauf besteht: Nutzt's nix, so schadt's nix.

Womit man den Spargel begleitet, sei dem regionalen oder individuellen Geschmack überlassen. Von den hart gekochten Eiern (Italien) über die österreichischen Bröseln bis zu Schinken und Heurigen und/oder köstlichen warmen oder kalten Saucen – Protagonist soll immer der Spargel bleiben. Mit einer Einschränkung: der ebenbürtige Weißwein.

Unsere Leib-und-Magen-Spargelbegleitsauce überlassen wir Ihnen gerne, es ist die *Bearnaise* in einer Fuchsischen Privatversion. Die angegebene Menge reicht für ein Kilo Spargel, das wären also zwei Hauptspeisen oder vier Vorspeisen: Zwei Schalotten fein hacken, mit zwei Eßlöffeln Weißweinessig und drei gehäuften Eßlöffeln getrocknetem Estragon (der getrocknete ist geschmacklich besser als der oft zu grasige frische) mit zwei Deziliter Wasser in einer kleinen Kasserolle eine halbe Stunde vor sich hin köcheln lassen, wenn nötig Wasser nachgießen. Der Sud wird durch ein sehr feines Sieberl gegossen (Kräuter ausdrücken), etwas salzen und auf zwei Teelöffel einkochen. Etwas überkühlen lassen, zwei Dotter unterrühren. In einem Pfanderl fünfzehn Deka Butter schmelzen, die flüssige Butter in einem dünnen Strahl unter ständigem Rühren unter die Ei-Essenz mischen, sie haben dann eine Art Buttermayonnaise. Soweit die Vorbereitung, unmittelbar vor Garwerden des Spargels wird die Sauce im Wasserbad dickgerührt (Umsichtige tun's gleich im Spargelkochwasser), aber nicht übertreiben, sonst wird es eine Eierspeis'.

Ja, das Saucenrühren will gelernt sein, der Fuchsische Ehegemahl hat einmal gerade beim ersten Spargelessen der Saison durch völlig unangebrachten (sonst bei ihm eher untypischen) Rühreifer die geschmacklich besonders gelungene Bearnaise zum Gerinnen gebracht, was die erwartungsvoll-euphorische Fuchs bitterlich wie zu langsam gewachsener Spargel werden ließ. Seitdem läßt er die Finger davon, der Fuchs.

Zur Saucenperfektionierung der Extraklasse gehört es, wenn sie frischen gehackten Kerbel (aus dem Hausgartl oder vom Klopfbalkon?) unterrühren. Heurige dazu, wie gesagt, den richtigen Wein, ein Genuß der Extraklasse.

APRIL 1993

Rehbraten und Hofratsschinken

Im Wonnemonat Mai dürfen Rehböcke mit einem schwachen Geweih abgeschossen werden. Das zartfasrige rosa Fleisch der MAIBÖCKE ist eine wahre Delikatesse.

Die meisten Privilegien erwirbt man sich noch immer mit der Geburt. Und was ein echtes Privilegium ist, äußert sich kulinarisch, wozu wäre es denn sonst auch gut? Wir beide sind Jägerstöchter, also nicht mit dem urbanisierten Rest der Menschheit in einen Topf zu werfen. Die jagdlichen Abschußzeiten spiegeln sich seit jeher im familiären Nahrungsangebot wider, und deshalb ist der Mai für uns nicht nur Monat der Wonne, sondern auch Monat des Bockes, des Maibockes.

Die Böcke, die die Herren Väter im Mai erlegen, heißen Kümmerer, weil sie von der Natur nur mangelhaft ausgestattet wurden, was das Geweih betrifft – für die Damen im Jägerhaushalt ohnedies ein zu vernachlässigendes Accessoire. Die Weiblichkeit sieht die Jagd überhaupt pragmatischer, besonders die Hysterie im Jägerhaushalt in den ersten Augusttagen, die darin gipfelt, daß der Herr des Hauses einen alten, stinkerten (Brunft!) Bock nach Haus bringt, der sofort zum Wildbrethändler abgeschoben wird!

~

Den Maibock würden die Damen nie und nimmer aus dem Hause geben. Und wir wurden von den jahrelangen elterlichen Warnungen, daß den Wildbrethändlern in der Stadt nicht zu trauen sei, weil sie eh nur das »Ausgsuachat« (das, was die liebe Jägerfamilie selbst verschmäht) feilböten, so geprägt, daß wir noch heute ab Mitte Mai tagtäglich hoffnungsfroh den Telefonanruf mit der Meldung über die erfolgreiche Erlegung des Maibocks erwarten. Und daß sich Teile davon bahnexpreß auf die Reise nach Wien begeben.

Apropos kümmerliches Geweih: Nie dementierten Gerüchten zufolge war das Auge des Cousins einer der Autorinnen (ein Amateur, die andere hat sogar einen Profi-Jäger-

Cousin) am Tag vor seiner Hochzeit infolge wedding nerves so arg getrübt, daß er anstelle eines Bocks eine Geiß ums Leben brachte. Schkandal! Verbürgt ist auch, daß die Großmutter der anderen Autorin in ihren jungen Jahren, allerdings bei einer Treibjagd, einen Hofrat schoß. Wer jedoch die Mythomanie in jener Familie kennt, weiß: Es war höchstens ein Treiber. Was allerdings als noch gravierender anzusehen ist – kann man von einem Hofratshinteren doch eher annehmen, daß er den großmütterlichen Schrotkugeln genügend Embonpoint entgegenzusetzen gehabt hätte.

Im Gegensatz zum Hofratsschinken ist der Maibock auf der kulinarischen Skala ganz oben zu reihen. Bei diesem besonders zarten, feinfasrigen Fleisch lehnen wir das Spicken ab; so wie wir auch meinen, alles Räucherspeckähnliche sollte von Wild hoher Qualität möglichst ferngehalten werden. Denn hier gibt's geschmacklich nichts zu verdecken. Auch gebeizt wird nur höchst dezent; da halten wir uns ganz an den verehrten Herrn Witzigmann und haben's noch nie bereut.

Nehmen wir einmal an, der Herr Papa war großzügig und hat den Rücken geschickt. Wir lösen die Filets aus und putzen sie sauber. Haut und Sehnen versuchen wir vor Golem (Labradiner bzw. Dalmador, je nach ethnologischer Schule) zu retten. Es ist in dieser Situation empfehlenswert, genügend Knackwürscht' für leidende Hundeseelen im Haus zu haben. (Der Fuchsische Ehegemahl nimmt sie manchmal auch recht gern.)

Die Filets legen wir für vierundzwanzig Stunden in eine Marinade aus einem Deziliter Olivenöl, zwei Zentiliter Cognac, ein paar zerdrückten Wacholderbeeren, grünen Pfefferkörndeln und Nelken, einem Lorbeerblatt, einer Schalotte und einer Karotte (gehackt) sowie Thymian. Die zerhackten Knochen und der Abfall vom Filet-Putzen kommen für dieselbe Zeit in eine Rotwein-Marinade (pro halbes Kilo Knochen ein dreiviertel Liter) mit Stangensellerie und wieder Karotten, Wacholderbeeren, Nelken, Thymian und Lorbeer. Nach Ablauf der Marinadezeit röstet man die abgetropften Knochen und das Gemüse an. Dann mit der Marinade und, wenn nötig, Wasser aufgießen, rund eineinhalb Stunden köcheln lassen, abgießen, gegebenfalls reduzieren und entfetten.

Jetzt wird's ernst. Die Filets braten wir in Butter rosa und stellen sie warm. Überflüssige Butter weg, in die Pfanne mit den Bratenrückständen kommt unsere Rotweinsauce, die mit Obers aufgegossen und eingekocht wird. Für den final touch mit Cognac und Portwein verfeinern, mit einer Spur Preiselbeer- oder Ribiselmarmelade abrunden. (Genau jetzt werden Sie's bereuen, wenn Sie bei der Wein-Qualität geizig waren.)

Aber das Rehwild hat noch viel mehr zu bieten. Wenn ihr nicht durch einen väterlichen Leberschuß der Garaus gemacht wurde, kommen wir hin und wieder in den Genuß derselbigen. Im ordentlichen Jägerhaushalt gehört die *geröstete Rehleber* in den Bauschen (Beuschel). Aber auch solo kann sie durchaus bestehen: Schalotten anschwitzen, die enthäutete Leber im ganzen hinein und mit einem Glas Madeira schön pomali vor sich hin dünsten lassen, dazu Salz, Pfeffer, Thymian und Rehfonds, so vorhanden, und noch rosa servieren.

Alles ist verwertbar beim Maibock: der Träger (für Nebbochanten: der Hals) für köstliche Ragouts, gar nicht zu reden von Schulter und Schlögel. Wobei wir wieder beim mutmaßlichen Hofrat wären. Vielleicht hatte die Tochter der kühnen Schützin Wiedergutmachung im Auge, als sie später ausgerechnet einen Hofrat ehelichte – nachdem sie ihrem Jäger entflohen war. Aber obwohl man fortan das Erjagte nicht mehr gemeinsam aus der Decke schlug, blieb der Wildbretverkehr zwischen Vater und Mutter der betroffenen Autorin doch weiterhin aufrecht: Einmal pro Jahr trat ein Bock per Bahn die Reise zur Geschiedenen und der Schwiegermama an. Was den ÖBB eine kulinarische Bedeutsamkeit in der Biographie der Harrer verleiht, die sie durch ihr Speisewagen-Angebot nie hätten erlangen können.

Mai 1993

Fest in Schale

Wer würde sich heutzutage beklagen, wenn er zweimal in der Woche KREBSE essen müßte? Den österreichischen Dienstboten des 18. Jahrhunderts wurde angeblich per Dekret garantiert, daß sie das Süßwassergetier nicht zu oft vorgesetzt bekamen.

Zu jener Zeit, als Bäche, Flüsse und Seen noch sauber waren, gab es in Wien Krebsmärkte, für die eigene Krebsrichter die Ware kontrollierten und zu verantworten hatten. Krebspest und Gewässerverschmutzung haben dieser Idylle ein Ende gesetzt. Aber glücklicherweise braucht man auch heutzutage auf den kulinarischen Genuß nicht zu verzichten. Der steigende Bedarf an den einheimischen Krustentieren hat Besitzer von geeigneten Gewässern ermutigt, sich mit der Krebs-Aufzucht zu befassen. Allerdings präsentiert sich heute die Sortenvielfalt stark reduziert. Nach Ausrottung der hiesigen Arten konnte sich der offenbar besonders robuste amerikanische Signalkrebs durchsetzen, etwa zur gleichen Zeit, als reblausresistente Weinstöcke aus den USA den europäischen Weinbau retteten. Dafür – und natürlich auch für die Erdäpfel – sind wir Amerika zu Dank verpflichtet. Manches andere hätten sie sich behalten können.

Krebserlessen ist immer ein Theater. Zuerst der Einkauf: Wenn wir jetzt sagen, welche Sorten die besten (und daß zum Beispiel die hellen türkischen geschmacklich am schwächsten) sind, so wird Ihnen das nicht viel nützen. Ob Ödenburger-, Signalkrebse oder solche australischer Provenienz, man muß kaufen, was gerade angeboten wird. Normalerweise überreicht der Händler die Krebse im Papierpaket, in dem es dann so schön raschelt. In enthusiastischen Jugendzeiten sind wir noch mit dem Plastikkübel ausgerückt, um die guten Tierchen danach in der häuslichen Badewanne auszusetzen. Was sie auch bitter nötig hatten: Nach der Reise im sauerstoffarmen Kübelwasser kam das fließende Naß gerade noch rechtzeitig, um die ermatteten

Viecherln wiederzubeleben. Das Badewannen-Intermezzo kommt aber überhaupt gut an, bei Kindern und anderen kindlichen Gemütern.

Dann kommt der Moment, wo eine unserer Großmütter immer mit den Worten »Die schaun so liab, des kann i net sehn« die Küche zu verlassen pflegte: Mit einem beherzten Griff von hinten in die Taille werden die Krebse in den wallend kochenden Sud (für unser heutiges Rezept – *Pasta mit Krebssugo* – simples Salzwasser) befördert. Aber bitte nie zu viele auf einmal, damit die Temperatur hoch bleibt und die Tiere sofort tot sind. Drei Minuten kochen oder zehn Minuten ziehen, ja nicht zu lange, sonst werden die Krebse mehlig und trocken.

Die nächste Szene sieht uns beim schweißtreibenden, fingerkuppenruinösen Auslösen der Schwänze und Scheren. Hummerschalen sind nichts gegen diese infernalischen Panzer, vor allem der »Amerikaner«. Eigentlich sollte jeder Mitesser verpflichtet werden, diese Fron für den Eigenbedarf selbst zu erledigen. Ist das überstanden (unter heiligen Nie wieder!-Schwüren), die ausgelösten Schwanzerln und Scheren beiseite stellen.

Die Karkassen im Rohr trocknen, zerstoßen und langsam in Butter anschmurgeln. Gehackte Schalotten zugeben und anschwitzen, mit etwas Cognac löschen. Dann kommen Tomaten, Thymian und Knoblauch dazu, mit Weißwein und Wasser aufgießen. Das Ganze soll 1/2 Stunde vor sich hin köcheln; danach rasten lassen und abgießen. Diesen speziellen Saft reduzieren wir zusammen mit Obers, bis er die richtige Konsistenz, geschmacklich und physikalisch, erreicht. Da gibt's kein Rezept, da hilft nur kosten. In dieser sämig eingekochten Sauce wird dann das Schwanzerl- und Scherenfleisch aufgewärmt, außerdem kommt – in den »Monaten ohne R«, den klassischen Krebserl-Monaten, leicht zu bekommen – frisches Basilikum dazu: Fertig ist die himmlische Sauce. Fehlen nur noch die Tagliatelle. Die zerschundenen Finger werden Sie schnell vergessen.

Juli 1993

Ein griechischer Sommernachtstraum

Ein SYMPOSION an einem lauen Abend – dazu gehört vor allem ein opulentes Vorspeisenbuffet, aber auch gegrilltes Fleisch. Es muß ja nicht gleich ein ganzes Lamm sein.

Wenn Sie folgende Utensilien haben, sind Sie fürs Sommernachtsfest bestens gerüstet: Gelsenspiralen, Holzkohle, Haarfön, Brennspiritus, Tischlichter und Fackeln, Grillanzünder und – in einem typisch österreichischen Sommer – Pullover und Decken. Fast möchte man meinen, an einem schönen lauen Sommerabend ist es egal, was auf den Tisch kommt, aber ganz stimmt das natürlich auch wieder nicht. Unsere Freunde jedenfalls fordern alljährlich mit Nachdruck den »griechischen Abend« ein. Und da eine der Autorinnen ihren Schlaf- und Freßurlaub immer auf einer kleinen griechischen Insel verbringt, weiß sie nach jahrelangem aufmerksamen Goutieren, wie's geht.

Also: Rundruf unter Freunden zur immer schwierigeren Terminvereinbarung (denn aus den Bummelstudenten sind aufstrebende Manager und sonstige brave Steuerzahler geworden, was zwar das Gesprächsniveau drückt, die Blumensträuße für die Hausfrau aber größer und die Cognacflaschen teurer werden läßt). Ist diese Hürde genommen, off we go.

Im Vorspeisenbuffet wohnt der Geist des griechischen Festes. Mezedes heißen sie, weiß die poly- beziehungsweise kulinarisch-glotte Griechenlandurlauberin Fuchs (ab jetzt GU), und sie werden von den nach und nach eintröpfelnden Kommensalen sofort lautstark urgiert und akklamiert. Aber es hilft nichts, alle müssen zamwarten, bevor das Buffet eröffnet wird.

Die Wartezeit hat auch ihr Gutes, kann man sich doch inzwischen ausmalen, wie man's angehen wird. Vielleicht beginnen wir mit dem Fischgang: Garnelen- und vor allem den Oktopussalat, von dem jedes Jahr größere Mengen herbeigeschafft werden müssen, weil sich die Schwester der GU (eine dermaßen zarte Person, daß man ihr kaum ein Dreizentimeteroktopustentakelsegment zutrauen würde) einfach unglaublich ins Zeug legt.

Nicht fehlen darf auf dem Buffet auch der Taramosalata, von dem die GU behauptet, daß er aus zerquetschten Fischeiern mit Semmelbröseln, Erdäpfelpüree und Zwiebeln besteht. Soll sein! Manchmal ist es ja gar nicht so gut, wenn man weiß, was drin ist. Hatte irgendwie komplizierter geschmeckt …

~

Weiters gibt's beim klassischen Symposion (Gastmahl hieß das noch bei Platon): gefüllte Weinblätter, marinierte Paprika, Melanzanipüree, frittierte Zucchini (die sind bei GU nicht so gatschig wie in den meisten balkanischen und hellenischen Wirtshäusern), Fleischbällchen, Tzatziki und in Olivenöl und Kräutern eingelegten Schafskäse mit Tomaten und Oliven.

Da sind nicht so viel Kohlehydrate dabei, deshalb kommen die Strudel – mit Käse und/oder Spinatfüllung – besonders gut an, auch als Unterlage fürs Flüssige. Es muß nicht unbedingt Phillo sein (sagt die GU), der ordinäre österreichische Strudelteig tut's auch. Des seeligen Kammersängers Leo Slezak Wunsch nach einem zweiten Magen wird laut …

Nun kommt die Stunde der Profigriller, und seien Sie sicher, Sie haben so viele im Haus, wie gerade männliche Wesen herumsitzen, -stehen und dergleichen. Jeder ist Experte, jeder gibt Ezzes. Es ist die Stunde, wo sich der kleine Unterschied unübersehbar und unüberhörbar manifestiert. Sie machen sich halt gern ein bißchen wichtig, die Herren. Loben Sie sie, meine Damen, denn das brauchen sie. Nach einem konzertierten Einsatz von Spiritus, Anzünder und Fön entsteht jedenfalls nach einiger Zeit – vielleicht – eine ernstzunehmende Glut.

Da wir trotz der GU nicht so zoologisch, pardon tierisch ernst griechisch sind (wir haben auch keine im Garten aufgespannte Wäscheleine, auf denen ganze Oktopusse zum Trocknen hängen, wie GU mit einem Anflug des Bedauerns feststellt), gibt es statt eines ganzen Lammes nur den Rücken. Das hat nicht zuletzt den Vorteil, daß er bei Kako-Wetter (Schlechtwetter – für die, die die Übersetzung aus dem Griechischen brauchen) auch ins Rohr geschoben werden kann. Zu diesem Zwecke reiben Sie einen geschröpften Lammrücken am Vortag mit einer Mischung aus Olivenöl, Pfeffer, Thymian, Knoblauch und Rosmarin ein. Beim Fest braucht's nur noch die Konzentration der Herren am Grill, damit wir keine Lammbriketts auf den Teller kriegen (finster ist es ja da zumeist auch schon). Außen ein resches Krusterl soll er haben und innen rosa soll er sein.

Hin und wieder gelingt das sogar. Gut dazu ist Ratatouille, mit Erdäpfeln heißt das auf griechisch Briam (sagt die GU). Unseres besteht aus Frühlingszwiebeln, Paprika, Zucchini, Melanzani, Stangensellerie, Fenchel und geschälten Paradeisern (wichtig: Olivenöl); es soll unbedingt noch al dente auf den Tisch kommen. Wenn Sie dann noch den richtigen Wein servieren, werden auch Ihre Freunde in Zukunft alljährlich nach dem griechischen Fest rufen. Ob Sie uns dann noch dankbar für den Tip sein werden, sei dahingestellt.

AUGUST 1993

Jungen Trüffelhunden gleich

Meist dankt man es den Altvordern erst später im Leben, daß sie einen in zartem Alter durchs Unterholz geschleift haben, um nach PILZEN zu suchen. Wer sich auskennt und noch dazu kochen kann, dem ist höchster Genuß sicher.

Je nachdem, wie man's sieht: als Privileg von Geburt oder als Sekkatur bis aufs Blut. Die meisten Schwammerlkundigen wurden jedenfalls schon in zartem Alter von ihren Eltern in die Wälder getrieben. Dies gilt in ganz besonderem Maße für die Schwammerl-Autorin Fuchs. Wie hat sie sie gehaßt, diese Wochenenden, an denen andere Kinder auf dem Sandhaufen spielen oder baden gehen durften, sie und ihre kleine Schwester jedoch, hinter den Eltern herhetzend, über Kuhfladen stolperten (Wiesenchampignons!) und sich in Auen (Morcheln!) und Wäldern derstießen. Jungen Trüffelhunden gleich, mit der Nase knapp überm Boden, konnten sie schon im Volksschulalter unterscheiden zwischen göttlichen Morcheln und tödlichen Lorcheln (da ist die Dichterin mit uns durchgegangen – aber ein bißchen lebensbedrohend sind sie schon), delikaten Perl- und hochgiftigen Knollenblätterpilzen, gräßlich bitteren (was ist schon eine Enzianwurz dagegen!) Gallenröhrlingen und deliziösen Herrenpilzen.

Heute sieht das alles ganz anders aus. Die mykologische wurde durch die kulinarische Edukation nutzbar gemacht, und schon mehr als einmal ließ man im Freundeskreis die unerbittlichen Eltern an opulenten Schwammerltafeln hochleben. Für die pilzkundlich-theoretische Seite sorgte übrigens noch die Erbschaft der großväterlichen Schwammerlbibliothek mit minutiösen handschriftlichen Aufzeichnungen.

Das Schwammerljahr beginnt mit einem Paukenschlag: den Morcheln. Anfang Mai, nach dem ersten warmen Regen, wird in die Auen ausgeschwärmt. Das ist eine ziemlich mühsame Angelegenheit: Die Heißbegehrten sind im Laub schwer auszumachen, und die erste Schwammerlsuche im Jahr endet oft damit, daß man Bärlauch oder Weinbergschnecken mit nach Hause bringt.

Hat man aber Glück gehabt und ist vielleicht sogar auf eine ganze Morchelkolonie gestoßen, dann verheißt das höchste kulinarische Freuden: Morcheln vorsichtig putzen, halbieren, Schalotten in Butter anschwitzen und die Morcheln mitrösten (sie sollen das Wasser verlieren, das gilt für alle Schwammerl). Dann salzen, mit etwas Weißwein, Madeira und Cognac löschen, Obers dazugießen und einkochen, am Schluß mit Kalbsjus verfeinern. Als Sugo für Tagliatelle – ein Gericht zum Niederknien! Aber auch zum Kalbsrückensteak ist die *Morchelsauce* bei uns ein Renner.

Weiter geht's im Schwammerljahr: ab Juli Perlpilz, Herrenpilz, Wald- und Wiesenchampignons mit ihrem feinen Anisgeschmack (wer sie je gegessen hat, rührt die aus der Retorte nie wieder an), Parasol, Schopftintling und Eierschwammerl; im August kommen noch Milchbrätling, Birken-, Maronen-, Gold- und Rothautröhrling (erschrecken Sie nicht, er färbt jedes Pilzgericht schwarz), im Herbst dann Reizger und Herbsttrompete.

Beim Kochen ist unser oberstes Bemühen, den Schwammerln ihren Eigengeschmack unverfälscht zu bewahren. Zuerst müssen wir sie aber putzen, und da kann die Freude über die reiche Beute leicht in Frustration umschlagen. Herren- und Perlpilze sind besonders wurmanfällig, Eierschwammerl wiederum stellen ganz besondere Anforderungen an Geduld und Ausdauer. Als erfahrene Schwammologen empfehlen wir Ihnen dazu den Einsatz eines Pinsels (wie einer zum Kekserlbestreichen).

Auch mit *Eierschwammerln oder Herrenpilzen* kochen wir ganz unösterreichisch einen Sugo für die Pasta. Mit den Schalotten können Sie, wenn Sie wollen, etwas Knoblauch (gehackt, sonst wird er bitter) anschwitzen. Bei Eierschwammerln ist das Trockenrösten besonders wichtig, erst dabei entwickeln sie ihre pfeffrige Note. Mit Weißwein und Obers aufgießen, fürs Gschmackerl geben wir etwas Hühnerfond dazu, und am Schluß Petersil. Wie gesagt, mit Nudeln servieren, es müssen nicht immer Semmelknödel sein. Obwohl, ein Eierschwammerlgulasch ist auch nicht zu verachten und setzt sich hierzulande auch immer mehr durch – leider Gottes ist es oft totpapriziert.

Überaus schätzen wir auch eine *Suppe aus Champignons* (den echten, siehe oben). Das Grundrezept bleibt immer gleich (diesmal ohne Knoblauch), nur pürieren wir diesmal das Ganze, parfümieren mit einem Schuß Pernod und statt Petersil hacken wir Kerbel. Als Suppeneinlage blättrig geschnittene Champignons.

Der Duft der Milchbrätlinge gehört zu den Gerüchen der Kindheit. Wer sie je gerochen hat, wird es nie mehr vergessen. Sie werden angeschnitten (die austretende Milch macht ein köstliches Safterl!) und im Pfandl in Butter gebraten. Salzen und pfeffern, Weißbrot dazu. Frugaler geht's wohl nicht mehr, kulinarische Wonnen sind Ihnen sicher.

Und nicht zu vergessen die Schwammerlrisotti, bevorzugt mit Herrenpilzen. Wichtig ist dabei – wie bei jedem Risotto – der richtige Reis (Rundkorn) und eine echte Suppe: Zwiebel, Knoblauch in halb Butter, halb Olivenöl anschwitzen, die Schwammerl und dann den Reis anrösten, ein Glaserl Rotwein (oder auch Weißwein) dazu und mit Suppe immer gerade so aufgießen, daß nichts anbrennt. Zum Schluß – der Reis soll noch al dente sein – mit einem Stückchen Butter rasten lassen.

Zum Trinken: Immer wieder warnen Kochbücher eindringlich davor, welche Koliken die Kombination Alkohol und Pilze verursachen kann. Es liegt uns ferne, dem zu widersprechen und an irgendjemandes Baucherlweh schuldig zu werden. Aber: Wir selbst verzichten ungern auf unseren Wein zum Essen, und es ist uns noch immer gut bekommen.

September 1993

Raffles-Reminiszenzen

In SINGAPUR sind die Völker Asiens eine Verbindung eingegangen, die die ganze Stadt zum riesigen Gourmet-Tempel macht. Ein berühmter Koch war in Wien zu Gast.

Tan Joon Thyes Englisch und Geduld mit seinen andächtig lauschenden Zuhörerinnen, die trotz aller Andacht nicht wirklich verstehen, welche spices er nun meint, ist zu Ende. (Allzu großes Vertrauen dürfte er in die kulinarische Entwicklung der ÖsterreicherInnen ohnedies nicht haben, war doch seine erste und bisher einzige einschlägige Erfahrung ein Imbiß am Würstlstand, bei dem es sich seiner Beschreibung nach nur um ein »Burenhäutl« gehandelt haben kann!)

Er packt uns also – natürlich mit all der Höflichkeit und Freundlichkeit, die die Singapurer (und alle Leute, die gerne essen, wie wir bescheiden feststellen dürfen) auszeichnet – und schleppt uns in die Küche. Was da in wenigen Minuten vor unseren Augen entsteht, die Kokosnuß-Suppe für das Singapurer Nationalgericht Laksa (in die Suppe kommen Reisnudeln, Scampi, Wachteleier und Sojasprossen) ist schlichtweg köstlich und ruft Erinnerungen an Singapur-Reisen wach, deren stärkste Eindrücke zweifellos kulinarischer Natur waren.

In jenem Mekka für alle Verfressenen, in Singapur eben, kocht Tan Joon Thye, und zwar im »Raffles«, eine Adresse, die alte Singapur-Fahrer aufseufzen läßt. Dort, wo im Jahre 1902 im Billardzimmer ein Tiger erlegt wurde (er soll aus einem Zirkus entwichen sein, aber das ist ja nun wirklich egal) und wo heute der einzige Ort in Singapur ist, wo man ungestraft Erdnußschalen auf den Boden werfen darf, zaubert der Meister.

In Wien befand er sich im Oktober 1993 nur auf Gastspiel (im Wiener Hilton). Über eine halbe Tonne Lebensmittel hatten Singapore Airlines zu diesem Zwecke ins Land der Burenhäute gekarrt: Currymischungen, Marinaden, Gewürze und Kräuter. Ein durchaus denkwürdiges Ereignis. Besuch aus Singapur hätten wir gerne öfter.

Herr Tan ist Spezialist für Tiffin Curries, nur eines der Highlights der Singapurer Eßkultur, die im legendenreichen »Raffles« gepflegt wird. Hübsch – und wahr, selbst gesehen – ist die Geschichte, daß das Hotel seit seiner Wiedereröffnung nach der Renovierung über einen Konsulenten besonderer Art verfügt: Der 78jährige Papa Go, Bewahrer des Originalrezepts der legendären chicken pie, kommt täglich ins »Raffles«, kostet, ob auch alles stimmt, plauscht ein bisserl mit Personal und Gästen und geht dann wieder heim.

Das Besondere an der Singapurer Küche? Der fruchtbare Konkurrenzkampf aller asiatischen Küchen untereinander, die Vermählung der verschiedenen chinesischen Küchen mit den Gewürzen Indiens, Malaysias und Indonesiens – zu kosten überall in den berühmten »Hawker Stalls«, wo man mit den Augen gustieren kann, bevor man sich für ein Gericht entscheidet.

~

Typisch ist die sogenannte Nonya-Küche, eine chinesisch-malayische Symbiose, die entstand, als im vorigen Jahrhundert chinesische Gastarbeiter, die in den Zinnminen von Singapur schufteten, Malayinnen zu Ehefrauen nahmen. Was uns Tan Joon Thy über die Gerichte erzählt, die er nach Wien mitgebracht hat, läßt klar erkennen, daß die Geheimnisse der Singapurer Küche nicht leicht zu lüften sind. Nachkochen kann man die Rezepte wohl nur dann, wenn man entweder im Besitz der fertigen Gewürzmischungen ist oder aber die Küche so gut kennt, daß man über genaue Geschmacksvorstellungen verfügt.

Da beides auf uns nicht zutrifft, sind wir sprachlos staunend vor seinen Anweisungen, zum Beispiel Pandan-Blätter ganz gezielt zum Aromatisieren von Reis einzusetzen. Was wir kapiert haben, ist die Bedeutung vom Schalotten-, Knoblauch- und Ingwergemisch, das in fast all seinen Rezepten vorkommt. Vielleicht so etwas wie ein Singapurer Suppenwürfel?

Dabei versucht Herr Tan, es uns besonders lebensnah beizubringen: Sollten wir Chili Crabs zu Hause machen, ist es besser, die Krabben zu zerstückeln und sie nicht einfach – wie er im Restaurant – mit einem Hammerschlag auf den Panzer aufzubrechen und als Ganzes weiterzuverarbeiten. Wir werden dran denken, Herr Tan. Noch besser: Kommen Sie bald wieder! Sie gehen uns ab: Ihre Curries, die berühmte indische Mulligatawny-Suppe (eine Raffles-Spezialität aus Hühner-Curry), Malay Satay (die malaysische Spielart der Fleischspießchen mit Erdnußsauce) oder Hainanese-Huhn mit Reis ... Man sollte so viele Mägen haben, wie es in Singapur Küchentraditionen gibt!

Oktober 1993

Na, derwürgt werden s' ihn haben

Auf dem Markt springen sie im Herbst ins Auge, die FASANE, die Männchen in ihrem attraktiven bunten Federkleid, die Weibchen etwas weniger auffällig. Beides schmeckt Hund und Frauerl.

In dieser Jahreszeit, im November, fallen uns die Herbstwochenenden unserer Kindheit ein: die Väter im Jagdgewande, die nicht mehr zu beruhigenden Hunde, und dann, nach dem letzten Trieb, wurden die Fasane auf dem Dachboden aufgehängt. In unserer Kindheit liebten wir sie, weil sie so schön sind …

Alles Quatsch, der von der Tante Jetti ererbte Dackel des Forstdirektors Harrer hätte sich vor einem ausgewachsenen Fasan wahrscheinlich gefürchtet, und der »Dieter« der Fuchsens, Gott, was für ein Name für einen Jagdhund, war zwar ein solcher, ist aber in allen Ehren durch die Jagdprüfung gesaust. Trotzdem war er ein guter Hund – und ein lieber auch noch. Die Fuchs-Mutter behauptet heute noch, daß er, wenn er schon als Kind (Welpe, ist schon gut) und nicht erst später zur Familie gekommen wäre, bestimmt sprechen gelernt hätte. Soviel zu den Familien-Hunden (der Golem, auf den die Harrer dann gekommen ist, war natürlich auch so ein verkanntes Genie, ist eh klar).

Wahr an der Geschichte ist, daß wir sie schon damals gern verspeist haben, die Fasane, was uns wiederum mit unseren Viechern verband, die die Wartezeit gerne vor dem Backrohr verbrachten. Wenn es eines mit Sichtfenster war, ein »neumodisches« also, nannte sich das »Hundefernsehen«.

Oje, heute fehlt uns offensichtlich der sittliche Ernst zum Kochen. Probieren wir es trotzdem. Zu den Fasanen ist folgendes zu sagen: Sie versprechen einen ziemlichen Genuß, wenn sie man sie richtig erwischt. Sonst sind sie trocken, zach, grauslich, jedes Hendl ist dann besser.

Ernstzunehmende Köche votieren interessanterweise für den Hahn, unsere Altvorderen haben immer Hennen bevorzugt, sie werden schon wissen warum. Vor allem muß der Vogel aber jung sein (unter einem Jahr). Schauen Sie sich seine Sporen genau an (3 – 4 cm über dem Fuß); sie müssen klein und stumpf sein, die Schwungfedern spitz und das Brustbein weich. Das läßt sich jedoch nur durch Betasten feststellen – was fast bei einem jeden Standler das goldene Wienerherz zum Kochen bringt und einen lautstarken »Dischkurs« zur Folge hat. Interessiertes Publikum ist Ihnen jedenfalls sicher.

Da die intensive Landwirtschaft durch rigorose Rodung der Feldraine den Fasanen ihren natürlichen Lebensraum teilweise entzogen und der starke Einsatz von Pesti- und Herbi- und wie die -zide alle heißen die Populationen stark reduziert hat, werden heute zunehmend Vögel aus Volierenzucht am Markt angeboten. Der arme Stadtmensch wird eben hint' und vorn' gelegt. Nehmen Sie nur Fasane aus freier Wildbahn. Die Kräutlein und Körndln, die sie gefressen haben, und die reichliche Bewegung schmeckt man.

~

Daß die Tiere im Federkeid abhängen müssen, ist allen klar, jedoch wie lange und ob ausghagelt (ausgenommen) oder nicht – da gibt es wahre Glaubensschulen. In diesem Punkt können wir dem von uns hochverehrten Wolfram Siebeck nicht folgen: Er läßt die Vögel 14 Tage unausgenommen an einem kühlen, luftigen Ort hängen. Es gab auch Zeiten, wo man sie am Schwanz aufhängte und wartete, bis sie von diesem abfielen! Ein Fall nur noch für unsere Hundterln, die vielleicht eher etwas mit grünlich schimmerndem Fleisch anfangen können.

In unserer frühkulinarischen Zeit haben wir schon Festessen ohne den Protagonisten – bestehend nur aus Erdäpfelpüree und Blaukraut – erlebt, weil der Fasan nach unseren Begriffen »hinüber« war. (Ein Chateau Margaux hat uns etwas entschädigt.) In der Familie Fuchs gibt es einen Onkel, der's auch einmal übersehen hat: Am Tag, als die Gäste kamen, waren die Vögel ungenießbar. Da am Konto absolute Baisse herrschte, zerschlug man die Sparschweine der Kinder – und servierte mit Grandezza Leberkäse.

Na gut, wenn wir denn einen haben, lassen wir also unseren Fasan ohne Darm drei bis vier Tage an einem kühlen, luftigen Ort im Federkleid hängen. Dann ist sein Fleisch reif und mürbe. (Haben Sie jedoch ein altes Vieh erwischt, ist alle Mühe umsonst. Ab mit ihm in die Würscht, eine Fasanenterrine ist auch nicht übel.)

Dann geht's ans Rupfen. Achtung: Ein Fasan ist kein Suppenhuhn, deshalb gebührt ihm dabei die adäquate Behandlung. Er wird trocken, in kleinen Partien von unten nach oben gerupft (dazu legen sie stilgerecht am besten ein Hornkonzert auf). Das ist eine mühsame und zeitaufwendige Prozedur (auch sollten Sie nicht gerade an Ihrem chronischen Herbsthusten leiden) und muß ohne Hast durchgeführt werden, speziell dann, wenn der Edelgickerl zerschossen ist (das kann man beim besten Willen beim Kauf nicht feststellen). Bedenken wegen etwaiger Schrotkugeln im Fleisch pflegt die Fuchs-Mutter stets mit der lapidaren Feststellung abzuschmettern: »Na, derwürgt werden s' ihn haben.«

Gut, unser Fasan ist also gerupft, ausgenommen und abgeflämmt und wird innen mit Salz, Pfeffer und zerdrückten Wacholderbeeren eingerieben (nach Belieben etwas Piment). Auf die Brust kommt eine ordentliche Speckscheibe (nicht geräuchert, bitte!), dann wird er mit Spagat gebunden – fertig ist sein Hemderl. Das ist klassisch: Was wir in den letzten Jahren jedoch wiederentdeckt haben, ist das Schweinsnetz, zwei bis drei Lagen und das Vieh trocknet nicht aus und hat noch dazu ein schützendes, eßbares Kruspерl.

Auch war's noch nie verkehrt, Scheiben von schwarzen Trüffeln unter die Brusthaut zu schieben, auch wenn das – leider, leider – nicht gerade zu der Art von Kost gehört, mit der wir aufgewachsen sind. Aber dafür ist es ja nie zu spät (man kann bekanntlich nichts mitnehmen).

Dann kommt unser Vogel auf den Rost des Backofens und zwar zu Beginn des Bratvorgangs immer auf einer der Seiten liegend. Darunter stellt man ein Reindl, um Saft und Fett aufzufangen. Der Fasan wird mit flüssiger Butter begossen, nochmals außen gesalzen und gepfeffert und bei circa 200 Grad je nach Größe 25 bis 30 Minuten gebraten. Dazwischen immer wieder mit dem Bratensaft begießen und wenden.

Während der letzten zehn Minuten den Speck entfernen, den Fasan auf den Rücken legen, so daß die Brust Farbe nehmen kann, und recht oft begießen. Bei geöffnetem, abgeschalteten Rohr etwas rasten lassen und dann tranchieren. Er sollte außen goldbraun, innen jedoch blaßrosa sein, was durch Erfahrung, verbunden mit innigen Gebeten zum heiligen Lukullus, tadellos erreicht werden kann. Genaue Zeitangaben sind wirklich schwer zu machen, verzeihen Sie uns, es gibt jedoch einen Anhaltspunkt: ein Stich mit dem Messer zwischen Bein und Körper, der austretende Saft muß rosa sein. Ist er rot, weitere fünf Minuten zurück ins Rohr, ist der Saft klar, haben Sie den Fasan verpatzt (Harakiri – oder Hund).

~

Den entfetteten Bratensaft mit etwas Weißwein und Kalbsfond aufgießen, einkochen und mit einem Schuß Madeira abschmecken. Am liebsten ist uns dazu Erdäpfelpüree, mit Preiselbeeren verfeinertes Blaukraut (Nelke mitkochen!), und ein krosses Stückerl vom Speckhemd (so vorhanden) für die Frauerln, Herrln (falls wir sie eingeladen haben) und die Hundterln (so vorhanden). Empfehlen können wir aber auch ein Püree von Kohlsprossen (Salz, Pfeffer, Obers, Prise Muskat und ein Spritzer Zitronensaft).

Und dazu unbedingt das Beste, was Sie an rotem Burgunder im Keller haben. So würde ein Fasan-Artikel enden, wenn nicht wir ihn geschrieben hätten. Besorgen Sie sich halt einen anständigen Rotwein, bittschön.

November 1993

Nach dem großen Fressen

Weil die wenigsten von uns mit Hummer und Austern groß geworden sind, besinnt man sich nach Tagen üppiger Festgelage gerne der BODENSTÄNDIGEN KÜCHE – in unserem Fall der italienischen.

Essen Sie wirklich noch immer gern Kaviar? Oder Gansleber? Haben Sie sich nicht vielleicht ebenfalls schon einen Grausen geholt, wie man auf gut österreichisch so unübertrefflich sagt? Hand aufs Herz (das ist direkt über der Wampen), nach den weihnachtlichen Feiertagen, die wir ja schon längst nicht mehr nur mit Karpfen und Gansl, sondern eben mit lauter »feinen« Sachen begehen, schlägt bei dem einen oder anderen von uns mit schöner Regelmäßigkeit die kulinarische Gschertheit durch. Weil uns unsere Mütter halt nicht mit Hummer und Austern großgezogen haben. Vielleicht spielt bei dieser regelmäßigen Wende zum simple is beautiful auch die postnatale finanzielle Baisse eine nicht ganz unwesentliche Rolle. Jedenfalls, wenn es Ihnen ähnlich geht, sind Sie heute bei uns richtig.

Um aber zu zeigen, daß wir auch noch in diesen, unseren niedrigen kulinarischen Phasen Weltbürger bleiben, kochen wir etwas gschertes Italienisches – Pasta. Die hat nämlich noch zusätzlich den großen Vorteil, daß sie Balsam für unseren weihnachtschampagnergeschädigten Magen ist. Allerdings nur unter der Voraussetzung, daß wir uns beim wunderbaren, tanninreichen Barbaresco zurückhalten können, der doch so gut in den Winter paßt.

Aus Apulien kommt eine Vielzahl von bäuerlichen Pasta-Rezepten. Eines davon ist die *Pasta mit Broccoli*, wobei es sich bei den Nudeln im Original immer um orecchiette handelt, das heißt um mit dem Daumen plattgedrückte Teigscheiben, deren Ränder etwas dicker als ihr Zentrum sind – um »Öhrchen« eben. Sie können aber genausogut jede pasta corta (»kurze« Pasta) verwenden: Maccheroni, Penne und dergleichen, alles, nur keine »lange« Pasta wie Tagliatelle oder Spaghetti.

Man kocht die Broccoli in Salzwasser. Wichtig: Sie schütten das Wasser nicht weg, sondern fischen die Broccoli heraus, wenn sie weich sind. In dem Broccolisud werden dann auch gleich die Nudeln gekocht. Während die Broccoli kochen, hat man in Olivenöl gehackte Zwiebeln, Knoblauch, Peperoncino (nach Belieben) und Speck angebraten, wobei wir auch gleich beim ersten Verstoß gegen das Originalrezept wären: In Apulien hat Speck in einer Pasta con i broccoli nichts zu suchen. Aber wir kommen halt aus Oberösterreich und finden, ein bisserl Speck hebt das Gscherte! (Und hilft dem Geschmack irgendwie auf die Sprünge, wenn die Broccoli, was bei uns vorkommt, nix heißen. Aber von diesem Katastrophenfall schweigen wir lieber.)

Zu Zwiebel, Knoblauch und Speck kommen dann die weichgekochten Broccoli und werden mit einer Gabel so richtig schön zermantschkert. Dann fügt man den »süditalienischen Suppenwürfel«, nämlich Sardellenfilets, bei. Da sind wir dann wieder ganz original. Schön wäre es, nicht die verhungerten kleinen, salzigen Sardellen zu nehmen, die man hierzulande überall sieht. Doch die gute Qualität ist ja leider noch immer nicht überall zu kriegen. Demnach hängt davon auch die Quantität ab: Kosten und aufpassen, daß die Sache nicht zu salzig wird.

Jetzt wäre der Broccolisugo fertig, und wenn er ganz richtig pugliese (apulisch) ist, hat man mit dem Olivenöl nicht gegeizt. Wir sparen damit und geben lieber am Schluß einen ordentlichen Schuß Obers dazu, was uns allerdings wiederum als Oberösterreicher disqualifiziert. Aber beim Kas' ist uns ein ganz und gar unösterreichischer Pecorino der liebste, der so nachhängt, als wäre gleich die ganze Schafherde durch die Küche marschiert.

Auf ähnliche Art und Weise macht man in Apulien die *Cime di Rapa*, ein Gemüse, das man bei uns leider fast nie sieht. Übersetzt heißt das etwa »Rüben-Spitzen«. Man nimmt dabei die cime, die vorher geschnitten werden, nicht aus dem Kochwasser, die Nudeln kommen gleich dazu.

Und viel Olivenöl, Knoblauch und Sardellen (kein Zwiebel): ein köstliches süditalienisches Bauernessen. Die Apulier haben überhaupt die Gabe, fast aus allem, was aus der Erde kommt, eine einfache, aber köstliche Mahlzeit zuzubereiten.

Ein wunderbarer winterlicher Gemüsesugo mit Obers läßt sich auch aus pürierten Artischocken bereiten. Aber die sind in Österreich ein teurer Spaß und wir ja gerade pleite!

Die Zutaten für den nächsten Kater-Sugo sind zwar auch nicht ganz billig, aber letztlich so ausgiebig, daß wir uns das gerade noch leisten können. *Quattro formaggi*, vier Käse, heißt er und stellt gleichzeitig ein Wunderwerk der Logik dar, denn hinein gehören fünf Käsesorten. In jedem italienischen Kochbuch wird man ein anderes Rezept finden, wir nehmen Gorgonzola, Provolone, Fontina (alle drei dolce, also mild) und Taleggio. Nummer fünf ist der Parmesan. Lassen Sie die ersten vier im Wasserbad mit Obers zergehen (am besten wäre hier die italienische Koch-Panna, ein nicht so fettes, dickflüssiges Obers). Aber zur Not geht auch unseres, nehmen Sie dann nur nicht zu viel, damit die Sauce nicht zu fett und zu dünnflüssig wird. Über die pasta corta gießen (pasta lunga wäre eine wahre Katastrophe!), dann mit Pfeffer und Parmesan verfeinern. Derselbe Sugo paßt natürlich auch bestens zu Gnocchi. Und genauso kann man auch eine Sauce auch ausschließlich mit Gorgonzola zubereiten, für die Puristen unter den Gscherten sozusagen.

JÄNNER 1994

Nicht nur für Köhler

Olivenöl vom feinsten, Eier, Speck, Parmesan, Zwiebel und Knoblauch zum Parfümieren. Einen schwachen Magen sollte man allerdings nicht haben, denn die PASTA ALLA CARBONARA ist eher schwere Kost.

Heute müssen wir über ein ernstes Thema sprechen: *Pasta alla carbonara*, die »Nudeln auf Köhlerart« wie es in deutschen Kochbüchern so unvergleichlich desillusionierend heißt. (Die Mutter einer der Autorinnen schwärmte in Teenagerjahren für einen italienischen principe azzurro mit Namen Enrico. Der Prinz wurde ihr zum Frosch, als er anfing, seine Briefe mit »Heinrich« zu zeichnen.)

Einerlei, lassen Sie uns zum Thema Carbonara eingangs folgendes Axiom aufstellen: Schlagobers gehörte nicht zu den Grundnahrungsmitteln der italienischen Köhler. Und auch die carbonari, die braven Anarchisten, die Anfang des 19. Jahrhunderts heimlich in Köhlerhütten zusammenkamen, brachten zu ihren konspirativen Sitzungen keine panna mit. Was, zum Teufel, hat dann das Schlagobers in der Pasta alla carbonara verloren?

Die weißlich-gelbe flüssige Eierspeis' mehr oder weniger unappetitlicher Konsistenz, mit der man hierzulande oft traktiert wird, hätte, was ein echter carbonaro – sei's Köhler, sei's Staatsfeind – ist, auf immer in die tiefen Wälder getrieben. Wenn das Gatscherl dann auch noch mit Spaghetti vermanscht wird, ist das Unglück perfekt.

Unsere innere Überzeugung ist, daß die im Ausland im Umlauf befindlichen Carbonara-Rezepte aus Mafia-Freimaurer-Entgleiste-Geheimdienst-Zellen-Quellen stammen. Sie wollen Italien in die Knie zwingen. Darum ist es hoch an der Zeit, unsere Contra-Carbonería zu starten. Wir behaupten gar nicht, daß wir im Besitz des einzig authentischen Rezepts sind, aber das puristischste ist es bestimmt. Carbonara-Fundamentalismus sozusagen.

Nehmen Sie Olivenöl, das beste und stärkste, das Sie haben, es soll wirklich nach etwas schmecken; nicht vergessen, wir kochen hier für Köhlergaumen. In dieses Öl geben Sie Zwiebelringe und, etwas später, nicht zu klein geschnittenen Knofel. Achtung, das Öl nicht zu heiß werden lassen; Knoblauch und Zwiebel sollen schön langsam den Geschmack abgeben, ohne braun zu werden. Sie werden dann wieder herausgefischt und weggeworfen. In diesem parfümierten Öl braten Sie grobgewürfelte – oder besser gestiftelte – pancetta (geräucherten Bauchspeck) an, wovon wir immer ein Trumm aus Italien mitzunehmen pflegen – wenn es die Maul- und Klauenseuche erlaubt. (Rechnen Sie lieber nicht damit, daß Ihnen – wie einer von uns – der Zöllner angesichts der Speckschwartn glaubt, daß es sich um luftgetrocknetes Rindfleisch handelt.

Den Speck ebenfalls nicht zu wild anbraten (das Fett soll keinesfalls verbrannt sein). Kochen Sie die Pasta und zwar nehmen Sie, glauben Sie uns bitte, pasta corta, kurze Pasta. Penne und Maccheroni eignen sich viel besser für die Carbonara als Spaghetti oder womöglich Tagliatelle (orribile!)

Daneben haben Sie schon die Eier gerichtet: Eines für den Topf und eines pro Person lautet die Faustregel, die ans Teekochen erinnert. Die Eier werden verquirlt und gesalzen (aufpassen, denn wie viel hängt davon ab, wie salzig der Speck ist). Parmesan haben Sie schon frisch gerieben, bei einem so frugalen Mahl brauchen Sie wirklich nicht an der Qualität zu sparen.

Jetzt kommt der Moment, wo man drei Arme oder einen Küchenschammes benötigt. Also: Die Pasta wird mit dem heißen Öl und dem Speck vermischt. Dann gießt man – wobei der Topf auf kleiner Flamme gehalten wird – langsam die Eier drüber und streut mehr oder weniger gleichzeitig den Parmesan dazu. Rühren und nochmals rühren, damit Sie ja keine Eierspeise fabrizieren!

Jetzt zeigt es sich, ob Sie genug Öl haben, das die Mischkulanz schön geschmeidig macht. Notfalls noch etwas nachgeben. Umrühren und schnell servieren, denn das Ganze ist natürlich nicht besonders heiß, weil es nicht mehr kochen durfte. Ein paar ordentliche Umdrehungen aus der Pfeffermühle über jeden Teller, noch ein bißchen Parmesan – und Sie wissen, daß Gott in einer italienischen Köhlerhütte wohnt.

Natürlich nur der Gott derer, die keine Probleme mit schwerem Essen haben, denn die Kombination Öl, Speck und Eier ist natürlich nicht für Magenschwache zu empfehlen. Auch der Cholesterinspiegel wird wahrscheinlich nach oben hüpfen, fraglich, ob aus Freude. Aber hierzulande, wo man die sogenannte Bauernomelette mit bei weitem nicht so edlen Fetten wie Olivenöl extra vergine zubereitet, derpackt man so etwas schon. Genetisch dürfte der Österreicher für Carbonara geradezu prädestiniert sein.

Zu den Weinen – denn natürlich brauchen Sie einen ordentlichen dazu, sonst können Sie den Köhlerschmaus gar nicht verdauen: Die Pasta alla carbonara läßt sowohl weiß als auch rot zu. Er muß sich nur durchsetzen können.

FEBRUAR 1994

Bildungsreise

Wo läßt sich die Stimmung im Volke besser erkunden als in Wirtshäusern? Auch eine politische Reise kann durchaus kulinarische Ergebnisse bringen, zumal, wenn sie nach SIZILIEN führt.

Wenn man als politische(r) Berichterstatter(in) nach Italien geschickt wird, braucht man einen starken Magen. Erstens wird man oft schon zu Mittag zum Essen eingeladen, das meistens so gut ist, daß es eine Sünde wäre, nicht auch ein ordentliches Glas Wein dazu zu trinken. Zweitens trifft man Leute (das trifft auf Italien vielleicht in geringerem Maße zu als auf andere Länder), die einem auf den Magen gehen: Der einen Hälfte der Menschheit verdirbt das den Appetit, die andere, zweifellos höher entwickelte, sucht Trost in einem ordentlichen Teller Pasta mit respektivem ordentlichen Glas Wein.

Drittens, um die Vorwahlstimmung in einem Land zu erkunden, wo geht man besser hin als in Wirtshäuser? Und viertens hat man ja als Journalist(in) einen gewissen Bildungsauftrag, worunter ich verstehe, nicht die anderen, sondern mich selbst zu bilden – vor allem, mich auf die wesentlichen Dinge im Leben besinnend, kulinarisch.

»Ich«, was für ein hübsches Wort, das in politischen Berichten immer mit »die Berichterstatterin« oder »die Redakteurin« oder so ersetzt werden muß. Das ist dann der Beweis, daß der Bericht auch wirklich objektiv ist. Nur mein Magen gehört der Berichterstatterin beziehungsweise mir, und ich habe es während einer Woche Italienaufenthalt geschafft, ihm nur Fisch und kein Fleisch zuzuführen, wenn man von klitzekleinen Portionen Prosciutto absieht.

Natürlich erweise ich in Italien erst einmal meinen kulinarischen favorites die Ehre, und das allein wäre schon programmfüllend, würde ich mir nicht eine gewisse Disziplin auferlegen. Gähnkrämpfe, verursacht durch leichtere bis schwerere Übersättigung, während epochemachender Interviews mit geschichtemachenden Persönlichkeiten werden tapfer unterdrückt. Nicht zu empfehlen sind irrsinnige Autofahrten mit diversen Mafiajägern oder -gejagten, das beeinträchtigt den Abendappetit.

Man kann sich's nicht aussuchen, denn gerade in der terra infidelis, wie der große Giovanni Falcone, der von der Mafia ermordete Richter (dessen Andenken von den Wahlkämpfern gerade schamlos mißbraucht wird), Sizilien – wohin die Reise diesmal ging – einmal genannt hat, trifft man immer wieder auf Neues. Diesmal war es in einem kleinen Ristorante in Palermo, mit dem Schickimicki-Namen Régine. Überfüllte Restaurants braucht man in Italien momentan nicht zu befürchten – das Sparpaket geht um. Bei Régine war das exzellente Service aber fühlbar nicht von Notwendigkeit diktiert, sondern aus Sympathie für eine interessierte, sich als solche deklarierende Fresserin geboren – weshalb man mir Winzigportionen von dem anbot, was gerade am Nebentisch serviert wurde.

Neonata, Neugeborenes, heißt der leicht grausliche Name meiner Neuentdeckung. Unter Bianchetti (kleine Weiße) läuft das sonst in Italien. Kleine Weiße sind nichts anderes als die ganz jungen Sardinen, circa einen Zentimeter lang und dünn wie ein Faden, trotzdem schon als Fischlein zu erkennen. Daraus macht man in Sizilien die köstlichsten Gerichte, allen voran wird die Neonata in Laberlform (mit Petersilie) frittiert oder am Grill gebraten. Eiweiß pur, aber schmackhaft – natürlich darf man sich nicht daran stören, daß man von Hunderten winzigen Äugerln aus dem Laberl angeschaut wird. Einen Sugo für die Pasta macht man bei Régine auch daraus, sehr fischig und erstaunlich leicht, wenn man ihn mit anderen sizilianischen Sughi vergleicht.

Für mich neu war auch der Weißwein, den mir die freundlichen Réginisten dazu servierten: Ligorio, aus der Gegend von Trapani, kräftig genug, um den Paradeisern im Sugo Paroli bieten zu können. Gerne wird in Sizilien nach dem Essen auch ein Glaserl Limoncello serviert, »um den

Fischgeschmack wegzunehmen«. Obwohl ich mir absolut nicht sicher bin, ob ich das auch wirklich will, muß ich zugeben, daß das Mittelding zwischen Likör und Schnaps die Sinne und den Gaumen belebt.

Und Lust auf mehr Meer macht. Da wir Sie nicht ohne Rezept entlassen wollen, kochen wir heute ein richtiges Africa-Addio-Gericht (Africa Addio nennen die bösen Italiener manchmal ihre Brüder von der Insel). Und Nordafrika läßt tatsächlich grüßen in der *Pasta con le sarde* (mit Sardinen): Für vier bis sechs Personen nehmen Sie ein halbes Kilo frische Sardinen, die Sie waschen, filetieren und abtrocknen. Vorgeschrieben ist wilder Fenchel, wenn Sie den nicht haben, nehmen Sie halt einen anderen, wichtig ist auf alle Fälle, daß er viel Grün hat, das sie beiseite legen. Das Weiße vom Fenchel (nur zarte Teile nehmen) rund zehn Minuten in Salzwasser kochen, dann abtropfen und würfeln. Kochwasser nicht wegschütten, darin wird später die Pasta gekocht.

~

Fünf Deka Sultaninen waschen und rund eine Viertel Stunde in etwas lauwarmem Wasser einweichen. Einstweilen bereiten wir ein Gatscherl zu aus Petersilie, mindestens vier gehackten Sardellenfilets, zwei bis drei Knoblauchzehen, etwas Zitronenschale, Olivenöl und eventuell einem Löfferl Fenchelsamen, besonders wenn Ihr Fenchel, was ja fast anzunehmen ist, sich nicht durch besondere Wildheit auszeichnet.

Eine große Zwiebel hacken, in Öl anschwitzen, dazu kommt der gewürfelte Fenchel mit ein paar Eßlöffel von seinem Sud, die Sultaninen mit etwas von ihrem Einweichwasser, das Sardellengatscherl siehe oben, ein ordentlicher Löffel Paradeissugo (oder ein geschälter, gehackter Paradeiser) und zwei Eßlöffel Pignoli. Klassisch kommen da dann die leicht gesalzenen Sardinenfilets dazu und werden vorsichtig (mit Deckel drauf) gegart, ganz am Schluß das gehackte Fenchelgrün beigeben. Wenn Sie's optisch schöner wollen, können Sie die Sardinen aber auch extra in einer Pfanne in Olivenöl braten, damit sie im Sugo nicht so zerfallen. Wie schon gesagt, die Pasta – es sollen Maccheroni oder etwas ähnliches (Bucatini) sein – wird im Fenchelsud gekocht, mit Sugo und Sardinen vermischt: namnam, wie die Fuchstochter Leopoldine zu sagen pflegt (woraus Sie richtig schließen, daß diese Schlußbemerkung nicht aus dem Jahr des Herrn 1994 stammt, weil da gab es die Leopoldine noch nicht einmal im Fuchsischen Hinterkopfe).

März 1994

Ab in die Wälder

Die jungen Graserln sprießen. Jetzt sind sie so
grad recht gschmackig, die verschiedenen KRÄUTELN.
Egal ob Wald-, Wiesen-, Bach- oder Unkräuter.

Streng genommen, gibt es für den Stadtmenschen ja nur zwei Jahreszeiten: eine, in der man drinnen und eine, in der man draußen ißt. Übergänge gibt es bekanntlich eh keine mehr, klagt der homo urbanus, der in aller Herrgottsfrüh in die Hacken hastet und nach Ableistung seiner (selbstverständlich unbezahlten – in die Karriere investiert man ja gerne etwas) Überstunden nach Hause kommt, wenn es bereits finster ist. Dort wartet das treusorgende Eheweib, das ihrem Schatzi den Teller mit dem Papperl vorsetzt, aufs Tischerl vor den Fernseher.

Oje, jetzt haben wir uns verirrt, dorthin wollten wir ja gar nicht. Hoffentlich kriegt er alten Kohl und aufgewärmte Erdäpfel. Ja, so fies können Frauen sein. Zu Mittag war jedenfalls ihre Freundin da, und da haben sie den April gefeiert: Denn grün ist es draußen geworden, und da grünt es uns auch kulinarisch.

Es ist allerhöchste Eisenbahn, denn jetzt sind sie gschmackig, die Kräuteln, in wenigen Wochen aber nur mehr unscheinbare Wiesenblumen oder lästiges Unkraut. Und nun ist uns auch wieder eingefallen, warum wir gerade so gemein waren: Immer gehen wir zur Nahrungsbeschaffung in die Wälder und auf die Wiesen, nie unsere Männer. Wir sind die Sammlerinnen – ja wenn sie wenigstens Jäger wären! Darum verehrte Leserin: Drücken Sie Ihrem Gespons ein Körberl in die Hand und schicken Sie ihn los … Auch gut, dann gehen Sie eben selber.

Sie sind gar nicht zu übersehen, die hellgrün dichten Matten in den Auen und Laubwäldern, und auch nicht zu überriechen. Es ist der knofelige Bärlauch. Sie sind botanisch minderbemittelt und scheuen die Verwechslung mit dem Maiglöckchen? Wenn das Maiglöckchen Saison hat, ist's mit dem Bärlauch eigentlich längst vorbei. (Wenn der blüht, ist es für Ihren Bärlauchspinat ohnedies zu spät.) Aber trotzdem aufpassen, mit den Maiglöckchenblättern, die Digitalis enthalten, ist nicht zu spaßen. Die Blätter beider Pflanzen, Allium ursinum (Bärlauch) und Convallaria majalis (Maiglöckchen), sind gleich hoch, das Bärlauchblatt geht jedoch spitzer zusammen. Nichts passieren kann Ihnen (bei intaktem Geruchssinn), wenn Sie am Blatt ein bißchen reiben und daran riechen – wenn es nicht knofelt, weg damit.

Ideal für faule Leut' ist der Bärlauch jedenfalls: In kurzer Zeit hat man reiche Beute. Zu Hause angekommen, eröffnen sich mehrere Möglichkeiten, was sich mit den gewaschenen und verlesenen Blättern alles anfangen läßt. Zuerst natürlich die Suppe: Schwitzen Sie ein bis zwei Eßlöffel Schalotten in Butter an, fügen Sie vier große Hände nudelig geschnittene Bärlauchblätter dazu, die Sie ebenfalls etwas anschwitzen. Löschen Sie mit einem Schuß Weißwein, gießen Sie mit Rindsuppe auf, dann dünsten, bis der Bärlauch weich ist. Das Ganze wird püriert, und wenn es zu dickflüssig ist, gibt man noch Rindsuppe dazu, nach persönlichem Belieben, abhängig davon, wie stark der Bärlauch schmecken soll. Dann einen ordentlichen Schuß Obers hinein, wenn Sie wollen mit einem Dotter legieren und mit Butterflocken montieren.

Köstlich ist Bärlauch auch quasi als Frühlings-Spinatersatz: Blanchieren Sie ihn, und verarbeiten Sie ihn wie Blattspinat weiter. Den Knoblauch können Sie sich allerdings sparen, der Bärlauch ist schon knofelig genug. Oder füllen Sie ihn in Blätterteig oder Strudelteig. Als Beilage zum Lamm ist so ein Bärlauchstrudel ganz wunderbar. Sollte es sich allerdings um ein zartes Milchlamm handeln, raten wir zur Mischung halb Spinat, halb Bärlauch, sonst schreckt sich das Lamperl vor der massiven Knofelei.

Apropos Mischung: Auch das Trio Spinat-Bärlauch-Brennesseln ist beeindruckend, am besten püriert. Ja die Brennesseln (sonst bestenfalls von ein paar Gartenfreunden geschätzt: in Wasser angesetzt, als stinkender, aber effizienter Dünger), zu dieser Jahreszeit werden uns ihre jungen Triebe zum Genuß. Wenn sie sieben bis zehn Zentimeter lang sind, geht's ans Ernten (An die Handschuhe brauchen wir Sie wohl kaum zu erinnern). Die Brennesseln werden wie Spinat in reichlich Salzwasser gekocht (Es soll Leute geben, die sich den Sud dann auf die Glatze schmieren, wahrscheinlich jedoch ohne Salz?!) – knappe fünf Minuten –, dann mit eiskaltem Wasser abschrecken und im Mixer pürieren. Bereiten Sie eine klitzekleine Einbrenn zu (Wenn Sie's beruhigt, nennen Sie das eben Roux), die Sie mit Milch und Obers aufgießen.

Um alle schröcklichen Assoziationen mit dem grüngefärbten Mehlkoch mit »Bowern« (wie Mehlklumpen in Oberösterreich heißen) unserer Internatstage hintanzuhalten, können Sie's ja noch einmal passieren. Dann, wenn vorhanden, mit etwas Rindsfond (Suppenwürfel tut's zur Not auch) abschmecken, ein paar Butterflocken und für Italophile ein paar Reiber Parmesan drauf – fertig.

Etwas später dran ist der Sauerampfer. Da ist das Pflücken schon beschwerlicher, ein Viertel Kilo will erst einmal gesammelt sein. Die *Sauerampfersuppe*: In feine Streifen geschnittene Blätter ohne Stiele in aufgeschäumter Butter unter Rühren ein paar Minuten anschwitzen. Daneben einen Liter Hühnersuppe erhitzen, sechs Dotter und ein Viertel Schlagobers verschlagen, langsam in die – fast – kochende Suppe (Vor Eierspeise sei wieder einmal gewarnt!) einfließen lassen, unter Schlagen – wieder nur fast – bis zum Siedepunkt bringen, dann kommt der Sauerampfer dazu. Nach dieser grünen Frühlingsattacke werden Sie ausschlagen wie die Bäume, das garantieren wir Ihnen.

April 1994

Galavorstellung im Mai

Alles, was es im Wonnemonat an Köstlichkeiten gibt, auf den Speisezettel zu setzen, ist gar nicht so leicht. Wir bringen gerade SPARGEL, MAISCHOLLE, MAIBOCK, MORCHELN und ERDBEEREN unter einen Menü-Hut.

Der Mai kann einen ganz schön in Streß versetzen, in kulinarischen Streß. Denn im Wonnemonat gibt es eine Reihe von Produkten, die man nur jetzt in dieser Qualität bekommt. Das heißt: Was Sie versäumen, können Sie erst in einem Jahr nachholen. Um den saisonbedingten Zugzwang etwas zu lindern, werden wir die Sache pragmatisch angehen und versuchen, so viel wie möglich unter einen kulinarischen Hut zu bringen. Deshalb kochen wir heute ein Menü, in dem alle Mai-Klischees hübsch verpackt sind.

Wir beginnen gleich fulminant mit einem *Spargelrisotto*: Rechnen Sie ein Viertelkilo Spargel pro Person; der extra dicke muß es wirklich nicht sein (schonen Sie Ihre Brieftasche), nur bei der Frische machen Sie ja keine Abstriche. Nachdem Sie ihn geschält haben, schneiden Sie die Spitzen ab und kochen sie in Hühner- oder Rindsuppe al dente. (Einer der schwierigsten Momente: Verstecken Sie die Spargelspitzen vor Küchenkiebitzen und essen Sie sie auch selber nicht auf, sie werden noch gebraucht.)

Dann schwitzen Sie gehackte Frühlingszwieberln in Butter an, fügen vier Deka (immer pro Person) Risottoreis hinzu und löschen mit Weißwein. Anschließend die in Scheiben geschnittenen kopflosen Spargelstangen dazugeben und mit kochender Suppe nach und nach aufgießen: ein klassisches Risotto halt. Wenn der Reis den richtigen Biß (nicht zu weich und nicht zu hart) hat, kommt pro Person ein Eßlöffel Butter und die Spargelspitzen hinein, mischen und rasten lassen. (Beim Portionieren achten Sie im Interesse der Harmonie bei Tisch darauf, daß die Spargelspitzen gerecht verteilt sind!) Das absolute Mai-Muß, Spargel, wäre somit zur allgemeinen Zufriedenheit erledigt.

Klassiker Nummer 2 kommt aus dem Wasser: die *Maischolle*. Hier steht und fällt das Gericht wirklich mit der Frische. Hoffentlich haben Sie einen Fischhändler, auf den Sie sich verlassen können. Nehmen Sie pro Person eine halbe Scholle (wir wollen uns nicht schon hier übernehmen), lassen Sie die Fische vom Verkäufer häuten und filetieren. Erlauben Sie aber ja nicht, daß er die Karkassen wegschmeißt, sondern tragen Sie sie schön brav nach Hause. Sie sind ein Pfeiler des Gerichts. Mit ihnen kochen wir einen Fischfond …

Ist er fertig, wird er abgegossen, dafür eignen sich übrigens hervorragend Stofftaschentücher (Wer hat nicht noch ein paar dieser klassischen Weihnachtsgeschenke früherer Zeiten in den Tiefen seines Wäscheschranks?). Geben Sie etwas vom Fond beiseite, den Großteil kochen Sie mit Obers ein. Die Filets pochieren Sie im restlichen Fischfond und servieren sie mit dem abgeschmeckten Saucerl darüber, dazu Blattspinat und vielleicht ein Früherdapferl … (Das kann man dann so köstlich mit der Sauce vergatschen, wenn das Essen im familiären Rahmen stattfindet.)

~

Für manche Freßsnobs existiert die Scholle gar nicht, ein minderwertiger Plattfisch eben. Aber im Mai ist sie besonders würzig und kann zum kulinarischen Ereignis werden, zu einem sehr preisgünstigen noch dazu.

Auch hinter die Maischolle machen wir also ein Hakerl, und jetzt geht's ans Eingemachte: Wir kochen einen *Maibock mit Morcheltagliatelle und Frühlingszwieberln*.

Bitte raunzen Sie nicht gleich: zuerst Reis und dann Pasta (und in der Mitte Erdäpfel). Naja, so unrecht haben Sie ja nicht, doch bedenken Sie: Ein Viertelkilo Spargel ist bei uns auf vier Deka Reis gekommen (der streng genommen gleichfalls ein Gemüse ist), er war also wirklich nur das Vehikel für unseren Spargel. Und jetzt brauchen wir grad so viel Nudeln, daß die Morcheln nicht nackert sind. Das geht schon in Ordnung, glauben Sie uns.

Nichts geht über zartes Rehfleisch: den Rücken vom Maibock, den Sie brav ausgelöst, und die Filets, die Sie – wenn Sie wollen – mariniert haben. Aus den zerhackten

Knochen haben Sie einen ordentlichen Fond gekocht, den Sie dann – siehe Scholle – mit Obers zu einer anständigen Sauce reduzieren. Helfen Sie ihr durch Wacholder, Thymian, einer Idee Port und Cognac und einer Spur Preiselbeermarmelade auf die Sprünge. (Wenn Sie nicht so brav waren und die Knochen weggeworfen haben, müssen Sie bei der Sauce zaubern.) Die Filets braten Sie als Medaillons rosa, und während sie rasten, müssen die Zauberer den Bratenfond mit Rotwein aufkochen, dann Obers hinzu und weiter wie gehabt – siehe oben. Die Braven haben ihre unvergleichliche Sauce schon fertig.

Aber die Primadonna in diesem Gericht ist die Morchel, zu dieser Jahreszeit frisch und nicht getrocknet (obwohl auch dagegen im Prinzip nichts einzuwenden ist) und womöglich noch selbst gesammelt. Ein warmer Mairegen, die richtigen Plätze in der Au, ein scharfes Auge – wenn man Glück hat, trifft man auf eine ganze Morchelgroßfamilie. Obwohl wir es Ihnen an anderer Stelle schon einmal gesagt haben, hier ist noch einmal unser Morchelrezept, weil's nun mal zum Menü gehört.

Putzen und halbieren Sie Ihre Schwammerl-Juwelen, schwitzen Sie etwas Schalotten in Butter an, die Morcheln dazu und kurz mitrösten. Löschen Sie mit Cognac, Madeira und Weißwein, Obers beifügen und reduzieren, mit etwas Kalbsfond verfeinern, salzen und pfeffern und pro Person ein paar Nuderln. Fertig, göttlich, zum Niederknien!

Von den Frühlingszwieberln (drei pro Person) das Grüne ziemlich kürzen, langsam in Butter mit etwas Zucker braun werden lassen, Pfeffer, Salz, mit ein wenig Wasser löschen und etwas dünsten und karamelisieren.

Nun zum Dessert: Erdbeeren müssen her im Mai, das ist ja wohl klar. Als vorauskochender Küchenpragmatiker haben Sie das Grand-Marnier- oder Cointreau-Eis dazu schon Tage vorher gemacht: Ein Ei und zwei Dotter in fünf Deka Kristallzucker über dem Wasserbad dickschaumig rühren, den Topf ins Eiswasser stellen und kaltrühren. Zwei Deziliter geschlagenes Schlagobers und sechs Zentiliter Grand Marnier oder Cointreau unterziehen und tieffrieren.

Tusch und Ende der Mai-Galavorstellung.

Mai 1994

Tausendundein Gaumenkitzel

An einer ARABISCHEN TAFEL werden die Vorspeisen leicht zum Protagonisten des Mahls. Ihr Name – Mazzát, Gaumenkitzel – steht ihnen gut an.

Wo und wann immer wir arabisch gegessen haben: Nie ist es uns gelungen, den Hunger über die Vorspeisen – Mazzát – hinwegzuretten, um dann dem Hauptgang genügend Ehre antun zu können. Man bleibt einfach hängen, kann stundenlang sitzen bei diesen Gerichten, die sowohl kulinarisch als auch ernährungswissenschaftlich (was für ein grausliches Wort in so einem deliziösen Zusammenhang) die ganze Palette abdecken: alle möglichen Gemüse, frisch und eingelegt, Kohlehydrate in Form von Hülsenfrüchten, Perlweizen und herrlichem Brot, Lamm und Rindfleisch, Schafskäse und Sesamöl.

Was uns nicht so leicht fällt, Allah möge uns verzeihen: die Vorstellung, diesen nicht ganz leichten Genuß mit Wasser oder gar mit süßen Getränken (Coca Cola!?) wegzuspülen, wie es in der Heimat der Mazzát aus allbekannten Gründen üblich oder zu mindest bon ton ist. Gepriesen sei der Arak, übersetzt »Schweiß« aus allem gebrannt, was sich nur vergären läßt, und mit Anis versetzt; nur die ganz guten Firmen machen ihn aus Weintrauben. Aber auch der irakische Abu Nuwas, aus Datteln, mundet hervorragend und hilft beim Verdauen. Und erleichtert das Sitzenbleiben, noch einmal kosten und weiteressen.

Und das Geschichtenanhören, nicht unbedingt aus Tausendundeiner Nacht, sondern glaubhaft erzählt vom Herrn Dr. Sarsam aus Mossul, dessen Großvater jeden Morgen ein Glaserl Schafsfett »gegen den Winter« trank. Alia hingegen, seine Schwiegertochter – bei der wir für unsere Geschichte eifrig recherchiert haben –, stammt aus Bagdad, was in der Küche natürlich wesentliche – doch kaum ehehinderliche – Unterschiede macht. In Mossul treten die Kubab (Plural von Kubba = Kugel, Knäuel) auch in einer Form auf, die ihren Namen Lügen straft: Der Perlweizenteig ist plattgewalzt mit der Farce aus Lamm- und Rindfleisch, Pignoli und Rosinen in der Mitte.

Klassisch sind die Kubab oval, die äußere Teigschicht aristokratisch dünn und zart. Aber man kann sie auch mit einer Reisteighülle haben, Halabi (aleppinisch) heißen sie dann. In Damaskus haben wir diese edelsten aller Fleischlaberln auch mit Joghurt gegessen. Nicht etwa dem westlichen – fettarmen, gesunden –, sondern dem orientalischen, wo der Cholesterinspiegel gleich einen Hupfer macht.

~

Was gibt's noch auf der Mazzát-Tafel? Natürlich Hummus, das Kichererbsenpüree, und die Melanzanipaste (Mutabbal) mit viel Knofel und Zitrone. Gerade an diesen beiden Gerichten zeigt sich die Qualität einer arabischen Küche: Sie können fad und schwer, wenn jedoch richtig mit Essig bzw. Zitrone abgeschmeckt, gemüsig und ein wahrer Gaumenkitzel sein – was ja das Wort Mazzát auch bedeutet, das übrigens aus dem Persischen stammt und auf dem Umweg übers Osmanische ins Arabische kam.

Apropos Essig: Unverzichtbar als gemüsige Komponente ist Turschi – so heißt es jedenfalls im Irak –, das eingelegte Gemüse. Eingelegter Riesenknoblauch muß da auch dabei sein, Adscham heißt der auf irakisch – was übersetzt persisch heißt. (Daß mit Adscham in Frühzeiten der Nichtaraber schlechthin, der Barbar, gemeint war, wollen wir höflichkeitshalber ganz schnell wieder vergessen.)

Der Rundumschlag quer durch den Nahen Osten wird fortgesetzt mit Tabbula, dem Burghul-(Weizenschrot-)Salat aus dem Libanon, der auch gleich die Lust auf rohes Gemüse abdeckt – Tomaten, Zwiebeln, viel Petersilie und Minze ist drinnen. Die macht wiederum Appetit auf die unverzichtbaren Falafel: petersilgrüne Laibchen aus der Hülsenfrucht Ful, Volksnahrungsmittel in Ägypten.

Dann kommen wieder die Osmanen ins Spiel, von deren Vorliebe für Börek – die Pastete aus Strudelteig, am liebsten mit Schafskäse – sich die ganze arabische Welt anstecken ließ: Burak, in Nordafrika Brik, mit dem weichen Ei, das einem beim Abbeißen so schön entgegenrinnt.

Wohlbekannt auch aus Griechenland, aber durch die Gewürzmischung (Muskat und Piment!) und die angenehme al-dente-Konsistenz als arabisch erkennbar, sind die gefüllten Weinblätter. Überhaupt: Die Gewürze, die geheimnisvollen, machen ein Nachkochen für den West-Barbaren fast unmöglich. Aber mittlerweile gibt es ja genügend arabische Lokale, in denen man genüßlich tafeln kann. Awafi – wohl bekomm's – sagt man im Irak.

Juni 1994

Als Oma im Keller Quargel aß

Seit der Zeit, als das Alma-Eckerl und der Stanz-Emmentaler das höchste der Genüsse waren, hat in Österreich glücklicherweise eine Revolution stattgefunden, eine Käse-Revolution.

Erinnern Sie sich noch an Ihre Käse-Kindheit beziehungsweise -Adoleszenz? Also, wenn sie wie die unsere in die sechziger und Anfang der siebziger Jahre fällt, dann ist sie höchstwahrscheinlich auch vom Schmelzkäse-Eckerl geprägt gewesen. Dazu kamen vielleicht noch Bier- und Stangenkäs' oder der berühmte Gummi-Emmentaler mit den ausgestanzten Löchern (manchmal blieb das Ausgestanzte im Käse stecken). Quargel war nur etwas für ausgesprochene Käseliebhaber: Die Großmutter der einen Autorin wurde zum Quargel-Essen immer auf die Kellerstiege verbannt. (Das hätte sich der Großvater der anderen natürlich nie gefallen lassen!)

Vielleicht hätten diese unsere beiden Altvorderen auf unserer Suche nach dem ultimativen Schaf- und Ziegengeschmack mitgetan. Keinesfalls aber hätten sie sich träumen lassen, daß es eines Tages genügen würde, Sonntag früh den Hund Gassi zu führen, um auf einem Bauernmarkt vor der Kirche ums Eck Käse von herausragender Qualität zu erstehen. Eine wahre Revolution hat stattgefunden zwischen dem ersten Auftauchen des »Kaspeter« damals auf dem Vöcklabrucker Wochenmarkt (immerhin hatte er schon ein paar Franzosen dabei) und der heutigen österreichischen Käse-Landschaft. Der Betrieb unserer Kasbauern vom Sonntagsmarkt, der Haidhof in Kirchstetten im Weinviertel, ist archetypisch und steht hier für viele andere ambitionierte österreichische Käsemacher.

Ein Lehrstück darüber, was man alles aus Schaf- und Ziegenmilch machen kann – wenn man's kann: Es beginnt beim Schaffrischkäse in der Lake, für Schaf-Einsteiger sozusagen. Unsere gute Kasbäuerin, Frau Doktor (so sehen heut' die Kasbauern aus) Müller, ist besorgt, ob das für unsere harten Schaf-/Ziegen-Gaumen überhaupt noch etwas ist. Die Antwort schriftlich: Gegen Milde haben wir rein gar nichts, wenn etwas nach dem schmeckt, wonach es schmecken soll. Nicht mehr und nicht weniger.

In der Palette des Haidhofs geht's weiter mit Schaf- und Ziegenfrischkäse. Kompliment den zwei- und den vierbeinigen Produzenten! Die Frischkäse sind auch in verschiedenen Kräutern gewuzelt zu haben: etwas, was uns Puristen zuerst einmal skeptisch macht. Aber die Frische und Qualität der Kräuter (Schnittlauch oder Petersilie beim Schaf, Pfeffer oder Kräuter der Provence bei Schaf und Ziege) überzeugten uns völlig. Nach wie vor ist aber unser beider Favorit der Ziegenfrischkäse pur: mit einem guten Weißbrot und einem ordentlichen Glas Wein ein einfaches, wahrhaft köstliches Mahl.

Apropos Brot, ein Griff in die Schnurren-Kiste: In unserer kulinarischen Frühzeit (als es noch gar nicht schick war) bekamen wir in einem der ersten Wiener Restaurants, die sich an der Neue-Küche-Front engagierten (das »Prinz Eugen« war's), zum Käse nur Pumpernickel serviert; Baguette war im ganzen Haus keins zu finden. Wir waren damals noch sehr jung, und auch der Konsum eines mehrgängigen Menüs und zweier Flaschen Weins hatte die Blasiertheit der Kellner nicht gemildert. Beim Käse haben wir's ihnen gegeben, sie ordentlich mit unseren Ansprüchen sekkiert und dann noch unter großem Gegacker die Kasrinden für den Hund eingepackt.

~

Geblieben ist uns aus dieser Zeit der Widerwille gegen Leute, die glauben, gutes Essen habe etwas mit sozialem Status zu tun. (Daß die Kellner »feiner« sind als die Gäste, kommt allerdings heute weit weniger oft vor. Auch die Gastronomie hat dazugelernt, nicht nur die Esser.)

Aber zurück auf die Weinviertler Weide. Aus Schaf- und aus Ziegenmilch machen die Müllers auch Weichkäse und den schon viel g'schmackigeren Schnittkäse. Das Schönste an diesen Sorten ist, daß sie den Eigengeschmack von Schaf beziehungsweise Ziege auf höchster Stufe kultivieren, stark, ohne gschert zu sein. Gemischt geht's aber auch: Aus einem Drittel Schaf- und zwei Drittel Ziegenmilch ist der »Schiegen« der mindestens fünf Wochen reifen muß.

Die Müllers haben auch Fleischtiere, momentan als einziger Betrieb in Niederösterreich auch die seltene Burenziege. Mit anderen Bauern hat man sich zur Direktvermarkter-Gemeinschaft »Weinviertler Bauernhof« zusammengetan. Es tut sich was im Lande Österreich, das kann man auch an der Haidhof-Betriebsphilosophie ablesen: »Freude an unserer Arbeit« sowie »Unterstützung der natürlichen Kreisläufe und Rechte der Tiere« scheinen da auf.

Natürliche Kreisläufe – da hat eine der Autorinnen die respektlose Assoziation zu ihren Reisen als Au-Pair-Mädchen nach Frankreich, wo sie bei ihrer Gastfamilie quasi in die Käse-Schule ging. Am Tag der Heimfahrt wurde dann immer bei Blanc, einem der renommiertesten Feinkostläden Marseilles, vorgesprochen mit dem Aviso, daß der Käse eine 24stündige Zugreise antreten muß, also nicht vollreif sein sollte. Trotzdem, regelmäßig ab Genua wurde die Luft dick und dicker im Abteil, in der Früh am Brenner musterten die Reisenden einander mit feindseligen Blicken. Spätestens, wenn der Käsekurier den Zug verließ, war es dann klar, wer es gewesen sein mußte. Vielleicht aber noch immer nicht ganz, was?

Juli 1994

Protagonistin in Küche und Landschaft

Die mediterrane Küche entfaltet sich an der Amalfitanischen Küste in einer ihrer attraktivsten Varianten. Und die Zitrone spielt hier nicht nur in der Landschaft eine große Rolle.

Da schreibt man sich als Redakteurin des Standard die Seele aus dem Leib über weltbewegende Themen. Gut, ab einem gewissen Alter sollte man einsehen, daß die Welt nicht auf den Senf wartet, den man überall dazugeben zu müssen meint. Aber: »Schreiben S' mehr Rezepte« sagte unser Herausgeber unlängst liebevoll zu mir!? Na bitte, ab in die Küchenabteilung.

Es ist hart, aber er hat ja recht: Wenn ich einen Tag lang im Rathaus von Neapel den Postfaschisten und/oder/sowohl als auch Postkommunisten nachrenne und dann am Abend in Santa Lucia essen gehe … Was, glauben Sie, hat größeren Einfluß auf mein Wohlbefinden und somit auf die Qualität der in meinem mir so teuren Medium abgesonderten Zeilen? Na also! Eine Zuppa di pesce zu verdauen, dauert höchstens Stunden, nicht zu vergleichen mit dem Baucherlweh, das man sich heutzutage holen kann, wenn man sich mit italienischer Politik beschäftigt. Noch dazu, wenn man so gut ißt wie in Kampanien. Was kann mir da eine Alessandra Mussolini in den Brodo spucken?

~

Natürlich sagen die Neapolitaner, daß die Küche Kampaniens die beste Italiens ist. Und natürlich sagen die Bewohner der Amalfitanischen Küste südlich von Neapel, daß ihre Küche die beste Kampaniens ist. Davon lasse ich mich gern überzeugen: Wo immer ich in Italien bin, ist die beste Küche Italiens.

Aber die mediterrane Kochkunst hat schon einen besonderen Platz in meinem Herz respektive Magen. Das wesentliche: Pasta, Paradeiser, Olivenöl. Etwas verstört war ich kürzlich in Neapel, als man mir ständig Risotto vorsetzte. Ist das die Vermailänderung oder Berlusconisierung Neapels oder was? Man sollte Risotto im Süden verbieten, notfalls per Dekret.

Sehr erfreulich hingegen ist, daß man in letzter Zeit vermehrt die Zitrone zur Küchenhauptdarstellerin macht. *Fettucine al limone* habe ich bei Monica und Marco Aonzo auf der betörenden Terrasse ihres Hotels »Poseidon« in Positano gegessen. Die Zutaten sind zwar nicht allesamt streng mediterran, das Gericht ist aber trotzdem köstlich: etwas Obers mit Zitronensaft, Zitronenschale, Petersilie, das Ganze mit der heißen Pasta vermischen, fertig. Und weil wir nun schon nicht original sind – denn Obers hat in der südlichen Küche sonst nichts verloren –, kann, wer will, auch noch Parmesan draufgeben.

Die Zitrone – nicht nur Protagonistin in der Küche, sondern auch in der Landschaft südlich von Neapel. Die Steilküsten rund um Amalfi sind, wenn die Zitronen reif werden, wie mit einem Trauerflor geschmückt, was die Landschaft noch dramatischer macht: Schwarze Netze werden über die Gärten ausgespannt, um die empfindlichen Früchte vor Wind und Wetter zu schützen.

In dieser Gegend gibt es die größten Zitronen, die ich je gesehen habe, die melonengroßen limoni di pane (Brotzitronen), die so heißen, weil man die sehr dicke weiße Schicht essen kann. Aber nicht zuviel, sonst gibt's Bauchzwicken, wurde mir gesagt.

Natürlich ebenfalls nicht wegzudenken aus dieser Küche ist der Fisch. Wie immer kommt's beim Fischessen auf drei Dinge an: daß er frisch und daß die Aussicht schön ist und daß der Wein mithalten kann. Diese Kombination zu finden, macht natürlich an der Amalfitanischen Küste gar kein Problem. Meine favorites sind die Restaurants, wo man die Fischerboote direkt vor (und in!) der Nase hat, etwa in der kleinen Fischerbucht La Praia gleich unter Positano, bei »Armandino« wo es die für diese Gegend ganz typischen Tubetti con i totani gibt. Das sind ganz kurze Pastaröhrln mit Tintenfischen in einem Paradeissugo. Dazu läßt Armandino in einem Plastikschüsserl die »Marmelade« herumgehen: geriebene Peperoncini. Der Orient läßt grüßen.

Als Dessert findet man überall die lokale Zitronentorte und natürlich den allgegenwärtigen limoncello, den Zitronenlikör. Armandino macht außerdem einen aus Lorbeerblättern: In dieser Flasche bin ich, obwohl ich vorher die Nase gerümpft habe (Likör ist was für Weiber, und wer will denn das schon sein), fast versunken. Aber ich weiß nicht, ob ich das überhaupt weitersagen darf, jedenfalls ist er nicht verkäuflich.

Wenn es Ihnen zu still ist in der Fischerbucht, dann gehen Sie am Strand von Positano zu Luigi und Baldo in die »Cambusa« essen. Was mich außer den vorbildlichen Fischgrigliate oder -frittate besonders gefreut hat, ist die Weinkarte. Die Gewächse dieser Gegend sind nicht weiß Gott wie edel, helfen aber den Fischerln ganz brav schwimmen.

Was ich auch nie auslasse im Süden, ist die Rucola: Sie wächst in Positano wild an den steinernen Wänden und ist so stark – dieses Gstankerl aus Zwiebeln und Knoblauch und Grün! –, daß man dem wäßrig-faden Zucht-Rucola-Abklatsch, den man bei uns bekommt, danach nicht mehr viel abgewinnen kann. Die liebe, elegante Signora Liliana, Mutter der beiden Poseidonisten Monica und Marco (siehe oben), hat mir ein ganzes Nylonsackerl davon nach Wien mitgegeben. Ist das nicht ein netter Beruf? Die einen wollen mir unbedingt etwas erzählen, die anderen wollen mir unbedingt etwas zu essen und zu trinken geben. Wie gern gehorcht man seinem Herausgeber, darum: Gebt mir Dienstreisen, Sire! Ich geb' Rezepte.

August 1994

Bestellen Sie sich einen Muskateller

Die SÜDSTEIERMARK als kulinarische Landschaft: Wein, Hopfen, die Kürbisfelder und die wunderschönen Bauerngärten mit den Käferbohnenstauden. Ihre Winzer sind berühmt, vom großen Publikum wurde sie längst entdeckt, und trotzdem ist sie noch immer unverändert. Oder für Gourmets noch besser als früher.

Also für uns ist »die Steiermark« – alle übrigen Steirer mögen uns verzeihen – der Leutschacher Zipfel, womit wir auch gleich eine neue geographische Bezeichnung kreiert hätten. Schauen Sie sich's auf der Landkarte an. Na gut, es ist nicht wirklich ein Zipfel, sondern ein Halbrund, das südlich von Leutschach mit der slowenischen Grenze abschließt und im Osten mit der Südsteirischen Weinstraße, auf die wir uns nur wagen, wenn wir ganz konkret etwas zu erledigen haben (Weinkaufen irgendwo oder Käferbohnensalat-mit-Kernöl-Essen beim Repolusk beispielsweise). Sonst bleiben wir in Leutschach hocken, das uns für unsere Nibelungentreue immerhin schon mit dem bronzenen Klapotetz geehrt hat, der silberne stünde uns dienstgradmäßig auch schon längst zu …

Wenn wir uns auf den Weg in die Steiermark machen, erinnert unser Troß an den des seligen Kammersängers Slezak, wenn er Anfang dieses Jahrhunderts an die New Yorker Met zog. Vom Hundterl bis zur Parmesanreibe wird alles eingepackt, um auf den Weinbauernhof der Musters (übrigens eine Entdeckung der Altvorderen einer der Autorinnen noch in deren Kindesalter: direkt vom Flascherl zur Flasche) übersiedelt zu werden.

Im ersten Jahr nahmen wir uns noch bescheiden gemeinsam ein Zimmerl, Jahr für Jahr kamen dann Freunde und Freundinnen und deren Gschamsterer dazu (wer in der Steiermark nicht besteht, wird für ewige Zeiten verworfen). Heute, da der Großteil dieser ehemaligen Studenten-Habenichtse zu den Zierden des Großbürgertums gehört, mieten wir gleich das ganze Anwesen an, was den Vorteil hat, daß unsere Sangeskünste nur mehr die Zollwache an den Rand des Wahnsinns treiben, denn Nachbarn gibt es nicht. Ach ja, und ein dem Nervenzusammenbruch naher Marder hat einmal einen der Barden gebissen. Wirklich. (Oder doch nicht, denn der Marder war ein Siebenschläfer, behauptet die Fuchs, und hat wohl recht).

Je älter wir werden, desto sentimentaler werden die Erinnerungen daran, daß uns der Graue Burgunder schon geschmeckt hat, als er noch Ruländer hieß, und der Sauvignon blanc, hinter dem heute alle her sind wie der Teufel hinter der armen Seel', Muskat Sylvaner.

Aber sonst ist alles beim alten in der Steiermark.

Oder sogar besser, kulinarisch gesehen. In Gamlitz gibt es längst das hochlöbliche Restaurant Sattler, für dessen Besuch wir uns einmal während unseres Steiermark-Aufenthalts manierlich schneuzen und kampeln. In den Zeiten, als der Hund noch jünger war (später konnte er längere Märsche nicht mehr derpacken), sind wir noch fest gewandert, was die Bekömmlichkeit der Brettljausen – mit dem Verhackerten, den Würschten und allerlei Speck und Schinken – erheblich gefördert hat. Heute, älter und fauler, essen wir noch lieber als früher zu Hause auf der Muster-Hausbank mit dem unvergleichlichen Ausblick auf Leutschach und Umgebung. Und da gibt es diesen riesigen Grill, der mit Weinstöcken beheizt wird.

Auf die Gefahr, daß wir uns Ihre Verachtung zuziehen: Sogar australische Garnelen haben sich schon auf diesen Griller verirrt. Denn bodenständig zu bleiben, ist manchmal gar nicht so leicht, wenn man gleichzeitig dem Schwein (Kotelett und Würste, um die wir uns beide nicht reißen) entgehen will.

Heuriges Exempel: Besuch vom illustren STANDARD-Kollegen Joe Kirchengast mit Helga und Benni ist angesagt, ehest begibt man sich auf Nahrungssuche. Hof eins erreichen wir mit Mühe, weil uns prächtige türkische Stubenenten den Weg versperren. 100 Schilling das Stück, ein Spottpreis, lebend, versteht sich. Wir verzichten, einsichtig, daß wir nicht hungrig genug sind, um sie abzukrageln. Hof zwei, »Jo, Schof homma scho«, ein ganzes, das diesmal freundlicherweise geschlagen werden würde. Vielleicht ein bisserl zu frisch und zu viel fürs Abendessen.

Bitte keine Mißverständnisse, es muß so sein in Leutschach, und wir wollen, daß es so bleibt. Denn wir finden ja dann den Forellenzüchter Puschnigg, dessen Hof noch höher liegt als der unsere, direkt unter dem »Heiligen Geist« einem Kircherl schon in Slowenien. So hoch über Leutschach, daß man sich gar nicht vorstellen kann, daß dort ein Fleck Erde noch eben genug ist, um einen Fischteich anzulegen. Die Frau Muster erklärt uns, wie man Forellen grillt: Sie werden ganz trocken in Mehl gewendet und über die Glut gelegt. Diese künstliche Haut soll sie innen saftig halten, und so ist es dann auch.

Die Pasta ist für uns auch in der Steiermark unverzichtbar, schon allein deshalb, weil sie sich so gut für Massenabspeisungen eignet (immerhin sind wir manchmal ein gutes Dutzend Leute). Da wird in Wien Sugo vorgekocht, und nicht zuletzt, weil die Jahreszeit paßt (wir fahren immer im August), reisen wir immer mit einem Pesto im Gepäck nach Leutschach. Da werden dann nur mehr die Spaghettini in den Topf geworfen, und fertig ist ein Gericht, das außer Knoblauchhassern – aber wer will schon mit solchen Leuten zu tun haben – allen schmeckt.

Und da haben wir (oder war's doch der Sattler?) auch eine Steiermark-Variante erfunden: Basilikum, grobes Salz, Parmesan, Pecorino, Knoblauch und Olivenöl, alles wie gehabt, aber anstelle der Pignoli nehmen wir geröstete Kürbiskerne. Beim Sattler bekommen Sie diesen steirischen Pesto zum Carpaccio – köstlich –, aber probieren Sie ihn ruhig auch mit der guten alten Pasta. Ja nicht erhitzen, den zimmerwarmen Pesto einfach auf die heißen Nudeln!

Die gerösteten Kürbiskerne zum Käse oder einfach aufs Butterbrot, und natürlich das Öl: Da wir uns selbst keinen Bohnensalat machen, pilgern wir, wie schon erwähnt, jährlich einmal zum Repolusk (direkt auf der Weinstraße), wo man die Bohnen für jeden Gast frisch und großzügigst mit Kernöl und feingeschnittenen Zwieberln anmacht. Und natürlich kommen sie nicht aus der Dose, sondern werden in der Nacht eingeweicht und jeden Vormittag gekocht. Das merkt man. Den Kernöl-Bohnensalat sieht man hin und wieder auch mit Radi – der Gipfel an Gschertheit –, aber der Welschriesling hilft ja eh beim Verdauen.

Und noch so manches andere kulinarisch Erfreuliche gibt es (wie uns auch der höchst empfehlenswerte »Steirische Gourmetpaß« lehrt, herausgegeben von der »Arbeitsgemeinschaft Gutes vom Bauernhof«, in dem Bauern über ihre Produkte informieren). Der allgemeine österreichische Käseaufschwung ist natürlich auch in der Leutschacher Gegend zu merken: Undenkbar wäre es vor fünfzehn Jahren gewesen, irgendwo einen selbstproduzierten Schafskäse zu kaufen! An typischen alten Gerichten haben wir schon anno Schnee bei der Frau Muster den Sterz mit Schwammerlsauce kennengelernt.

Ach ja, die Frau Muster. Jetzt ist wohl der Moment gekommen, wo wir Ihnen die letzten Geheimnisse eröffnen müssen. Wenn Sie dann das nächste Mal, wenn wir hinkommen, beim Muster sitzen, werden wir, als Platzhirschen, Sie mit feindseligen Blicken mustern, denn der Muster ist ja schließlich unserer (über dieses lahme Wortspiel lachen Sie Tränen, wenn Sie nur lang genug dort sitzenbleiben und sich langsam eintrankln. Und das werden Sie!)

Die Musters haben das Haus, das wir alljährlich mieten, vor einigen Jahren verlassen und einen andern Hof am Leutschacher Schloßberg (Nr. 38. Das nützt Ihnen gar nichts, Sie verirren sich trotzdem!) vorbildlich hergerichtet und betreiben dort einen Buschenschank. Das schöne Haus und die guten Weine und die Zimtschnecken von der Frau Muster (die es eh nie gibt, Sie brauchen also gar nicht hinzufahren) – das Paradies auf Erden. Sitzenbleiben und stundenlang in die Gegend starren. Wenn Sie zum Haus hingewandt sitzen, ist rechts der prächtige Bauerngarten, wo die Paprika und Paradeiser für Ihre Jausen (das Brot bäckt die Frau Muster selber) wachsen, dann Weinberge und darüber der dunkle Wald, wie es das nur in Leutschach gibt. Links das klassische südsteirische Weinhügel-Panorama. Wie abgedroschen das klingt. Es ist ein Ort, wo man früher ein Kloster hingebaut hätte, und damit Schluß. Und wenn Sie schon hinfahren müssen und tatsächlich Zimtschnecken bekommen, dann trinken Sie wenigstens einen Muskateller dazu, sonst waren Sie unserer Ezzes nicht würdig.

September 1994

Keine Angst vor Frühlingsrollen

Sik tzo fan mei, »Schon gegessen?« lautet eine beliebte chinesische Grußformel. Nirgendwo hat Essen einen höheren Stellenwert. Überwinden Sie Ihre China-Restaurant-Aversion, sonst bringen Sie sich um kulinarische Genüsse.

Herbstzeit ist Wildzeit: Auf zum Chinesen! Sie glauben uns nicht? Wir, die wir als Jägerstöchter wissen, wovon wir reden, haben das beste Reh unseres Lebens in einem – natürlich nicht irgendeinem – chinesischen Restaurant gegessen. Es war – traditionelle Zubereitungsart in Sechuan für Enten und Gänse – über grünen Teeblättern und Gewürzen geräuchert, ein sehr diffiziler Vorgang, nicht zuviel und nicht zuwenig Rauch darf das zarte Rehlein abkriegen. Die guten Geschmackseigenschaften sollen hervorgehoben, die penetranten in den Hintergrund gedrängt werden.

Sowenig wir dem Räucherspeck im Zusammenhang mit Wild etwas abgewinnen können, sosehr sind wir diesem subtilen Rauchgeschmack verfallen. Das geräucherte Fleisch wird noch mariniert, bevor es rosa gegrillt wird, und bekommt eine köstliche Sauce als Begleitung: vertraut und fremd gleichzeitig. Große neue Küche mit klassischen Handwerksregeln.

~

Wieso auch sollte chinesische Küche nicht kreativ sein? Nur weil wir mit pampigen Einheitssaucen, sirupgetränkten Dosenananasstückchen und -bambussprossen großgeworden sind, bevor wir das erste Mal irgendwo in fernen Landen »echt« chinesisch gegessen haben und seitdem selbstverständlich genau wußten, wie es gehört.

Und dann haben wir zum ersten Mal bei Herrn und Frau Wu gegessen, im »Green Cottage«, und alles war wieder anders.

Es heißt immer, daß die Chinesen – besonders die aus Kanton – alles, was vier (und mehr) Beine hat, essen – außer

Tischen. Was die Küche aus Sechuan, wo Herr Wu herkommt, auszeichnet, ist die Varietät der Würzungen: Dutzende Geschmacksrichtungen für ein und dasselbe Grundprodukt geben über eine große Küchentradition Zeugnis ab. Aber bei allem Respekt für die Urgroßväter, meinen die Wus, essen tun wir heute.

Heute und in Österreich, und da kann man einiges Chinesische nicht anbieten: das eine, weil es die Zutaten gar nicht oder nicht in der richtigen Qualität gibt – keine Kompromisse bei den Produkten! –, und das andere, weil es die Bürger aus dem Schweinsbratenland sowohl optisch als auch geschmacklich überfordern würde. Aber mit ihren Österreichern ist Meisterin Wu – sie steht in der Küche – nachsichtig, man wird behutsam chinesisiert: Die ursprünglich recht deftige Soja-Erdnußbutter, die zeitweise als Amuse-gueule gereicht wird, ist mit einem Drittel echter österreichischer Kuhbutter gestreckt, eine Lösung, die übrigens auch Chinesen begeistert.

Aber es braucht nicht etwa die zur Tugend gemachte Not, um der Kreativität der Frau Wu, die alljährlich in der Liste der besten KöchInnen Österreichs aufscheint, auf die Sprünge zu helfen. Was tun mit den vielen in der Küche anfallenden Entenlebern? Es wird ein Parfait daraus, und dieses ist unbestreitbar chinesisch – mit Ingwer gewürzt und grünem Pfeffer. Und vieles, das man nicht in der chinesischen Küche erwartet, stellt sich ohnedies als »typisch chinesisch« heraus, wie der roh in Sojasauce marinierte Lachs.

Was uns an guter chinesischer Küche im allgemeinen und an der Wu-Küche im besonderen so reizt, ist der Einsatz der scharfen Gewürze: Ein Gericht ist immer nur »auch« scharf. Das ist wirklich ein Kriterium für Qualität, denn nur so ergibt es Sinn, wenn man zartschmeckende Zutaten mit Pfeffer und Chili in Berührung kommen läßt.

Jetzt wird's klassisch, zur Labsal aller Nullachtfuffzehn-Chinarestaurant-Geschädigten: Die Frau Wu kocht Ihnen ein *süß-saures Schweinefleisch*. Zuerst Orangen- und Zitronensaft mit den Schalen beider zustellen und kochen, geschnittene Äpfel, Zwiebel, Gurke, Ingwer und Koriander hinzufügen und zwei Stunden kochen lassen, durch ein Sieb abgießen, mit Tomatenmark eindicken und mit etwas Zucker, Salz und Essig – der kommt in China natürlich vom Reis – abschmecken. Dann schneiden Sie ein Schweinskarree in Würfel – nicht zu groß und nicht zu klein –, wenden sie in Weizenmehl, frittieren, Sauce darauf. Wie klingt das?

Bei den Wus brauchen Sie auch vor der Frühlingsrolle keine Angst zu haben. Die übrigens aus der Picknickrestlverwertung entstanden ist: Auch den chinesischen Menschen zieht es im Frühling ins Grüne, und eben dort hin nahm er seine – nicht frittierten – Frühlingsrollen mit. Die letscherten übriggebliebenen warf man zu Hause ins heiße Öl, a star was born.

Und noch einen guten Grund, zu den Wus zu gehen, wissen wir: Da Sie immer alles bis zum letzten Reiskörndl aufessen werden, müssen Sie auch nicht befürchten, einen pockennarbigen Ehepartner zu bekommen. Davor warnt ein chinesisches Sprichwort alle jene, die was stehenlassen.

Oktober 1994

Zum Derstrudeln

In BLÄTTERTEIG kann man fast alles – Feines und Deftiges – wickeln. Wichtig ist, die Grundprodukte der Farce »sprechen« zu lassen und nicht durch unnötige Bindemittel zu korrumpieren.

Begonnen hat unsere Manie, alles Mögliche (und Unmögliche?) mit Blätterteig zu umwickeln, mit dem, was – ach je – so vieles in unserem Leben bestimmt: mit dem Glaserl Wein oder Sprudelwein, nach dem es uns und unsere Freunde üblicherweise schon vor dem Mahle gelüstet. Um eine feste Rechtfertigung zum Flüssigen zu finden, besannen wir uns schließlich einer lieben Tradition, der kleinen, feinen Schinken- und Zungenkipferln, die in der Familie einer der Autorinnen besonders den traditionellen Glückwünschern zwischen Weihnachten und Neujahr gereicht wurden – außer Tonnen von Weihnachtsbäckerei natürlich, vor der eh schon jedermann grauste.

Ja, als Blätterteigkipferl-Fabrikantinnen sind wir beide fast schon legendär (dürfen wir Euch an unsere Austern-, Forellen-, Schnepfendreck- etc., etc. -kipferln erinnern, liebe Freunde), und es ist zugleich fast das einzige, was die Autorinnen in der Küche trennt. Denn während die eine mit dem Lineal zu Werke geht und stundenlang wunderschön ebenmäßige Kipferln formt, winzige natürlich, werden sie bei der anderen von Stück zu Stück größer und grobschlächtiger.

Woraus nicht etwa, wie Sie der (frühere) STANDARD-Kolumnist Peter Michael Lingens mit seiner epochemachenden Korrelationstheorie zwischen kleiner Hirnmasse und großem (männlichem) Geschlechtsorgan und umgekehrt gelehrt hat, Rückschlüsse auf unterschiedliche genetische Veranlagungen der Autorinnen zu ziehen sind (großes/kleines Kipferl, kleines/großes Hirn), sondern einfach auf die Schlampertheit und vor allem Faulheit der Köchin Harrer. Irgendwann wurden aus ihren Kipferln jedenfalls Strudel.

Ein voller Erfolg. Dies konnten wir auch feststellen, als wir vor geraumer Zeit die Ehre hatten, die Kollegen bei einem STANDARD-internen Feste zu bewirten, und dabei völlig auf die Strudelei auswichen. Die darauffolgenden höflichen Anfragen, inständigen Bitten, wüsten Drohungen u. dgl., um in den Genuß der Rezepte zu gelangen, haben uns letztlich zu diesem Artikel veranlaßt.

Wir machten damals zwei »saubere« leichte, feine und zwei »gscherte« Strudel, wobei wir uns natürlich in der irrigen Ansicht befanden, die feinen würden sich größeren Zuspruchs erfreuen als die gscherten. Weit gefehlt, die Blunzen- und Sauerkrautstrudel waren vor den Lamm- und Spinatstrudeln weg (was natürlich keine Rückschlüsse auf die Gschertheit des p. t. Publikums zuläßt).

Aber lassen Sie uns endlich zum Kochlöffel greifen. Machen Sie den Blätterteig selbst, oder kaufen Sie ihn fertig – wir übernehmen heute nur die Verantwortung für den Inhalt, nicht für die Verpackung. Und noch etwas: Haben Sie keine Angst vor der eigenen Courage, Kreativität ist angesagt, denn in Blätterteig wickeln läßt sich fast alles.

Für den *Lammstrudel* braten wir eine Schulter (nicht vergessen, sie mit Knofel zu spicken!), sofern wir nicht, was bei uns als begeisterten Lammkonsumenten häufig der Fall ist, über genügend Restl verfügen. Das gebratene Lammfleisch wird faschiert und mit Sauerrahm, einem Ei, Zitronenschale, Salz, Pfeffer und Petersilie (aber auch anderen Kräutern, nach Belieben) vermischt, nicht zu trocken – verwenden Sie den Bratensaft! – und nicht zu feucht, da heißt's wieder einmal ausprobieren.

Wer es nicht so pur fleischig liebt, dem kann mit einer durch den Fleischwolf gedrehten Semmel (oder Bröseln) in der Faschiertenmasse geholfen werden. Und wenn wir Zweifel haben, ob unsere Gäste so gerne Lamm essen wie wir, geben wir auch geschnittene Champignons in die Farce. Das mildert die Schafattacke. Fast genant, daß ein so gutes Rezept so einfach ist. So betreibt man seine eigene Entmythologisierung.

Genauso einfach und gut ist unser *Spinatstrudel*, der mit seinen in Konsistenz und Geschmack faden Brüdern in so manchen pseudobalkanischen Speisehallen wenig gemein hat. Blattspinat – al dente, lieber ein bißchen kleiner hacken! –, angeschwitzte Zwiebeln und Knoblauch, und ja nicht an geschnittenen schwarzen Oliven und Käse sparen (wir nehmen Schafskäse und Parmesan). Um das Ganze wenigstens notdürftig zusammenzuhalten, kommt ein Ei in die Mischung. Aber uns sind Strudel, deren Inhalt etwas zerfällt, weit lieber als jene, deren Farce durch irgendeinen suspekten Kleister zusammengehalten wird.

Nun zum Derben: Blunzenlieferanten brauchen Sie natürlich einen vertrauenswürdigen, denn damit steht und fällt der Strudel. Wieder Zwiebeln und Knofel nicht vergessen, die von ihrer Haut befreite Blutwurst anrösten – auf diese Art und Weise können Sie auch etwas von deren Fett loswerden – und eventuell mit Majoran und Piment nachwürzen. Dann die gekochten Erdäpfel dazu: Die Quantität hängt ganz von Ihrem Geschmack ab, je nachdem, wie deftig blunzig der Strudel sein soll. Wir raten Ihnen jedoch auf alle Fälle nicht zu festkochenden Erdäpfeln, die weicheren nehmen mehr Geschmack auf.

Und zuletzt teilen wir Ihnen auch noch gerne das Geheimnis unseres berühmten Krautstrudels mit: Den haben wir immer bei einer unserer Mütter bestellt.

DEZEMBER 1994

Sanft von den Altvorderen gezwungen

Paniert oder blau, am Heiligen Abend ist er in Österreich Tradition. Für uns aber ist die KARPFENBEUSCHELSUPPE wichtiger als der Karpfen.

Am Heiligen Abend halten wir's doch hin und wieder mit der Tradition. Sanft von den Altvorderen dazu gezwungen, begehen wir dann den 24. Dezember mit einer Attacke auf Magen und Cholesterinspiegel: mit dem gebackenen Weihnachtskarpfen, womöglich noch begleitet vom klassischen Mayonnaise-Erdäpfelsalat. Aber auf daß die Heilige Nacht auch eine Stille bleibe, wird schon als Aperitiv ein Enzianschnaps serviert.

Ja, wir wissen, daß es delikatere Fische gibt als das Schlammteichvieh – und vor allem sublimere Zubereitungsarten: Die hauchdünnen gratinierten Karpfenstreifen (Werner Matt) sind ein Gedicht, mit Karpfenfilets in Paprikasauce (Reinhard Gerer) haben wir schon eingefleischte – so man das in Zusammenhang mit Fisch überhaupt sagen darf – Karpfenfeinde bekehrt, die Spalterbsenrahmsuppe mit Nockerln vom geräucherten Karpfen (Eckart Witzigmann) und den böhmischen Karpfen in Bier-Lebkuchensauce beherrschen wir aus dem Handgelenk. Aber am 24. (immerhin ein katholischer Fasttag) kann schlichter Konservativismus nicht schaden. Für (kulinarische) Trapezakte bleiben ja noch die restlichen Feiertage.

Die halbe Karpfenschlacht wird – wie so oft beim Kochen – beim Kauf geschlagen. Wer jemals einen »lettelnden« Karpfen (oberösterreichisch: eine Lettn ist ein schlammiger, lehmiger Dreckpatzen) erwischt hat, ist für alle Zeiten kuriert. Aber wenn man wie wir einerseits einen Papa hat, der – wenn auch schon retirierter – Fürstenbergscher Forstdirektor im Waldviertel (Fischteiche!) ist, andererseits über beste Beziehungen zum Fischer Sepp in Litzlberg am Attersee verfügt, kann man beruhigt dem Karpfenvieh ins Fischauge blicken.

Machen Sie sich nichts draus, nicht jeder kann wie wir zur Karpfenaristokratie zählen. Gehören Sie zu den Leuten, die bei klirrender Kälte und eisigem Wind am Naschmarkt mit dem Häferl ums Fischbeuschel anstehen müssen? Halten Sie durch: Wir wagen die kühne Behauptung, die Karpfenbeuschelsuppe sei wichtiger als der Karpfen selber.

Aber zuerst zurück zum »Karpf«, wie er bei uns heißt: Filetiert ist er schnell, die Gräten werden mit der Pinzette gezogen, die Hautseite wird ein paarmal eingeschnitten. Dann mit Zitronensaft beträufeln und salzen; wie man paniert, brauchen wir wohl keinen Österreicher zu lehren.

Aber es gibt ein Leben nach der Panade. Nachdem eine der Autorinnen und ihr Vater Opfer einer Gelbsuchtepidemie geworden waren – das Leberl leicht angegriffen (Gott, wäre uns jetzt diese Ausred' recht!) –, entschied man sich im Hause Fuchs für die »blaue« Variante.

Im »Graunder« (wir weilen im tiefsten Timelkam) in der Waschkuchl durfte der arme Speigelkarpf bis zu seiner bitteren Stunde schwimmen. Einmal abgeschlagen, behandelte man ihn mit äußerster Vorsicht weiter, um die wertvolle Schleimschicht (essentiell für die blaue Farbe) unbeschädigt zu lassen. Ausgenommen, mit Essig besprenkelt, wurde er in den allergrößten Weckhäfen der Großtant' übersiedelt, um ihn anschließend in Court bouillon schön pomali zu garen.

~

Dann begann der Weihnachtsstreß: Ist er oder ist er nicht durch (»Die Augen treibt's eam scho außi«), und ist er ja durch, wie bringt man das Riesenvieh unbeschadet aus dem Häfen auf die Silberplatte? Jedenfalls war jede Weihnachtsbesinnlichkeit dahin, und man fand bald stillschweigend zum altbewährten Usus zurück. Wie gesagt, plus Enzianschnaps als Innovation. Gelbsucht hin, Leber her.

Wichtiger wird uns jedoch jedes Jahr die Fischbeuschelsuppe, und damit treten wir das Vermächtnis unserer Tante Mutzi – im Jahr 1990 neunzigjährig verstorben – an. Sie wies in ihren letzten Lebensjahren alle Weihnachtseinladungen der erbschleicherischen Sippe schnöde von sich: Am 25. aber ließ sie sich von der illegitimen Verwandtschaft ihres Bruders mit Suppe beliefern. Die Karpfenbeuschelsuppenköchin muß ergo eine wahrhaft begnadete sein – oder vielleicht wollte die gute Tante Mutzi uns, den Legitimen, auch ganz einfach etwas zufleiß tun.

Tante Mutzi, schau oba. Wir kochen dir jetzt eine *Fischbeuschelsuppe*: Besorgen Sie sich so viele Schädel, Schwanzstücke, Gräten und Innereien vom Karpfen, wie Sie nur auftreiben können. Bringen Sie alles bis auf die Innereien in Wasser und Weißwein (je nach Säure bis zu einer Flasche) zum Kochen, schöpfen Sie den Schaum ab. Porri, Wurzelwerk, Lorbeerblatt, Thymian und Pfefferkörner beigeben und mindestens eine halbe Stunde lang mitkochen. Gießen Sie den Fischfond ab, lösen Sie das Fischfleisch aus, und, wenn nötig, garen Sie das Wurzelwerk in etwas Suppe fertig, bevor Sie es hacken.

Die sorgfältig geputzten und gewässerten Karpfeninnereien werden ebenfalls in Fischsuppe gegart und mit der Gabel zerdrückt. Den Fond selbst kochen Sie ein (machen Sie keine Einbrenn, sondern binden Sie die Suppe eventuell mit vorher gekochten und passierten Spalterbsen). Dann mit ein, zwei Schuß Cognac abschmecken, unter Umständen, falls zu fad, auch noch einen Spritzer (oder mehr) Weißwein dazugeben. Als Einlage servieren wir in Butter geknofelte Semmelwürferln. Das Christkind wird kommen, garantiert, denn diesem herrlichen Gstankerl kann niemand widerstehen.

Dezember 1994

Kulinarisches aus dem Busch

Bei unserem Freund, dem Opernsänger Wicus Slabbert, schmeckt es immer anders, als der Europäer erwartet: Der Küchen-Zauberer kommt aus SÜDAFRIKA.

Kommt heute abend, ich koch' uns ganz was Einfaches, Schnelles, einen neuen Wein aus Südafrika hab' ich auch«. Wenn dieser Ruf durchs Telefon erschallt, wird sofort das Frühstück abgebrochen, das Mittagessen abgesagt – damit wir am Abend beim qualitativen Hochgenuß eines Essens bei Wicus Slabbert auch quantitativ mithalten können. Denn das »Einfache, Schnelle« ist in der Regel ein mehrgängiges Menü.

Wenn er nicht den Kochlöffel schwingt (oder den Pinsel, denn malen kann er auch), steht unser Freund Wicus Slabbert auf den Brettern, die die Welt bedeuten: als Opernsänger. Es ist ja nichts Neues, daß Musiker begnadete Köche – und Esser – sind, man denke nur an Gioacchino Rossini, der von sich sagte, daß er nur zweimal im Leben geweint habe: An den Grund des ersten Mals können wir uns nicht erinnern (typisch!), das zweite Mal weinte Rossini jedenfalls, nachdem ihm ein Sack Trüffeln ins Wasser gefallen war.

Wicus ist Südafrikaner – »bei uns im Busch« pflegt er zu sagen – und seine Küche exotisch. Wobei ihm aber nicht nur seine Heimat, sondern auch Kreativität und Kosmopolitismus – und Kochbücher, an die er sich dann nie hält – das magische Händchen führen. Es ist nie so, wie man es erwartet, nur eines ist es immer: wunderbar.

Noch bevor der Aperitif serviert wird – oder auch mit dem Glas in der Hand –, dürfen ausgewählte Gäste in der Küche schnüffeln: die geheimnisvollen verschiedenen Chutneys, die selbst angesetzten Essige und Öle in einer Vielzahl von Flaschen und Karaffen. Wenn ein Wein nicht den hohen Slabbertschen Erwartungen entspricht, heißt es ab in die Essigflasche, auch Port wird nicht verschont. Besondere Herzpinkerln, zu denen wir Gott sei Dank zählen, kriegen so ein Flascherl oder Glaserl auch schon einmal als »Bschoad« mit nach Hause.

Kommen Sie mit uns in die Hexenküche, wir beginnen mit einer *Karottensuppe* der etwas anderen Art: Einen Teelöffel Kardamom und einen Teelöffel Koriander im Mörser zerstoßen, mit einem großen Eßlöffel Marillenmarmelade und etwas gehackter roter Zwiebel in zwei Eßlöffel Olivenöl anschwitzen. Dann gibt Wicus die in Scheiben geschnittenen Karotten dazu und gießt mit Hühnersuppe auf. Nun folgt das Procedere, wie man es auch hierzulande kennt: dünsten, pürieren und mit einem Achterl Obers verfeinern. Das Ergebnis ist um Eckhäuser interessanter als alles, was Sie bisher als Karottensuppe gehabt haben.

Einer unserer absoluten favorites ist die *Zunge mit Rosinen*. Dazu gibt Wicus eine große geräucherte Rindszunge mit viel Wurzelwerk, Lorbeerblatt, Pfefferkörnern und einem kräftigen Schuß Apfelessig in den Kelomat und kocht sie vierzig Minuten. Sie wird dann sofort gehäutet. So weit, so gut, aber überdrüber ist die Sauce: Eine halbe Tasse braunen Zuckers, einen gehäuften Teelöffel Senfpulver, zwei Eßlöffel Zitronensaft, etwas Zitronenschale, eine schwache Tasse Rosinen und zwei Tassen des Zungensuds zum Kochen bringen und etwas eindicken, dann mit Eidotter binden. Auf dem Teller über die Zungenscheiben anrichten. Dazu serviert Wicus Couscous mit italienischen Kräutern.

Couscous – diesmal mit Herrenpilzöl aromatisiert – gibt es auch zu Wicus' unvergleichlichen *Lammstelzerln* (der Deminutiv ist hier wirklich am Platze, es sind die Wadeln und nicht die Keulen): Schneiden Sie die Sehnen durch, und marinieren Sie die Stelzen in Rotwein mit provençalischen Kräutern und etwas Olivenöl. In einer großen Rein im Rohr bei 200 Grad ohne Fett zwanzig Minuten anbraten, wenden, weitere zwanzig Minuten schmurgeln lassen. Bei 180 Grad wird das Fleisch dann eineinhalb Stunden unter öfterem Aufgießen (mit Marinade) weiter gegart. Saft und Marinade kochen Sie ein, etwas Obers wie immer zum Verfeinern. Außer Couscous gibt es auch noch Zucchini und göttliches Chutney dazu.

Genausoviel Erfolg wie mit seiner Kocherei hat Wicus bei uns aber auch mit seinen phantastischen Erzählungen aus seiner Heimat Südafrika, wo die Slabberts seit Generationen ansässig sind. Viele Viecher kommen in diesen Geschichten vor, und davon ist natürlich wieder der Weg zum Kochen nicht weit. Hören Sie, was wir beim letzten Mal erfuhren: In Südafrika gibt es diese Schafrasse mit einem ordentlichen Fettsteiß. Und dieses Pölsterchen nützt man natürlich kulinarisch: Es wird ausgelassen und normalerweise zum Kochen verwendet. Was aber ein echter Buschianer ist, streicht sich's schön dick auf das getoastete Graubrot – mit Marillenmarmelade obendrauf.

So kulinarisch ist die Atmosphäre im Slabbertschen Haushalte, daß eine der Autorinnen (die Fuchs war's!) jüngst ein Foto eines Gnus, das Wicus käuflich erworben hatte (das Gnu, nicht das Foto), falsch deutete: Sie stellte ernsthafte Überlegungen über dessen Transport nach Wien an, wer das Tier wohl schlachten werde und wie es weiterzuverwerten sei. Dabei handelte es sich um eine – zugegebenermaßen sehr lebensnahe – Skulptur, die jetzt im Wohnzimmer steht. Denn auch fürs Auge wird gesorgt bei Wicus Slabbert.

Jänner 1995

Das Erbe der Schlachthöfe

Die RÖMISCHE KÜCHE ist so derb, daß man sie für bäuerlich halten könnte. Ihre Vorliebe für Innereien entlarvt sie aber als typisch städtisch.

Nachdem ich mich als Redakteurin jahrelang mit italienischer Politik auseinandergesetzt habe, habe ich nun spät aber doch kapiert, was die italienische Nation ausmacht – was die geldigen Mailänder Großbürger mit dem alten römischen Adel und diesen mit dem sizilianischen Bauern, dem sardischen Schafhirten verbindet. Der Journalist Giorgio Bocca, nicht gerade der Dümmsten einer in unserem trotz – oder gerade wegen – aller politischen Heimsuchungen bewunderten und geliebten Nachbarlande, sagt es in seinem Buch »Sottosopra« (Drunter und drüber) neben anderen klugen Sachen: Das, was die Italiener essen, hält letztlich den Stiefel zusammen. Nehmen Sie die Pasta, per esempio, ob Sie mit neureichem Kaviar, mit von Historie (und jungfräulichem Olivenöl) triefenden Artischocken oder mit Sugo di pomodoro, mit Pecorino anrichten, es ist ein und dieselbe Kultur.

Nach Rom hat man mich wieder einmal geschickt, zwischen Regierungsbildung und parlamentarischer Vertrauensabstimmung, um meine periodisch einbrechende Ratlosigkeit in Sachen italienische Innenpolitik zu bekämpfen. Eine Art Rom-Stipendium also, gekrönt durch einen völlig freiwillig und aus purer Opferbereitschaft absolvierten Kurs in römischen Wirtshäusern. Was tut man nicht alles für die maximale Wertschöpfung eines Medienunternehmens!

Essen in Rom verblüfft immer wieder: eine durch jeden erdenklichen Einfluß korrumpierte – die Römer mögen es »bereicherte« nennen –, rustikal anmutende, schwere Küche. Decouvrierend sind jedoch die Gerichte aus allen verfügbaren Innereien, die typische römische Arme-Leute-Küche, zumindest historisch gesehen. Sie ist das Erbe der Schlachthöfe und ergo eine absolut städtische Erscheinung.

Gegessen wird alles, vom Lammbeuschel über Hirn, Kutteln und Kalbsgekröse (die Därme von Milchkälbern) bis hin zur Schweinsleber. Ebenfalls quasi ein Abfallprodukt des mattatoio (Schlachthofs) und ein Klassiker der römischen Küche ist das *Ochsenschlepppragout, Coda alla Vaccinara*, wobei wir gleich bei der Art wären, wie die Römer ihr Fleisch am liebsten zubereiten: schön lang geschmort (manchmal bis es auch wirklich tot ist, zu meinem Verdruß ergeht es auch dem Abbacchio, dem zarten Milchlamm, so), das Geschmacksereignis spielt sich demnach hauptsächlich in den Saucen ab.

Wie Sie einen Ochsenschwanz vorzubehandeln haben, wissen Sie als gelernte Österreicher eh. Dann Zwiebeln, Karotten (je eine), Knoblauch, Petersilie und einen Peperoncino schön klein hacken, bei gut eineinhalb Kilo Ochsenschwanz schwache zehn Deka Speck ebenfalls klein würfeln. Das alles in Olivenöl (manche nehmen Schmalz, aber das ist mir zu viel des Schweines, wir haben ja schon den Speck) anrösten, die Ochsenschwänze dazu, auf allen Seiten anbraten, salzen, pfeffern, eventuell auch mit Nelken würzen.

Dann gießen Sie mit zirka einem Vierterl Weißwein auf. Ordentlich aufkochen lassen, fünf, sechs geschälte Paradeiser dazu und im geschlossenen Topf etwa zweieinhalb Stunden auf den Herd stellen. Schauen Sie ab und zu nach, ob noch genug Flüssigkeit da ist. Bei Bedarf etwas Wasser nachgeben.

Inzwischen haben Sie mindestens zwei Stangen Sellerie gewürfelt. Geben Sie ihn mit Rosinen und gleich schwer Pinienkernen (je etwa fünf Deka) in den Topf und lassen das Ganze noch eine halbe Stunde weiterköcheln. Nun kommt der Oberclou: Die Sauce wird nach Originalrezept mit Bitterschokolade (in unserem Fall etwa zweieinhalb Deka, manche bevorzugen Kakao) gebunden. Dazu nehmen Sie etwas Sauce aus dem Bräter, rühren sie mit der geriebenen Schokolade zusammen und dann in die Sauce im Topf ein.

Was mich aber ehrlich gesagt viel mehr freut in Rom ist das Gemüse, wie die bei uns so raren Artischocken (als Grundnahrungsmittel!) – alla romana oder alla giudea, auf römische oder jüdische Art. *Carciofi alla romana* werden mit einer Mischung aus Minze, Petersilie und Knoblauch – in Olivenöl angerührt – gefüllt (die Masse zwischen die beschnittenen Blätter drücken), gesalzen und in Wasser und doppelt soviel Olivenöl gedünstet. Zuerst mit dem Kopf nach oben, dann kopfüber, je zwanzig Minuten zirka. Den Sud nicht wegwerfen, sondern einkochen und beim Servieren drübergießen.

Ob bei *Carciofi alla giudea* die Artischocken zuerst in Wasser und Zitronensaft gegart oder gleich roh verarbeitet werden, darüber gehen die Glaubensschulen auseinander. Ich würde es davon abhängig machen, wie frisch und zart sie sind. Jedenfalls werden die jüdischen Carciofi, nachdem man die Blätter schön wie eine Rosette auseinandergebogen hat, in Olivenöl frittiert, zuerst mit dem Stil, später dem Kopf nach unten, bis die Blätter goldgelb und knusprig sind.

Was Sie unbedingt in Rom essen sollten, weil es das bei uns wirklich nicht gibt, sind die Puntarelle, die in die Familie der Zichoriengewächse gehören. Sie schauen ein bißchen aus wie gekräuselte Löwenzahnstiele, schmecken bitterwürzig, werden als Salat mit einer herrlich robusten Sardellensauce angerichtet und halten geschmacklich allen dicken Saucen stand.

FEBRUAR 1995

Unser nicht alltäglich Brot

Was liegt näher, als sich in der Fastenzeit, nach den Sünden des Faschings, auf Brot zu besinnen? Auch wenn man diesem manchmal, damit es zum kulinarischen Vergnügen wird, ein bißchen auf die Sprünge helfen muß.

Na, fasten Sie brav? Beißen Sie nach den Völlereien des Faschings schön Ihr trocken Brot, akkompagniert höchstens von einem Glas Wasser? Da sekkiert uns doch schon die längste Zeit ein Kollege um Brotverwertungsrezepte. Zuerst haben wir uns gesträubt: Das unendlich gatschige, in einer dünnen Suppe (im Klosterinternat war es eine sogenannte »saure Suppe« und, bei Zeus, sie war sauer!) aufgeweichte alte Schwarzbrot unserer Kindheit saß uns im Hinterkopf. Biblische Dramen, bis man zumindest zu Hause endlich durchgesetzt hatte, das Brot zur Suppe »dazu«, und nicht eingegatscht, essen zu dürfen.

Was uns dann als zweites einfiel, war allerdings der *Semmelkren*, da wurde die Welt wieder heiter, trotz aller eschatologischen Assoziationen. Beim Semmelkren – mit Rindfleisch – denkt nämlich jeder gelernte Oberösterreicher sofort an das Kondukt, das Mahl, das anläßlich einer »Leich« eines Begräbnisses, eingenommen wird. Beim »Leichansagen« kommt bei den Fuchsens auf die Frage nach dem Termin gleich die nach dem Ort des Kondukts. Wenn es ein Kondukt beim Heikerdinger gibt, gehen die, die nicht bei der Leich waren, am Abend gern hin essen – in der Hoffnung, es gibt noch einen Semmelkren.

Die Frau Heikerdinger in Timelkam ist keine »Gsparige« bei Dotter und Rahm, was der Sache natürlich guttut. Sie nimmt altbackene Semmeln, in dünne Scheiben geschnitten, und gießt sie mit kochender, kräftiger Rindsuppe auf. Die Masse wird auf dem Feuer (vor dem Anbrennen sei gewarnt) mit der Schneerute zu Brei geschlagen, dann wird mit Salz und Muskat gewürzt und mit Sauerrahm und Dotter legiert. Am Schluß kommt der gerissene Kren dazu. Die Frau Heikerdinger gibt dann auch noch die Rahmschicht von der Milch dazu. Wir armen Urbanisierten greifen zur Crème double.

Ein Pompfunebrer soll sich einmal dieses unwiderstehliche Produkt zum Mitnehmen sogar in die Hosentaschen eingefüllt haben. Naja, gesoffen wird manchmal auch nicht schlecht nach so einer Leich.

Aber zurück zur *Brotsuppe*, ein Thema mit Variationen. Die Fastenversion besteht wirklich fast nur aus Wasser und Brot: Eine gewürfelte Zwiebel in Butter anschwitzen, 25 Deka geschnittenes Schwarzbrot mitrösten, mit eineinviertel Liter Wasser aufgießen und gut verkochen. Dann würzen Sie mit Salz und Muskat, passieren das Ganze und rühren ein versprudeltes Ei ein. Mit Schnittlauch bestreut servieren. Für den »Gschmackn« tut ein Würstl in der Suppe gut, aber dann ist es halt keine Karfreitagssuppe mehr.

Ein bißchen weniger spartanisch wird es, wenn Sie am Anfang eine Knoblauchzehe mitrösten, das Wasser durch Rindsuppe ersetzen, mit Rahm und Dotter legieren und am Schluß Butterflocken unterrühren. Damit können wir auch in der Fastenzeit leben.

Und mit der *Panadelsuppe* – Weiß- anstatt Schwarzbrot – nähern wir uns schon wieder unserem heißgeliebten Semmelkren: Das entrindete Weißbrot mit Milch oder Wasser aufgießen, kochen, mit Obers und Dotter legieren. Zu Beginn der Kochzeit kann auch feingeschnittener Sauerampfer oder Brunnenkresse beigefügt werden, auch eine Stangensellerie-Variante ist bekannt.

Auf unserer Suche nach Rezepten sind wir auch auf eine *süße Schwarzbrotsuppe* gestoßen: Da werden 25 Deka Schwarzbrot in Wasser ziehen gelassen, dann püriert. Mit zwei Eßlöffeln Rosinen, einem Eßlöffel Korinthen, Zitronenschale, einem Teelöffel Zucker zirka eine Viertelstunde köcheln lassen. Ein Eidotter mit 1/16 Wein verrühren und die Suppe damit legieren, mit Zimt und Zucker bestreuen.

Aber zurück zu Dingen, die wir uns auf unserem Speisezettel eher vorstellen können. Da haben wir einmal zu einem Martinigansl einen *Schwarzbrotauflauf* gegessen, keine üble Sache und gar nicht schwierig: Machen Sie eine Knödelmasse, nur eben anstatt mit Semmel- mit Schwarzbrotwürfeln. Trennen Sie aber die Eier, vom Eiklar wird Schnee fabriziert und unter die Masse gehoben. In gebutterten Förmchen (Tassen) im Wasserbad bei 180 Grad garen.

Die Knödelei eröffnet überhaupt Möglichkeiten: Schwarzbrotknödel mit gewürfeltem Käse, Schinken, Kräutern … Ihrer Phantasie sind keine Grenzen gesetzt.

MÄRZ 1995

Extra-Streichwürste

Ganz folkloristisch nennen wir »Streichwurst«,
was heute »Mousse« heißt. Und wenn Sie diese in
Formen gießen, haben Sie eine Terrine.

Was sagt Ihnen das Wort »Streichwurst«? Fallen Ihnen vielleicht auch Ihre Schuljausenbrote ein, beschmiert mit je nach Fleischhauer rötlichen, bräunlichen oder gräulichen Teigen, die aus durchsichtigen und undurchsichtigen wurstförmigen Plastikhäuten herausgequetscht und aufs Brot gestrichen wurden? Manche waren geschmacklich ein Ausbund an Scheußlichkeit, andere durchaus ansprechend.

Wir schlagen Ihnen heute vor, nächstens Ihre Gäste mit einem Streichwurstbrot als Amuse gueule zu unterhalten – und glauben Sie, noch keiner der unseren hat sich über diese Begleitung zu einem Glasl Sekt oder Champagner beschwert. Mitleidlos wird bei uns alles mögliche in Streichwurstform verarbeitet: Schinken, geräucherte Fische, Krustentiere, Geflügel, Wild, Innereien und Gemüse.

Gut, wir geben zu, die Bezeichnung *Streichwurst* – Hummerstreichwurst, Gansleberstreichwurst, bei Marchesi in Mailand haben wir sogar einmal eine Drosselstreichwurst (oje, das gibt wieder böse Briefe!) gegessen – ist vielleicht etwas folkloristisch, aber so sind wir nun einmal, wir Oberösterreicher.

Das Prinzip ist immer das gleiche: Der Protagonist wird gegart, im Cutter zerkleinert, unter Umständen wird etwas konzentrierter Fond dazugegossen, die Masse durchs Haarsieb gestrichen, aufgelöste Gelatine untergerührt, gekühlt, Schlagobers untergezogen und gewürzt. Aus Maus.

Nicht so unser Artikel, von dem Sie weitere Erleuchtung über unsere Streichwurschterei zu erwarten haben.

Zuerst einmal: Wir sind doch nicht so bescheiden, manchmal, wenn wir Eindruck schinden wollen, nennen wir unsere Streichwurst »Mousse« und verfrachten sie in kleine Terrinenformen, die wir – als Schöberlformen – im Nachlaß der jedem unserer treuen Leser mittlerweile bekannten Tante Mutzi gefunden haben. Da kommt ein gar adrettes Terrinchen dabei heraus. Die Kleinheit der Form hat den Vorteil, daß auch der, der nur »kosten« will, ein ganzes Stück nimmt, daß ergo auf Ihrem schönen kalten Buffet nicht unnötig herumgegatscht wird.

Ganz konkret stellen wir Ihnen heute zwei Publikumslieblinge vor, Vorhang auf zuerst für die *Räucheraalstreichwurst*: Sie brauchen dazu zwanzig Deka geräucherten Aal (netto), wobei wir Ihnen empfehlen, zu einem größeren Exemplar zu greifen, die dünnen sind zum Verkochen äußerst ungut, nichts als Haut und Gräten.

Also: Haut abziehen, Fettschicht abkratzen, Gräten entfernen, zwei feingehackte Schalotten in etwas Fischfond – ersatzweise Weißwein – andünsten und stark reduzieren. Geben Sie den zerpflückten Aal und einen Becher Crème fraîche dazu, kochen Sie das Ganze auf, und pürieren Sie es im Cutter. Dann die vorher eingeweichte Gelatine auflösen (zwei Blätter, um böse Überraschungen zu vermeiden, kaufen Sie frische) und unter die Aalmasse rühren, gut kühlen und zwei Deziliter geschlagenes Schlagobers unterziehen. Zwei Eßlöffel Kräuter (Dill, Petersil, Kerbel) dazu und mit Salz und Zitronensaft abschmecken.

Aber so leicht machen wir's Ihnen auch wieder nicht. Gießen Sie die Hälfte der Masse in die ausgelegte Form, um darauf der Länge nach ein in blanchierte Spinatblätter gewickeltes zusätzliches Aalfilet zu legen (wenn es recht dick ist, eventuell halbieren). Dann füllen Sie die restliche Masse ein. Wenn Sie die Optik auf die Spitze treiben wollen, können Sie vorher die Form mit Fischgelee ausgießen, dazu lösen Sie im Fischfond Gelatine auf. Zu dieser getürkten Terrine servieren wir Krenparadeiser, das sind geschälte und entkernte Tomatenwürfel, in gerissenem Kren und Salz gewälzt.

Dieses Rezept ist auch mit Räucherforelle ein Gedicht, verwenden Sie dafür die im Geschmack kräftigeren Bauchteile. Auch die tiefgefrorenen ziemlich trockenen Hummer sind ganz gut dafür geeignet, natürlich müssen Sie sich schon die Arbeit machen und die Karkassen auskochen, um einen ordentlichen Hummerfond zu erhalten. Mit Garnelen geht's auch – und schont die Finger. Für eine Landpartie in die Steiermark haben wir sogar schon einmal die gscherte Makrele verwurschtet.

Nun zum Favoriten Nummer zwei: Damit uns unsere Leser die Drosselstreichwurst verzeihen, kochen wir ihnen jetzt eine *Streichwurst aus der ganz gemeinen, ungestopften Gansleber* (man kann übrigens auch Enten- oder Hendlleber verwenden, letztere soll aber schön hell sein). Sie braten 30 Deka Leber rosa – bitte wirklich, sonst ist eh schon alles verhunzt –, löschen den Bratensatz mit etwas Cognac und Port und kochen das Safterl ein.

Die Lebern werden mit dem Fond im Cutter püriert und unbedingt durch ein Haarsieb gestrichen, denn auch die schönste Leber, übrigens auch die gestopfte, hat Stränge. Dann zehn Deka nußbraun erhitzte Butter abkühlen lassen und unter die Masse rühren; wenn diese komplett erkaltet ist, zwei Deziliter geschlagenes Schlagobers unterziehen und mit Salz, Pfeffer und Muskat würzen.

Gießen Sie die Masse in eine mit Alufolie ausgelegte Form, und lassen Sie sie einen Tag ruhen. Klassisch servieren wir unsere Pseudoterrine mit Brioche und glacierten Apfelspalten. Dazu lassen Sie in zwei Eßlöffel Butter einen Eßlöffel Zucker karamelisieren, löschen mit Calvados und Weißwein, lassen die Apfelspalten kurz dünsten und im Safterl erkalten. Perfektionisten servieren dazu ein Gelee von einer Beerenauslese, wir trinken diese lieber dazu, am liebsten gleich eine vom Kracher. Die viszerale – im wahrsten Sinn des Wortes – Dankbarkeit Ihrer Gäste ist Ihnen sicher.

April 1995

Nehmen Sie eine Ziege

Ein kulinarischer Blick über den Horizont:
Essen im Oman

Eigentlich mag ich, die ehemalige Klosterschülerin Gudrun Harrer, ja gar keinen Weihrauch. Alles, nur nicht das kulinarisch-sinnliche Eck in meinem Hirnkastel wurde bisher angesprochen von dem, was unsereins mit dem klassischen katholischen Hautgout verbindet. Kloster-Erinnerungen schwappen hoch: reihenweis' (während der Meßpassagen, wo man – natürlich nüchtern – länger stehen oder knien mußte) in Ohnmacht fallende kleine Mädchen. Rrrumms, gefolgt von dem aufgeregten Gewisper ins Ohr der Schwester Theodora oder wie sie alle hießen: »Der Sowieso is' schlecht word'n.«

So ändern sich die Zeiten. Unter nüchtern verstehe ich heute etwas ganz anderes, und vom Weihrauch weiß ich nun auch, daß er bei den kultivierten Arabern schon als Abschluß eines Mahls »serviert« wurde, als wir alle noch als fröhliche Heiden durch den Wienerwald tollten.

Jetzt wissen Sie also, warum Sie mit mir den Ausflug auf die Freudsche Couch unternehmen mußten. Im Oman gehen wir heute zu Tisch, und der (viel würzigere als in meinem katholischen Erbgut gespeicherte) Weihrauch, pur oder mit Parfüm versetzt, wird am Ende eines traditionellen Essens den Kommensalen in Haar, Bärte, in und unter die Kleidung gefächelt. Übrigens, so lese ich in einem Oman-Büchlein, erwartet man nun von Ihnen, daß Sie unverzüglich aufbrechen.

Aber wir haben das Pferd (das Kamel?) beim Schwanz aufgezäumt. Bevor sie bei der Tür hinausgeräuchert werden, bekommen sie natürlich auch etwas zu essen.

Geschichte muß man lernen, um die Küche eines Landes wirklich zu verstehen. Was der junge Sultan Qabus 1970 nach dem Putsch (welch häßliches Wort, sagen wir lieber

Palastrevolution, das klingt omanisch-romantischer) gegen seinen Vater mit seinem Land gemacht hat, wird in der offiziellen Diktion heute nicht zu Unrecht als »Renaissance« bezeichnet. Er versuchte den Zustand der Öffnung wieder herzustellen, in dem sich der Oman jahrhundertelang befunden hatte: als alter Handelsplatz; als Volk auf der spirituellen Suche, das den Monotheismus des Islam begierig von selbst annahm; als diplomatische Hochburg, die sich Einflüssen von außen nie verschloß.

Das schmeckt man. Ihre eurozentristischen Geschmacksnerven werden bald erkennen, daß Bombay von der omanischen Hauptstadt Maskat nur unwesentlich weiter weg ist als etwa die Grenze zum Jemen. An der Palette der Gewürze, den Curries und Chutneys und so weiter erkennen Sie, wo Sie sind: am arabischen Tor nach Indien.

Geben wir zu, daß viele der charmanten Gewürzmischungen nicht von den historischen Seefahrern übers Wasser, sondern ganz simpel von den vielen indischen, pakistanischen und philippinischen Gastarbeitern, die seit den achtziger Jahren in der omanischen Gastronomie werken, importiert sein könnten. Aber vielleicht waren es ja doch die Sklaven aus Sansibar?

Übrigens nicht nur aus dem Osten und Süden kommen die Gastronomen: »Ziegen und Datteln« erwidert leicht angewidert der französische Küchenchef eines Spitzenhotels in Maskat auf die Frage, was denn nun »typisch omanisches« Essen sei.

Sei's drum, dann fangen wir eben damit an: mit Shuwa. Nehmen Sie eine Ziege, schneiden Sie sie in Stücke oder lassen Sie sie ganz, wie Sie wollen. Wählen Sie die richtige Sorte unter den rund 300 Dattelarten, die es im Oman gibt, weichen Sie die Datteln über Nacht ein und rühren Sie sie dann zu einem dicken Brei. Mit diesem und mit den wunderbaren kleinen omanischen Limetten reiben Sie die Fleischstücke ein, salzen und würzen großzügigst mit Bizar.

Was, Sie wissen nicht, was das ist? Ich weiß es schon seit drei Wochen. So wird – nur im Oman – eine Gewürzmischung genannt aus Nelken, Kardamom, Kreuzkümmel,

Zimt und Pfeffer, eventuell auch Gelbwurz, Ingwer und Chili, fertig zu kaufen.

Nachdem Sie also brav gewürzt haben, graben Sie ein Loch in die Erde Ihres Schrebergartens. Zünden Sie darin ein starkes Feuer an, wickeln Sie Ihre Ziege zuerst in Bananenblätter, dann in einen aus Palmblättern gewobenen Sack, und dann rein ins Loch, aber alles sofort schön dicht zudecken, daß das Feuer schnell verlischt, die Hitze aber im Erdloch blockiert wird. Sie warten 24 Stunden – und fertig ist der Ziegenbraten.

Spaß beiseite, wer – so wie wir – nach der ultimativen Garmethode gerade von Lamm sucht, erlebt beim omanischen Shuwa-Essen ein Aha-Erlebnis: Natürlich ist das Fleisch nicht mehr rosa, aber von einer Beschaffenheit, die diese kulinarische Prätention unserer Zeit ohnedies sinnlos erscheinen läßt. Übrigens, Monsieur le Chef, wie war das doch mit der (von den Franzosen erfundenen?) Langsam-Garmethode?

Aber glauben Sie jetzt nicht, das Volk der Omanis sitze als Hauptbeschäftigung um Erdlöcher herum, in denen Tag und Nacht Ziegen schmoren. Natürlich ist Shuwa ein Essen für Festtage. Eine handlichere Version sind die Mishkak, gegrillte Fleischspieße, für die das Fleisch mit der Shuwa-Würzung präpariert wird. Auch Fisch – im Golf gibt es viele köstliche Speisefische, die wir gar nicht kennen – kann man auf diese Weise zubereiten.

Und die Datteln: Aus ihnen werden Desserts gemacht – mit Mandeln, Pistazien und Sesam etwa –, die natürlich für uns schon hart an der Süßheitsgrenze rangieren. Mir sind sie am liebsten einfach zum Kaffee gereicht, der ja selbst ein Stück omanische Kulturgeschichte ist, mit Kardamom, aber auch mit Rosenwasser oder Safran versetzt: ein Blick über unseren kulinarischen Horizont.

Mai 1995

Der Mann von der Insel

KROATIEN: Das schwergeprüfte Land erholt sich langsam und hat auf kulinarischem Gebiet viel zu bieten. Eine überragende Rolle spielt der Fisch.

Kroaten und Kroatischstämmige sind ja nicht gerade eine seltene Spezies hierzulande, Gott sei Dank. Kroaten von der Insel von der Insel Iž hingegen schon eher, denn sie ist unter den vielen der dalmatischen Küste vorgelagerten Eilande eines der kleinsten bewohnten.

Und Žarko Skočić, unser Mann von der Insel, ist natürlich ein ganz ein Rarer. In ihm haben wir den Prototyp des adriatischen Ichthyophagen entdeckt. Die »Schweinereien« die im Heurigen, den er leitet, auf den Tisch kommen, verachtet er kulinarisch zutiefst. Und wenn jemand an einen Fisch – wie die Franzosen, diese Barbaren – Butter oder Obers herankommen läßt, verliert er die Fassung: »A Wahnsinn, wos die mit dem Fisch machen.«

Wozu hat denn der liebe Gott, der bestimmt auf Iž wohnt, das Olivenöl erfunden, das Vater Skočić selbst preßt und für das wir die teuersten italienischen Produkte stehenlassen? Auch alles andere, was selbst der eingefleischteste Fischesser noch braucht, bringt die Insel hervor: Obst, Paradeiser und Salat, Erdäpfel, Mangold, wilden Spargel und Käse. Köstlich das Mangold-Erdäpfel-Gemisch – mit viel Knoblauch und Olivenöl –, das auf der Insel zu gegrilltem Fisch serviert wird.

Wie der Herr Skočić, der schon 1968 nach Wien kam, die Zeit lebend überstehen konnte, bis die kulinarische Fischwelle auch nach Österreich schwappte, haben wir noch immer nicht kapiert. A Wahnsinn. Er kam in eine Wüstenei, denn damals bot auch der Naschmarkt keinen Trost für einen, zu dessen Grundnahrungsmitteln Branzino, Scampi und Sepie zählten. Wahrscheinlich hat er seine geliebten Stockfische kofferweise herangeschleppt. Aber heute ist die

Skočićsche Welt in Ordnung. Was war früher da, die Fischrestaurants oder die Kühlwägen, die alle paar Tage frischen Fisch aus Dalmatien nach Wien schaffen?

Wir, die wir das Privileg haben, den Herrn Skočić zu kennen, dürfen auch manchmal teilhaben, wenn sich die magischen Autotüren öffnen und die ganzen Schätze der Adria hervorquellen. Und wenn wir Glück haben, bekocht uns Žarko Skočić gleich. A Wahnsinn. Legendär ist mittlerweile das Fest »Zadar in Wien« zu dem er im Frühling 1994 nicht nur Unmengen von Fisch, sondern auch Musiker, Köche – und den Bürgermeister von Zadar – hierherbrachte, um für den Fremdenverkehr seiner schwergeprüften Heimat etwas zu tun.

~

Einige der Skočićschen Highlights wollen wir Ihnen jetzt zumindest auf Papier servieren. Es ist eine frugale, ehrliche Küche. Als Vorspeise gibt es *Scampi alla Buzara*. Gehackte Zwiebeln, Knoblauch und Petersilie in Olivenöl anschwitzen, gehackte, geschälte Paradeiser und die Scampi, die nicht zu groß sein sollen, dazu, mit Weißwein löschen. Deckel drauf und zwanzig Minuten auf kleiner Flamme vor sich hin dünsten lassen, immer wieder am Topf rütteln, am Schluß schmecken Sie mit weißem Pfeffer und Salz ab. Göttlich.

Zum Essen – mit den Händen – binden Sie sich am besten ein Tischtuch als Serviette um oder werfen sich in die Badehose. Das Auszuzeln der Viecher ist nicht gerade mit der gehobenen Etikette vereinbar – denn das ist nun eine wirkliche Schweinerei, die nur im Familien- oder Freundeskreis stattfinden kann –, aber ein kulinarisches Muß. Der großartige Saft – die Panzer haben in den zwanzig Minuten alles hergegeben – wird mit Weißbrot aufgetunkt.

Der *Oktopussalat* (»Salata od hobotnice«) gestaltet sich schon etwas schwieriger: Fangen Sie sich einen Oktopus, und schlagen Sie ihn fest gegen einen Felsen, damit er schön mürbe wird! Na gut. Dann braten Sie ihn in sehr heißem Olivenöl an und kochen ihn daraufhin in Wasser. Mitgekocht wird auch ein Weinkorken, der verhindern soll, daß der Oktopus zu weich wird. Fragen Sie uns nicht warum, das ist halt so. Das weitere Procedere ist selbstverständlich: mundgerechte Stücke, Olivenöl vom Besten, eventuell salzen.

Im Winter gibt es im ganzen Mittelmeerraum Stockfisch, und wir hatten, ehrlich gesagt, so unsere Vorurteile. Das Ganze ist zwar a Wahnsinn an Gschertheit, aber der Herr Skočić hat uns fast zu seinem *Bakalar na bijelo* bekehrt: Das Fleisch eines guten Stockfisches muß hell sein, er wird 24 Stunden in Wasser, das man öfter wechselt, eingeweicht und, wenn nötig, etwas geschuppt. Kochen Sie Ihren Stockfisch etwa ein bis zwei Stunden in Wasser, dann lösen Sie ihn aus und zerpflücken ihn in Stücke.

Inzwischen haben Sie Erdäpfel gekocht und grob zerstampft. Da hinein kommt der »Bakalar« und etwas von seinem Kochwasser, genügend zerdrückter Knoblauch, gehackte Petersilie, Salz, weißer Pfeffer und reichlich Olivenöl. Wieder wird dazu Weißbrot serviert – und viel Weißwein selbstverständlich.

Juni 1995

Des Glückes und der Trauer Speise

COUSCOUS: Für die Algerier mehr als ein Nahrungsmittel. Nicht nur das Essen, auch die Zubereitung ist von hohem sozialen Stellenwert, von der Wiege bis zum Grab

Das Land ist so schön. Welche Wehmut, an Algerien zu denken, heute von wahnsinnigen Fanatikern mit Gewalt überzogen. Aber wenn Fatma-Zohra von ihrer Heimat spricht, lebt das andere Algerien, die Landschaft, die Leute, Wärme und Gastfreundschaft. Viel zu selten durfte sie über diese Seite ihres Landes erzählen, die Frau Gesandte Ksentini, während ihrer Mission bei der algerischen Botschaft in Wien. Viel zu selten hörte man ihr zu, als politische(r) Redakteur(in). Sprechen wir also heute von Liebe und Solidarität, von Freude, Pflicht und Trauer in Algerien, sprechen wir von den algerischen Frauen. Sprechen wir vom Couscous, das sie ein Leben lang begleitet.

Halt, nicht das ganze Leben, nur bei Geburt eines Buben wird er festlich aufgetragen, dann noch einmal, wenn sie ihm mit vier oder fünf Jahren zum ersten Mal die Haare schneiden. Mit den langen Locken sollen die bösen Geister getäuscht werden – nicht einmal die sind auf ein Mädchen neugierig in jener Männergesellschaft. Aber zubereitet wird das Gericht aus Hartweizengrieß von den Frauen, mindestens einmal in der Woche, wenn alles seine Ordnung hat. Bis aus Mehl und Wasser mit Hilfe von zwei Sieben die kleinen, ebenmäßigen Körner entstanden sind, vergehen zwei Stunden. Der Name ist übrigens genuin arabisch, von kaskasa, »zerkleinern«.

Der Stellenwert des Couscous in der Volksernährung ist mit der italienischen Pasta zu vergleichen. Der Reiche ißt Couscous mit teurem Fleisch, der Arme mit Schmalz (selbstverständlich nicht vom Schwein, wir sind in einem islamischen Land) oder Milch, ein jeder nimmt, was er eben an Zutaten hat: Gemüse, Salat, Obst und Rosinen für die süße Variante, auch Fisch. Beeindruckt höre ich die Geschichte vom Dorfrat, der beschließen kann, daß – etwa bei einer Hochzeit – kein Fleisch zum Couscous serviert werden darf, um die Armen nicht zu beschämen. Wer auf den Luxus nicht verzichten will, kann ja in der Stadt feiern.

Bleiben wir bei der Hochzeit. So sehr gehört Couscous zu diesem Ereignis, daß die Details des Festmahls zwischen den Familien vorher genau abgeklärt werden. Die Seite des Bräutigams muß die Zutaten zuliefern, die Frauen der Brautfamilie aber haben, mit tätiger Hilfe von Freundinnen und Nachbarinnen, den Couscous zu bereiten. Daß da in der Küche auch manches zur Sprache kommt, was die junge Braut erfahren sollte ...

So wie ja die gemeinsame Zubereitung – Nachbarschaftshilfe wird natürlich retourniert: Ich schick' dir meine Schwiegertochter, du schickst mir deine – sozial ebenso wichtig ist wie das gemeinsame Essen. Nicht ganz gemeinsam übrigens, denn Männlein und Weiblein essen nach strenger ländlicher Tradition getrennt, jede Gruppe aus einem großen gemeinsamen Teller. Ein einzelner Teller hätte früher etwas wie Ausgestoßensein bedeutet. Ebenso schlimm ist es im Dorf, jemandem, der nicht zum Fest kommen kann, keinen Couscous nach Hause zu bringen.

Große Couscous-Anlässe sind außer der Hochzeit die Beschneidung – wenn mehrere Buben in der Familie sind, wird aus Kostengründen »zusammengewartet« –, dann zum Beispiel auch die Dachgleiche beim Hausbau und natürlich ein Trauerfall.

Mit Grieß, Wasser und Sieb umzugehen, kann ich Sie nicht lehren. Aber unlängst habe ich beim Zubereiten zugeschaut – das Couscous war von Fatma-Zohras Schwester –, und meine Weisheit geb' ich nun gerne weiter: Das *Couscous* wird zweimal in einem Sieb über Dampf erhitzt, dabei muß der Dampf zwei bis drei Minuten voll durchgehen. Nach dem ersten Mal weg von der Hitze, salzen, mit Wasser befeuchten und eine halbe Stunde rasten lassen. Nach dem zweiten Mal mit Butterschmalz oder Olivenöl geschmeidig machen.

Als Fleisch nahm meine Gastgeberin in Scheiben geschnittene Lammkeule, natürlich kann man auch Geflügel, Rindfleisch oder ein Kaninchen verwenden. (Tun Sie uns die Liebe und verzichten Sie auf Schweinefleisch, dafür erlauben wir Ihnen den köstlichen algerischen Rotwein dazu.) Also, auf ein Kilo Fleisch kommen zwei kleine geschnittene Zwiebeln, ein Paradeiser und so zehn Deka – vorher eingeweichte – Kichererbsen. Gewürzt wird mit Salz, weißem Pfeffer, süßem Paprika und einer Prise Zimt. Rösten Sie das Ganze in etwas Öl im hohen Topf an und gießen Sie mit Wasser auf, bis das Fleisch bedeckt ist.

Später geben Sie in größeren Stücken das Gemüse dazu, und zwar in der Reihenfolge ihrer Kochdauer: ein Erdapfel, Karotten und was es gerade gibt – weiße oder gelbe Rüben, Kohlrabi, Zucchini, am Schluß vielleicht auch einen scharfen Paprika im Ganzen. Zudecken, Wasser nach Bedarf, eine halbe bis dreiviertel Stunde kochen, bis Fleisch und Gemüse weich sind.

~

Kompliment, wenn Sie nicht alles aufessen, denn die Sauce wird beim Aufwärmen noch besser. Übrigens, wenn ein Mädchen heiratet, braucht es erst einmal sieben Tage nichts zu arbeiten. Ihre erste Verrichtung ist dann die Herstellung eines Couscous. Je schöner er aufgeht, je besser er ist, desto mehr Glück und Wohlstand werden der jungen Familie beschieden sein. Ist das nicht hübsch? Wenn man nur auch dem Land Algerien den Frieden so einfach herbeikochen könnte.

August 1995

Weggekocht und aufgegessen

Es gibt sie, die Leidenschaft, die ein Leben lang nicht abkühlt. Wir sprechen von der FLEISCHSTRUDELSUPPE.

Um sie zu entdecken, mußten wir aber erst in die Fremde hinausgestoßen werden, als Studentinnen zu unseren nördlichen Nachbarn, in deren Bahnhofsrestis man damals noch Wiener Schnitzel mit brauner Soße (sic!) bekam. Ist eben schon eine Zeit her. Die kulinarische Erweckung ist ja später von Deutschland ausgegangen und nicht von Österreich (wenn auch mit reicher und prominenter österreichischer Beteiligung – gab's das nicht früher schon einmal?).

Weg mit dem braunen Quatsch, kommen wir zum Objekt unserer Begierde. An einem der unendlich öden Wochenenden an unserem Studienort Detmold, Ostwestfalen-Lippe, die wir in der Küche totzuschlagen pflegten, entdeckten wir unsere kakanischen Wurzeln wieder in Form der *Fleischstrudelsuppe*. Unsere ist – Sie kennen uns ja – natürlich keine FSS vulgaris, will heißen eine dünne Suppen, in der ein Schnitterl gebackener Strudel dahindümpelt oder ein in Wasser gekochter Fleischstrudel, womöglich mit »Restfleisch« (Sacher-Kochbuch, igittigitt) oder gar faschiertem Lüngerl gefüllt.

Unsere Fleischstrudelsuppe kommt aus der feinen Verwandtschaft: eine erstklassige entfettete Rindsuppe (das Suppenfleisch nimmt gern das Hundterl oder der Herr Gemahl) und auch beim Strudel gibt's kein Schwindeln – ausgezogen muß er sein. Und so erhalten Sie die höheren Strudelweihen: Sie brauchen zwanzig Deka glattes Mehl (Type 480) – laut Katharina Prato, der Doyenne der Wiener Küche, ist (war?) ungarisches oder Banater Mehl am besten (je wärmer das Klima fürs Korn, desto klebriger dann das Mehl). Außerdem ein Ei – beim gekochten Strudel unverzichtbar –, Salz, rund 1/10 Liter lauwarmes Wasser (unter Umständen auch Weißwein), zwei Deka Öl. Alles zu einem glatten, seidigen Teig kneten, Laberl formen, mit Öl bestreichen, mit einem Geschirrtuch abdecken und eine halbe Stunde rasten lassen.

Strudelveteranen verfügen natürlich übers leinerne Strudeltuch der Urgroßmama mit handgesticktem Monogramm, aber trösten Sie sich, ein Leintuch tut's auch. Am besten transferieren Sie das Ganze auf einen ausgezogenen Tisch. Bemehlen Sie das Tuch und walken Sie den Teig mit dem Nudelwalker notdürftig aus. Lassen Sie den Teig immer wieder über den Handrücken gleiten: Sein eigenes Gewicht zieht ihn aus. Und so geht es dahin: wieder aufs Strudeltuch transferieren und weiter ausziehen, theoretisch bis Sie durch den Teig die Zeitung, soll heißen den STANDARD lesen können. Aber das ist der Vorteil unseres gekochten Strudels: Er verlangt keine Perfektion. Sie müssen nicht einmal die etwas dickeren Ränder abschneiden, es gibt erfahrungsgemäß immer wieder Liebhaber der teigigen Enden.

Auf zwei Drittel der Strudelfläche tragen Sie dann folgende Fülle auf: Eineinhalb mittlere gehackte Zwiebeln in Butter goldgelb anschwitzen, dazu ein halbes Kilo Rindsfaschiertes, anrösten, salzen, pfeffern und gehackten Petersil dazu. Vor dem gängigen Faschierten zweifelhafter Qualität mit hohem Schweinefleischanteil sei gewarnt, wir wollen ja keine Klachlsuppe.

Also, die Fülle liegt auf dem Teig, nun wird vorsichtig eingerollt. Legen Sie den Strudel schön behutsam in einen großen Häfen, in dem schon die Rindsuppe simmert – er soll's ja bequem haben, der Gute. Bei kleiner Flamme mehr ziehen als kochen lassen und am Schluß mit Schnittlauch bestreuen ... Aber was sag' ich einem gelernten Österreicher! Beim Aufwärmen wird der Strudel immer schiacher und immer besser.

Es sei verraten, daß nur eine der beiden Köchinnen sich die Strudelei antut (no na – die Fuchs, und das heute auch immer seltener, wie die Harrer sofort bissig vermerkt). Die Jahre gingen ins Land, und die Strudelköchin ließ sich in Wien, die andere jenseits des Brenners nieder. Die Fleischstrudelsuppn aber wurde zu einem rituellen Essen für die Heimkehrerin aus Italien. Mit der alten Freundin am Tisch sitzen, die (erste) Flasche Wein aufmachen, während sie sich mit dem blöden Teig – wieder einmal das falsche Mehl – abplagt, erzählen, lachen, weinen. So manches wurde mit dem Strudel eingekocht, weggekocht und aufgegessen.

Jänner 1996

Das Schmausen von Hausen

Der Stör: Hierzulande früher als Hausen bekannt, gehörte er einmal zu den Grundnahrungsmitteln derer, die an der Donau lebten.

Und was habt ihr gegessen?« »Ein Flußkrokodil.« »Kenn i net. Aber ihr habts ja schon immer so narrische Sachen gegessen.«

So »narrisch« sind die Sachen, die wir essen, daß sie manchen Dienstboten bis Anfang dieses Jahrhunderts sogar eine Erwähnung im Vertrag mit ihren Herrschaften wert waren: Sie ließen sich schriftlich (»Kann sie Geschrieb'nes lesen?« fragt eine dieser Zierden der Gesellschaft, der Ochs von Lerchenau) zusichern, nicht mehr als dreimal pro Woche Stör essen zu müssen.

Unsere zugegebenermaßen etwas kindliche Terminologie »Flußkrokodil« ist leicht nachvollziehbar, wenn man einmal mit so einem Urvieh umgegangen ist. Der Stör, auf gut österreichisch Hausen, hat sich angeblich seit prähistorischer Zeit kaum verändert. Irgendwie ist er – ohne Gräten – gar kein richtiger Fisch, was für diejenigen Zeitgenossen, die unter einer Fischbeinerphobie leiden, von Vorteil sein kann. Daß er gerade deswegen nicht ganz gesellschaftsfähig ist, darauf weisen die jüdischen Speisegesetze hin: Der Stör ist nicht koscher, denn Gräten und Schuppen müssen sie haben, die ordentlichen Fische.

Unser unordentlicher Fisch hat ein knorpeliges Rückgrat in doppelter Ausführung mit extra Nervenstrang und stark verkümmerten knorpeligen Gräten. (Wir danken im vornherein für die Briefe aller, die uns zu Fischbanausen erklären. Sie haben vollkommen recht.) Sei's drum, unser fischiges Tier ist wirklich beeindruckend. Es hat einen langgestreckten Kopf mit Bart und Maul an der Unterseite, nicht unähnlich dem Hai, jedoch zahnlos und mit einer gar wunderlichen Zeichnung am Kopf – wie Pflanzenzeichnungen auf Steinen. Und die Schuppenreihen halten den Fisch quasi zusammen, verzeihen Sie uns, Herren und Damen Ichthyologen und Ichthyologinnen.

Betreten wir weniger glitschiges Gebiet. Für unser Urvieh kamen die Onkels Darwin und Lamarck beide mit ihren heißen Tips zu spät: Es konnte sich nicht einstellen auf dreckiges Wasser und Staustufen, Regulierungen und andere Perfidien in den Flüssen wie das in den zwanziger Jahren gebaute Eiserne (Donau)-Tor in Rumänien. Wie Christas Freund Norbert – nicht ohne vorherige Abnahme des Fischer-Ehrenwortes – berichtet, waren im 19. Jahrhundert in der Donau Etliche-Hundert-Kilo-Hausen keine Seltenheit; unser Fischer-Sepp in Seewalchen am Attersee, dem wir schon deshalb nie widersprechen würden, weil wir ichthyophagisch völlig von ihm abhängen, weiß gar von Tausend-Kilo-Exemplaren.

Fakt ist, wegen der Staustufen konnte der Stör nicht mehr in seine Laichgebiete im oberen Lauf der Donau gelangen, die Verschlammung der restlichen Auzonen durch die reduzierte Fließgeschwindigkeit tat das übrige. So gibt es heute in der Donau nur mehr Zwergstöre, und auch denen muß der WWF auf die Flossen helfen.

Können Sie sich vorstellen, daß im 19. Jahrhundert in Westeuropa noch Kaviar produziert wurde? Jetzt muß unsereins, arme unterbezahlte Außenpolitikredakteurin, ihn beim Empfang zum Jahrestag der Iranischen Revolution mit Mineralwasser hinunterspülen oder den ranzigen geschmuggelten russischen kaufen.

Unser Stör wird, wir sagten es schon, uns vom Herrn Lechner (Fischer-Sepp) am Attersee verkauft, natürlich etwas kleinkalibriger als seine grandiosen Vorfahren. Herrn Lechners Bezugsquelle wiederum ist Norditalien. Warum sich der Stör noch immer relativ selten auf die Märkte verirrt – obwohl sich das schon etwas geändert hat –, entzieht sich unserer Kenntnis.

Also uns schmeckt er ganz ausgezeichnet, wir finden, daß er im Vergleich zu anderen Süßwasserfischen – und das ist er ja auch gar nicht hundertprozentig, er ist ein Wanderfisch, der abwechselnd in Süß- und Salzwasser lebt – einen ausgeprägten Eigengeschmack besitzt, er ist sehr würzig und außerdem fest im Fleisch. Ein gewisser Herr Bocuse teilt unsere Ansicht leider nicht und sagt, unser Flußkrokodil sei ein zweitklassiger, öliger Fisch, der nur geräuchert zur Spezialität mutiert. Als Zubereitungsart fällt ihm nur ein »Fricandeau d'esturgeon« ein, also à la mode eines Kalbsspickbratens – warum man einen angeblich fetten Fisch auch noch spicken muß, sagt er uns nicht. Auch das Sacher-Kochbuch berichtet von dieser Zubereitungsart.

Die Fischer-Seppin ist da in ihrem Restaurant viel puristischer: Sie macht's wie die gute alte Katherina Prato und gart die enthäuteten Störscheiben schön pomali in einem würzigen Gemüsesud, dazu gibt es Kapernbutter. Die Prato nimmt eine Hollandaise dazu, aber das Intensivere steht dem Stör doch auch recht gut.

Uns aber fasziniert die theatralische Dramatik des Fisches, bei uns wird er also nicht zerschnipselt, sondern als grosse pièce zubereitet – und vorher den Gästen entsprechend präsentiert. Rechnen Sie für vier bis fünf Personen einen Zwei-Kilo-Fisch. Natürlich übersteigt die Länge des Viehs die Fischbräter aller noch so wohlsortierten Hobbykochhaushalte, also nehmen wir Zuflucht zur »papilotte« Auf dem Backblech formen wir uns aus einer doppelten Lage Alufolie einen maßgeschneiderten Bräter für unseren gekrümmt liegenden Stör, mit genug Spielraum an beiden Enden. Karotten, Fenchel, Stangensellerie und Porree werden sehr fein gehackt und in unsere Form gelegt, den gesalzenen Stör in dieses Bett hineinsetzen, ein paar Butterflocken drauf. Mit Aludeckel sorgfältig verschließen und für eine Stunde bei 180 Grad in die Röhre.

Inzwischen kochen Sie einen Fischfond mit nicht zu wenig Wein ein, etwas Obers dazu, wieder einkochen und so weiter – bis es halt richtig ist (wir haben es ja mit Profis zu tun). Dann kommt der Moment, wo Sie das Fischpackerl öffnen, die Rückenschuppen abheben, die Haut abziehen und die Rückenfilets entnehmen. Vergessen Sie nie, daß Sie da ein Urvieh in der Pfanne haben: Wenn sich Ihnen das Rückgrat lockenförmig entgegenwindet, erschrecken Sie nicht, auch nicht über den dunklen Faden am Rücken: Es ist kein Wurm, wie das Marktamt einmal einer besorgten Konsumentin mitgeteilt haben soll (mit dem Rat, den Fisch wegzuschmeißen), sondern der Nervenstrang.

Der Saft – er geliert relativ stark durch die viele Knorpelmasse – und das Gemüse werden in die Sauce übersiedelt. Dazu gibt es Petersilerdäpfel und Blattspinat, was denn auch sonst. Ja, wie es schon in »Des Antonius von Padua Fischpredigt« (aus »Des Knaben Wunderhorn«) heißt: Gut Aale und Hausen, die Vornehme schmausen …

Februar 1996

Sag mir, wo die Kräuter sind

Brennessel, Sauerampfer und BÄRLAUCH kamen
im Frühjahr 1996 zu spät zum Osterfeste

Etwas Frühlingshaftes soll es heute sein. No na net, zu Ostern. Aber so einfach stehen, wie Sie wissen, die Dinge heuer nicht. Zwar haben sich entgegen unserer laienhaften Annahme die Viecherln von diesem ... (je nach soziolinguistischem Umfeld und/oder Grad der Angfressenheit zu ergänzen) Winter nicht aus ihrem Reproduktionskonzept bringen lassen (eh die einzig vernünftige Beschäftigung bei diesem Wetter, abgesehen vom Essen natürlich). Das Kitzerl oder Lamperl ist also gesichert, so Sie es rechtzeitig vorbestellt haben, falls Sie, hoffnungsfroher Patriot, ein österreichisches (angeblich weniger Scrapie-narrisches) wünschen.

Na gut, aber beim Accompagnement beziehungsweise den Präludien spießt es sich gewaltig. Wieviel Wochen die Vegetation nun wirklich hinten nach ist, wissen wir nicht, wir haben nicht den Mut gehabt, unsere Bärlauchplantagen aufzusuchen. Sicher ist: heuer kein Brennesselspinat am Gründonnerstag, keine Sauerampfersuppe zu den Festtagen (der im Glashaus gezogene ist eine matte Sache). Als wir uns überlegten, wodurch wir unser Bärlauchrisotto am Ostersonntag heuer ersetzen könnten, fiel uns ein, daß Frau und Herr Wu in ihrem hochgepriesenen »Green Cottage« in der Kettenbrückengasse das ganze Jahr über Bärlauchtascherln servieren. Eingefroren, war unser erster Tip. Trotzdem begab man sich nur allzu gern zum Recherchieren. Den hohen Grad unserer Professionalität kann man daraus ersehen, daß wir vor und nach den Bärlauchtascherln mehrere Gänge aßen. Es handelte sich also um eine sogenannte verdeckte Recherche. Dann kreuzinterviewten wir den Wirten.

Der kam mit einem dicken chinesischen Buch und bewies uns schlüssig, daß der Bärlauch seit gut einem Jahrtausend in China als Heilkraut gegen alle möglichen Wehwehchen (Kreuz, Gelenk und Blase) bekannt ist und natürlich im berühmtesten Medizinbuch von Li Shizheng (16. Jahrhundert selbstverständlich, Sie Banause) vorkommt, neben fast 2000 anderen. Und dieses allium tuberosum wächst auch in Thailand und gelangt von dort auf den Naschmarkt ins Ding-How oder Asia Shop auf der Wienzeile. Dann nimmt er den Weg in Frau Wus Tascherln. Oder in unser Bärlauchrisotto.

Lassen Sie sich nicht irritieren. Er schaut ein bißchen anders aus, mit dünnen langen Blättern, nicht so gstaucht wie der österreichische, was uns nicht weiter verwundert, wenn wir uns selbst anschauen. Den Herrn Wu hat zu Anfang seines Österreichaufenthaltes ein Freund im Wienerwald mitten in einer Bärlauchmatte ausgesetzt – er hat ihn nicht als solchen erkannt (nicht den Freund, den Bärlauch!). Mittlerweile kostete Herr Wu sich durch. Der aus dem Helenental ist der beste, sagt er: harmonisch, fleischig und saftig, der aus dem Lainzer Tiergarten ein bißchen trocken.

Und so kommen Sie jetzt zu einem Rezept von ganz und gar chinesischen *Bärlauchtascherln*: Schneiden Sie ein halbes Kilo Bärlauch feinnudelig, nehmen Sie ein Kilo Faschiertes (nicht im Cutter faschieren, sondern im Fleischwolf!) vom Schwein (Frau Wu nimmt Bauch, als Kontrapunkt zum ausgeprägten Bärlauch), zwei Eier, Sesamöl, zwei Eßlöffel Sojasauce, zwei Eßlöffel Reiswein und Salz. Alles gut verrühren. Aus Weizenmehl und Wasser wird ein Nudelteig hergestellt (Sie können aber auch fertigen Teig chinesischer oder japanischer Provenienz kaufen). Auswalken, Kreise ausstechen (Durchmesser acht bis neun Zentimeter), rohe Fülle aufsetzen und Tascherln formen (Mezzelune, also Halbmonde). Die Ränder verzieren wie bei Kärntner Kasnudeln (die Wus mögen uns verzeihen). In Wasser kochen.

Für die Sauce vermischen Sie zwei Eßlöffel helle Sojasauce, einen Eßlöffel Essig, einen Teelöffel Sesamöl, zwei Teelöffel Chiliöl, einen Teelöffel Zucker, eine Prise Salz und einen Teelöffel fein gehackten Knoblauch, erhitzen. Die heißen Tascherln auf der erkalteten Sauce servieren.

Aber zurück zum Bodenständigen; als Primo, aber auch als Beilage zum Lamperl eignet sich unser berühmtes *Risotto*: In zwei Deka Butter eine gehackte Frühlingszwiebel glasig werden lassen, dreißig Deka nudelig geschnittenen Bärlauch dazugeben, salzen, pfeffern und dünsten lassen. Gießen Sie mit einem Achterl Obers auf, einkochen lassen. In der Zwischenzeit wieder in zwei Deka Butter eine gehackte Frühlingszwiebel kurz anschwitzen, zehn Deka Risottoreis dazu, anrösten, mit einem schwachen Achterl Weißwein löschen und mit entfetteter Hühnersuppe ein Risotto kochen. Wenn's fertig ist, rühren Sie den Bärlauch ein. Abschmecken, Butterflocken dazu und rasten lassen. Wenn Sie wollen, mit Parmesan servieren.

Diese Version ist sehr gemüsig, die Reiskörndeln können sich dabei kaum »zamschreien« vor lauter Bärlauch. Den Reisanteil können Sie natürlich auch erhöhen. Aber heuer haben wir das Grüne besonders nötig, würden wir meinen.

April 1996

Zurück zur Urpasta

Es muß nicht immer die große feine Küche sein:
Semplice e buono, wie die PASTA.
Gudrun Harrer (ohne Christa Fuchs)

Sie sehen schon, heute darf ich wieder einmal alleine. Meine Koautorin versumpert gerade in irgendeiner toskanischen Weinlaube. Den Bauch mit Pasta gefüllt, darauf wird dann reichlich Chianti oder Brunello gegossen ... Aber wenn unsere Küchenchefin weg ist, können wir wenigstens unseren primitivsten kulinarischen Instinkten frönen. Zurück zur Urküche und alles Pasta.

Nur, »aglio ed olio« (für die höheren Weihen bitte mit etwas Peperoncino) brauche ich Ihnen nun wirklich nicht beizubringen. Wir beginnen Primitiv 1b, mit der *puttanesca* Die puttana ist – wie sag' ich's dem Kinde – na, die Meretrix; puttanesca wäre also auf gut österreichisch hurös. Ein schönes Wort – leider, leider im Aussterben begriffen (ich höre noch den Feldwebel-Ton meiner Großmutter bei diesem Urteil, manchmal bezog es sich auf ihre Enkeltöchter). Mein überaus spießiges altes italienisches Kochbuch »Il mestolo d'oro« (Der Goldene Kochlöffel!) sagt verschämt, das Rezept heiße so, weil es fuoco nelle vene, Feuer in die Adern treibe.

Ecco: Im Olivenöl (die Qualität – und damit 90 Prozent des Gelingens – bestimmen Sie) schwitzen Sie Knofel und Peperoncino an. Fragen Sie mich nicht wieviel, das müssen Sie schon selbst wissen, sonst lassen Sie's am besten bleiben. (Diese Sottise, die ganz im Widerspruch zum konsumentenfreundlichen Auftrag dieses Ihres lieben Mediums steht, habe ich übrigens geschrieben, bevor ich in meinem »Goldenen Kochlöffel« – Sie sehen, ich recherchiere auch noch! – las: »Im richtigen Augenblick geben Sie die Sardellenfilets dazu.« Darauf beschloß ich, den Satz so stehenzulassen.)

Also, die Sardellen sind schon drinnen, dann noch zerquetschte Paradeiser (ohne Haut und entkernt, versteht sich, apropos Service), Kapern und schwarze Oliven, beides zerhackt, aber nicht zu fuzelig. Wie lang das dann auf dem Feuer bleiben muß? Frisch ist es gut, aber ordentlich eingekocht ist es auch gut. Schmecks, ein rechtes Wort am rechten Platze. (Ich weiß, was Sie sich jetzt denken: Hoffentlich bleibt die Fuchs nicht zu lange weg). Mein »Kochlöffel« sagt dann übrigens auch noch: »Wer Parmesan auf die Spaghetti alla puttanesca streut, ist als Gastronom disqualifiziert.« Punktum. Dieses Sugo-Rezept ist übrigens eines der wenigen, die sich sowohl für »lange« (Spaghetti und ähnliches) als auch »kurze« (Penne und Konsorten) Pasta eignen.

Jetzt fangen die Primitiv-Sugo-Rezepte an (zugegeben, meine Flasche »Rosso di Montalcino« ist schon fast leer), nur so aus mir herauszusprudeln. Ich erinnere mich an ein Grundrezept *alla marchigiana*: Dazu lassen Sie ein schönes Häufchen gewürfelte Zwiebel, (Stangen!)-Sellerie und Karotten im Olivenöl anschwitzen. Pancetta (geräucherten Bauchspeck, Sie sehen, wir gehen vom Süden nach Mittelitalien) dazu, dann mit einem Glaserl Weißwein einkochen. Jetzt die Paradeiser (siehe oben).

~

Oder *alla molisana*, ohne Tomaten: Zur angeschwitzten Zwiebel geben Sie gehackten Petersil, Basilikum, Knoblauch und in Würfel geschnittenen Rohschinken, vielleicht auch noch Peperoncino. Ecco tutto. Wie gesagt, in jenen Breitengraden ist der Parmesan nicht orthodox. Nach einem weiteren Schluck Montalcino muß ich allerdings feststellen: Wenn Sie Parmesan wollen, dann nehmen Sie ihn. Oder auch einen Paradeiser. Machen Sie überhaupt, was Sie wollen. Das tu' ich schon lange, zumindest, wenn die Fuchs nicht zuschaut.

Eines meiner Sommer-Lieblingsrezepte: Zwieberln und Knoferln und was Sie gerade haben, Porree, Sellerie, aber auch etwa Zucchini ins Olivenöl, dann Garnelen dazu (in welcher Luxusausführung Sie sie halt haben; die Karkassen könnten Sie mitrösten und dann rausfischen). Bevor die Pasta gekocht ist, mischen Sie dem Sugo frische – ungeschälte, aber entkernte – Paradeiser unter. Schön heiß machen, aber eben nicht so, daß die Paradeiser die Haut verlieren. Wirklich köstlich. An Primitivem kann ich noch mit einigem aufwarten. Eigentlich geht mir, außer daß ich sie nicht fünfmal am Tag anrufen kann, die Fuchs gar nicht ab.

Mai 1996

Manche mögen's kalt

Auch für Leute, die sich eigentlich nicht für Süßes erwärmen können, soll es ein Leben nach dem Käse geben – wenn die Eiszeit anbricht.

Wir sind gar keine Süßen. Wenn der Kellner den zweistöckigen Dessertwagen an uns vorbeischiebt, bleiben wir im Normalfall ungerührt. D'accord, vielleicht auch, weil wir eh schon soundsoviel Gänge … Aber immerhin, andere Leute behaupten ja, für das Dessert hätten sie einen Extra-Magen. Wir haben mit allerlei Monströsitäten aufzuwarten, aber damit nicht.

Den Hang zum Hantigen haben wir übrigens nicht nur von den Damen in der jeweiligen Mischpoche. Die Glatze des Großvaters, die sich angesichts von Süßem in aparte Ganslhauthügel warf, gehört zum familiären Anekdotenschatz genauso wie der Onkel, der, wenn schon, als Weihnachtsbäckerei nur saure Mostkekse zu sich nimmt. (Und das, Sie ahnen es bereits, bei bis zu dreißig Sorten in Spitzenjahren, brrrr! Früher hatten wir wenigstens noch jeder einen Hund, an den man das Zeug verfüttern konnte. Einer davon, der Dieter, war übrigens ein probater Tester von geschenkten Keksen: Mit Margarine hergestellte spuckte er sofort aus.)

Vom Hundertsten ins Tausendste, wie immer. Dabei wollten wir Ihnen mitteilen, daß wir uns trotzdem auch für das Leben nach dem Käse durchaus erwärmen können – sofern es kalt ist.

Plastiktazerl (über diesem Wort werden die p. t. Herren und Damen Lektoren wieder einmal brüten) und Tiefkühlfach genügen. Die Prozedur ist dabei mehr oder weniger immer die nämliche (gerechnet für vier recht brave Eistiger): Zuerst füllen Sie einmal Ihre Abwasch mit kaltem steirischen Gebirgsquellwasser. Dann schlagen Sie ein Ei und zwei Dotter (große Eier, schreit die unersättliche Fuchs! Je mehr Schaum, umso cremiger das Eis!) mit fünf Deka Zucker im Schneekessel über dem Wasserbad auf. Geübte, Angeber und Nüchterne – was wir beim Kochen selten sind – tun es natürlich direkt auf der Flamme, autsch. (Die Harrer ist heut' wieder einmal besonders blöd, sagt die Fuchs. Recht hat sie.)

Wenn die Masse buttercremeartig einzudicken beginnt, wird der Kessel jedenfalls ins kalte Wasser übersiedelt und dort weitergeschlagen. Der geschilderte Vorgang nennt sich in Kochbüchern lapidar »kalt- und warmschlagen«, ist jedoch wirklich entscheidend für das Gelingen des Unternehmens: Es gilt auf dem heißen Wasserbad genau den Punkt zu erwischen, an dem die Eier die Chose eindicken, ohne daß eine Eierspeis' daraus wird. In diese Creme heben Sie dann zwei Deziliter geschlagenes Obers, das ist einmal das Grundrezept.

Hinsichtlich der Aromen, die Sie dann unter die kaltgeschlagene Eischaummasse mischen, bevor Sie das Ganze ins Tiefkühlfach transferieren, sind wenig Grenzen gesetzt. Beachten Sie aber, daß größere Flüssigkeitsmengen die cremige Konsistenz zerstören. Es folgen unsere favorites: Grand Marnier oder Cointreau (sechs Zentiliter), ein alter Renner. Klassisch gehören da Erdbeeren Romanoff dazu: Sie lassen 60 Deka Erdbeeren in vier Eßlöffel Curaçao und vier Eßlöffeln frischem Orangensaft drei Stunden im Kühlschrank ziehen; öfter umrühren. Perfektionisten dekorieren mit kandierten Veilchen. Uns ist ein Kumquatkompott lieber: Zwanzig Deka Kumquats vierteln und entkernen, mit etwas Zucker und Wasser (die Früchte sollen nicht bedeckt sein) auf kleiner Flamme maximal fünfzehn Minuten dünsten. Vor dem Servieren mit Cointreau parfümieren.

Oder Maraschino (wieder sechs Zentiliter davon in die Masse), dazu Obstsalat. Mohn: Vier Deka sehr fein gemahlenen Mohn in fünfzehn Zentiliter Milch weich kochen, abkühlen lassen, den Zucker in der Eischaummasse auf siebeneinhalb Deka erhöhen, Mohn unterziehen, mit Rum parfümieren. Dazu gehört ein Zwetschkenröster oder Rotweinbeeren: Eine halbe Flasche Rotwein, ein Glas Port mit

Zimtrinde und etwas Zucker sehr stark einkochen, frische gemischte Beeren in der Reduktion kurz anwärmen. Aber auch tiefgefrorene Beeren sind akzeptabel, den beim Auftauen austretenden Saft ebenfalls reduzieren.

Zimtpulver: Dieses Eis wird bestens von Zwetschken- oder Hollerröster akkompagniert. Oder auch von glacierten Äpfeln, die Sie am besten mit Calvados finalisieren, wenn es Birnen sind, dann halt Birnenbrand.

Mandeln: Sechs Zentiliter Amaretto und sechs Deka geröstete gemahlene Mandeln in die Eischaummasse geben. Dazu ein Kirschragout: Rotwein und Zucker stark reduzieren, entkernte Kirschen darin schwenken, mit Orangen- und Zitronensaft und/oder Kirschwasser abschmecken.

Sie dürfen aber auch selbst mitdenken: mit Kokos und Pina Colada zu …? mit altem Whisky zu …? mit Walnüssen oder gerösteten Haselnüssen zu …? Und so weiter und so fort. Und weil es so gut in die Jahreszeit paßt – wir halten gerade im Juni –, verraten wir Ihnen auch unser Weihnachtseis: In Ihre – wie gehabt – ein Ei und zwei Dotter kommen diesmal sechs Gramm Vanillezucker, dreieinhalb Deka Zucker, dreieinhalb Deka Honig und Lebkuchengewürz. Dazu in Zucker marinierte Preiselbeeren und ein Zabaione aus Altbier. Und jetzt wird 's ganz tief: Sollte Ihnen einmal Mousse au chocolat übrigbleiben, frieren Sie sie doch ein. Daraus wird ein ganz passables Schokoladeeis.

Juni 1996

Kulinarische Träume von Sommerwiesen

Aus jedem Dorf ein Hund, so schmeckt ein PICKNICK am besten. Und mit der Flasche im Gepäck trotzen Sie sogar dem österreichischen Sommer.

Wir wollen Sie wirklich nicht frotzeln. Aber immer, wenn wir dem heuer (Wir schrieben damals Juli 1996 – und er war lausig, Anm.) erst ein Mal angeworfenen Ventilator in der kargen Stube einer der Autorinnen ins Auge blicken und uns die Decken im Gartl der anderen über die fröstelnden Schultern ziehen, erfaßt uns das Delirium aestivum. Im Hintergrund brabbelt irgendein Schamloser im Radio den Wetterbericht, wir fallen in Träume von sommerheißen Wiesen. Na, was werden wir schon tun auf der sommerheißen Wiesn? Essen halt.

Natürlich können Sie die von uns im folgenden proponierten Antipasti, Mezze, Mezedes, Tapas, Amuse Gueules oder wie immer man diese fleischigen, fischigen, gemüsigen Hervorbringungen in der jeweiligen Weltgegend nennt, im finsteren Kämmerlein/bei Schnee und Regen/oder sonstwo verzehren. Wir wollten Ihnen nur eine Freud' machen mit dem Gedanken an den Sommer – die Idee ist uns gekommen, als wir unlängst ein altes Foto fanden mit einer steirischen Sommerwiese, darauf unsere damals noch jugendlichen Gestalten und der vor ein paar Monaten in biblischem Hundealter in die ewigen Jagdgründe eingegangene Golem.

Das Schöne an Antipasti – bleiben wir dabei – ist, daß es ein Notfallszenario gibt, das auch für absolute Nichtköche bewältigbar ist. Obwohl, so einfach ist es auch wieder nicht, eßbare Paradeiser für Mozzarella, Pomodori und Basilikum – mit dem allerbesten Olivenöl, bitte – aufzutreiben (leiden Sie auch an Tomatentrauma?). Und für eine gute Melone – mit Prosciutto, Rohschinken, auch hier steht's und fällt's mit der Qualität – kann man schon einmal die ganze Stadt abfahren.

Oliven hingegen gibt es jetzt auch hierzulande schon ganz ordentliche. Relativ spät haben wir die Kapernbeeren (große Kapern am Stengel, meist in Konserve) entdeckt, jetzt wollten wir nicht mehr ohne (will sagen: würden wir nicht mehr ohne wollen). Alles aus Italien, aber doch aus jedem Dorf ein Hund – also sehr geeignet fürs Picknick. Und wenn Sie noch irgendein Stück Würstl haben (Wildschwein- oder Fenchelsalami aus der Toscana, perbacco, jetzt haben wir Ihnen wieder mal gezeigt, was der Bildungsbürger ißt) und ein Trumm Pecorino ...

Noch nicht unter die Kategorie »Kochen«, aber immerhin unter Zusammenmantschen fällt der folgende Artikel im Fundus: Abgetropften weißen Thunfisch aus der Dose mit einem Eßlöffel Zitronensaft im Cutter pürieren. Zwei Eßlöffel Mayonnaise unterrühren, salzen, pfeffern und kaltstellen, vor dem Servieren mit einem Eßlöffel Cognac parfümieren. Macht sich gut, die Cognacflasche im Picknickgepäck – so wie ja überhaupt die Flaschen nicht ganz unwichtig sind.

Dann unser ewiger *Garnelensalat*: Knofelscheiben (für Faultiere: Knofelzecherl) werden in Olivenöl goldgelb angeschwitzt, aus dem Öl genommen, in demselbigen die Garnelen braten und wieder herausheben. Mit Weißwein ablöschen und einkochen, dann die Garnelen zurück, mit Petersil etc. und frischen Olivenöl wird abgeschmeckt.

Den Dosenchampignongeschädigten ein Aha-Erlebnis: Eineinhalb Deziliter Olivenöl, ein Achtel Liter Wasser, Saft von zwei Zitronen, ein Teelöffel Salz, ein Lorbeerblatt, sechs Pfefferkörner, eine ungeschälte, mit dem Messerrücken angedrückte Knoblauchzehe, das alles fünfzehn Minuten lang zugedeckt kochen lassen. Abseihen, nochmals aufkochen und ein halbes Kilo kleine Champignons dazugeben – fünf Minuten im Sud ziehen lassen, darin erkalten lassen und mindestens zwölf Stunden marinieren.

Oder *marinierter Fenchel*: Sud wie oben bereiten, jedoch mit weniger Zitrone und Salz, darin dünsten Sie den geputzten (Fäden ziehen, vierteln, Strunk herausschneiden) Fenchel al dente, kaltstellen (am besten einen Tag vor dem Event). Oder: Zucchini forever, frittiert, ganz natur oder in Tropfteig (Wasser, Mehl und Salz), ebenso die Melanzane (dazu vielleicht Tzatziki?). Genauso können Sie aber die Zucchini al dente kochen und, in dickere Scheiben geschnitten, mit Zitronensaft und Olivenöl anmachen. Und: marinierte Paprika, der Dauerbrenner.

Halt, halt, schreit die Fuchs, das müssen wir ihnen schon ansagen, unseren armen Lesern. Es sei denn: Verfrachten Sie vier gelbe/rote Paprika (keine Zniachtln, sondern große, fleischige) für rund eine halbe Stunde bei 200 Grad ins Rohr. Inzwischen machen Sie aus einem Teelöffel Salz, zwei Eßlöffel Olivenöl, einem Eßlöffel Weißweinessig, einer zerdrückten Knoblauchzehe und Fines Herbes eine Vinaigrette. Wenn Ihre Paprika anfangen, schwarze Blasen zu werfen, übersiedeln Sie sie in einen großen Topf, Deckel drauf: Der Dampf hebt die Haut der Paprika, sie sind dann leichter zu schälen. In Streifen schneiden und marinieren.

Höhere Picknickweihen erhalten Sie, wenn Sie einen rosa gebratenen, erkalteten Lammrücken auslösen und putzen, in dünne Scheiben schneiden, und dazu, wenn es denn sein muß, Sauce Tartare servieren. Uns ist Gemüsebegleitung lieber: Nachdem Sie eine Flasche Grünen Veltliner aufgemacht haben, schlichten Sie in eine geknofelte und geölte Auflaufform je eine Reihe Melanzanescheiben, gelbe Paprikastreifen, geachtelte Zwieberln, Zucchini- und Paradeisscheiben. Mit Thymian bestreuen, salzen, mit Olivenöl beträufeln, mit Alufolie abdecken und bei 180 Grad eine halbe Stunde im Rohr braten. Folie weg und eine weitere Viertelstunde ins Rohr. Kalt servieren, eventuell mit einem Schuß frischen Olivenöls.

Wie meinen? Was Sie mit dem Grünen Veltliner tun sollen? Na trinken halt, stellen Sie sich nicht so an. Dann fällt Ihnen erstens gleich noch viel mehr ein für Ihr Picknick und zweitens muß ja die Hitzn irgendwo herkommen, wenn schon nicht von diesem absolut bescheidenen Juli.

Juli 1996

Wider das kindliche Einkochtrauma

Wenn Obst verkocht wird, muß nicht immer etwas Süßes dabei herauskommen. Bei uns wird es zum rassig-pikanten CHUTNEY an gekochtem oder gebratenem Fleisch – oder vielleicht sogar aufs Frühstückssemmerl?

Einkochen, das war in unserer ländlichen Kindheit erstens eine Beschäftigung, die sich ausschließlich in der Küche und unter Personen weiblichen Geschlechts abspielte, und bei der zweitens immer – trotz erstens – etwas Süßes herauskam: Marmeladen und Säfte. Bis es so weit war, daß die Gläser mit Ribisel '65 und Stachelbeeren '66 und so fort etikettiert werden konnten, lief etwas ab, was wir ganz Hänsel-und-Gretel-like rückblickend als Kinderfron bezeichnen.

Gute Obstjahre waren ein Fluch. Ausgeschickt mit dem um den Bauch gebundenen Emailhäferl, stundenlang in die Ribiselstauden verbannt, in den Wald in die Himbeeren, die Brombeeren gescheucht – immer die Tant Lini und ihre Kreuzotternwarnungen im Ohr, was das Ganze auch nicht gemütlicher machte! Dann kam das lästige Rebeln der Ribiseln, das Verlesen der anderen Beeren, das Entsteinen der Weichseln …

Und daraufhin stand man noch stundenlang am Herd, um das immer dicker werdende, immer hinterhältiger spritzende Mamalad, so hieß das nämlich, zu rühren. Natürlich just an dem Tag, an dem die allergrößte Affenhitz war. Dunstabzug gab es damals auch noch keinen. In angenehmer Erinnerung haben wir nur die Maschine zum Pürieren der Ribisel, denn da kam an einem Ende das Mark heraus, auf der anderen aber ein faszinierend obszönes rosa Würschtel aus Stielen, Kernen und Ribiselhäuten (abgesehen davon, daß man sich das Rebeln ersparte).

Traumatisch war aber oft auch das Endergebnis: Marmelade zum Schneiden, süß zum Speiben. Kein Wunder, daß die Obsteinkocherei bei uns in den darauffolgenden Jahren nur eine periphere Rolle spielte. Bis wir die – wie man in Österreich sagt: saure – Variante entdeckten. Eigentlich haben wir gar nichts entdeckt, unser Freund Wicus Slabbert, im Zivilberuf Opernsänger, den Sie schon aus einer unserer früheren Geschichten kennen, hat unseren kulinarischen Horizont erweitert. Er ist – unter anderem – ein begnadeter Chutney-Koch.

Nach Südafrika, wo er herkommt, wurde das Chutney von Indern und Malayen gebracht, dort haben sich auch die Konservenhersteller seiner angenommen (des Chutneys, nicht des Wicus!). Aber seit er (Wicus!) sich selbst herabgelassen hat, ist »Wellington's« und »Mrs. Ball's« verzichtbar geworden. Was Wicus uns zu allerhand Gekochtem und Gebratenem serviert, ist eher nicht süß-mild-kompottartig, wie Chutneys hierzulande oft ausfallen, sondern rassig-pikant, er kennt ja den Gusto seiner Weiber.

~

Hier kommt Wicusens klassisches *Pfirsich-Chutney*, Tusch, Vorhang auf: Er nimmt zwei rote Zwiebeln und zwei Kilo geschälte, grob geschnittene, feste Pfirsiche und zerkleinert sie etwas im Mixer. Dann – um uns einmal einer Sprache zu bedienen, die auch unsere jugendlichen Mitbürger verstehen – lassen Sie in den Topf reinwachsen: ein halbes Kilo Rosinen, vier, eher fünf Knoblauchzehen, zwei Eßlöffel Chili-Pulver je nach Schärfe gehäuft oder nicht, zehn Deka frischen Ingwer, je fünf Deka Orangeade beziehungsweise Zitronat, zwei Eßlöffel Senfkörner, ein gestrichener Teelöffel Salz, drei Achterl Portwein (kein Vintage, eh klar, aber auch kein Fusel bitte!), ein Achtelliter Essigessenz (Wicus nimmt die von der Firma Surig), und 75 Deka braunen Zucker.

Diesen Gatsch bringen Sie zum Kochen und lassen Sie sich nicht vom stechenden Essiggeruch schrecken, der verflüchtigt sich, wie so vieles im Leben. Auf kleiner Flamme kochen Sie unter ununterbrochenem Rühren eine Stunde lang; Bacchus sei Dank haben Sie eine Hand frei, in der Sie ein Weinglas halten können. Vor einer halben Stunde brauchen Sie das Gebräu gar nicht zu probieren. Gegen Ende der Kochzeit nehmen Sie die Proberln stilgerecht auf Tellerchen. So approbiert, können Sie Ihr Chutney heiß in Einmachgläser abfüllen.

Wieder einmal ein reiches Betätigungsfeld für Individualisten! An wicus-orthodoxen Varianten können wir folgendes anbieten: Nehmen Sie statt Pfirsichen Marillen oder Zwetschken, dann müssen Sie Ihr Gatscherl aber etwas länger kochen lassen. Überdrüber: Grüne Paradeiser statt Obst, und statt dem Chilipulver Currypulver. Aber auch zu getrockneten Früchten fällt dem Wicus etwas ein: Die Dörrpfirsiche setzt er in Rotwein an (dann weiter wie gewohnt), die Dörrmarillen in Weißwein, vielleicht weißem Port, und die Dörrmangos zu unserem säkularen Erstaunen in Wasser, was ist nur mit dem Wicus los? Da kann uns auch nicht trösten, daß er sie ganz läßt und nicht püriert.

Unsere lieben Altvorderen scheinen – außer ihrem generellen Hang zum Sadismus – von der Überzeugung angetrieben worden zu sein, daß man, solange man hackelt, nichts anstellen kann. Was soll man dazu sagen? Machen Sie die richtigen Flaschen auf und laden Sie mal ein paar Freunde zum Einkochen ein!

September 1996

Der nuptiale Notkoffer

Was die junge Braut außer Eierspeise
sonst noch können kann

Bei der Wahl ihres zukünftigen Herrn Gemahls – wie ja auch, in aller Bescheidenheit, bei der ihrer Freundinnen – hat unsere Helene eine goldene Hand bewiesen: Der Fritz kann kochen. Auch deshalb hat sie ihn gestern, am 4. Oktober 1996, auf hoher (Atter-)See übrigens, heimgeführt. Wenn wir ihr nun trotzdem einen nuptialen Notkoffer – in dem sich neben Rezepten noch die Grundausstattung für die mondäne Hausfrau findet wie Kaviarlöfferl, Austernmesser, Spargelzange, Krebsbesteck – zusammenstellen, so geschieht dies in viszeraler Dankbarkeit für all die herrlichen Gselchten und Kübelspecke mit Most, mit denen sie uns alljährlich auf unvergeßlichen »Almfesten« in einem Hinterhof im 17. Wiener Gemeindebezirk abfüllt.

Die Fuchs kann sich außerdem an göttliche Eierspeisen erinnern – ist auch schon gute zwanzig Jahre her. Dieser frühe helenische kulinarische Ehrgeiz hat jedoch überlebt: Die Genesis ist ihr zwar heute wurscht, ihre tätige Liebe zum Endprodukt aber durchaus haubenverdächtig. Nicht missionarischer Eifer läßt uns denn unser Blitzpastabrevier zu Helenens hochreifbräutlicher Ausstattung fügen. Jeder nach seinem Vermögen. Hier stehen wir und können nicht anders etcetera.

Also mal prinzipiell, Helene: sechs Deka Pasta für Dich, für den Fritz mindestens eineinhalb mal so viel, und meckere nicht. Diesmal sind es Spaghettini, für einen *Muschelsugo*: Während sie kochen, brate in etwas Olivenöl ein Zecherl Knofel (gehackt) an, gib erst nur den Saft einer Dose Miesmuscheln natur – die nicht zu klein sein darf, kriegt der Fidi doch eineinhalb Portionen – und einen guten Eßlöffel Weißwein dazu und koche das etwas ein. Darin die Muscheln wärmen, salzen und pfeffern, Petersil dazu, wenn Du willst, ein bisserl Peperoncino und die Pasta und am Schluß als Klimax einen Schuß besten Olivenöls.

Im Küchenkastl einer frischgebackenen Maitresse de Maison darf das Thunfischdoserl (oder zwei, weil der Hasi hat Hunger!!) nicht fehlen, Helene. Diesmal schneidest Du Knoferl und Zwieferln dergestalt, daß Du sie ohne Not aus dem Olivenöl, in dem Du sie angebraten hast, wieder herausfischen kannst. Sie sollen Eure Nächte nur leicht parfümieren! Ein Achterl oder ein bisserl mehr Obers und ein guter Schuß Weißwein hinein, einkochen, Thunfisch – wenn der junge Hausstand es erlaubt einen weißen, teuren – und Petersilie dazu. Am besten paßt dann kurze Pasta. Nimmst Du geräucherte Forelle statt des Thunfisches, so lasse Knoblauch und Zwiebel weg. Zeigt die Petersilie keine Wirkung mehr, versuche es mit Dille.

Kommen wir zum Schaf, das hat auch so etwas Heimeliges, fast wie Heiraten: In das Olivenöl, in dem Du ein bis zwei Knoferl angebraten hast, mischt Du die (gekochten, o Helene) Spaghettini. Da hinein kommen dann etwa fünf Deka zerdrückter Feta – oder Mozzarella, Ziegenkas, you name it. Pfeffern, in vorgewärmte Teller geben, Basilikum und der obligate Spritzer aus der Olivenölflasche. Variante: ein paar schwarze Oliven zum bereits angebratenen Knofel ins Öl, Basilikum ist dann eigentlich nicht mehr nötig.

O Helene. Denke an die paradiesische Etymologie des Paradeisers, sie wird Dir helfen, zwei solche zu enthäuten, zu entkernen und zu hacken. Laß sie kurz ins heiße Öl gleiten – mach sie nicht durch zu langes Verweilen kaputt –, salzen, pfeffern, die Spaghetti dazu und in kleine Würferl geschnittene Mozzarella, Basilikum. Dann der Schuß.

Deine treuen Freundinnen Christa und Gudrun

Oktober 1996

Das erweiterte Wohnzimmer

Über die Notwendigkeit, sich »auswärts« zu nähren, und über die Entdeckung einer unglaublichen Seelenverwandtschaft in einem Weinlokal mit Buffet.

Wie Sie wissen, überlassen wir die hehre Kunst des Gastro-Kritiken-Schreibens anderen. Wenn wir einmal einem Lokal unsere zweifelhafte – weil durchaus unsachliche – schreiberische Aufmerksamkeit schenken, dann, weil Sie, liebe Leser und Leserinnen, doch sicher darauf brennen zu wissen, wo wir, Ihre lieben Autorinnen, uns denn so »auswärts« nähren. Aber Papuschek + Kohl sehen wir ja ohnehin als unser erweitertes Wohnzimmer an.

Dieses befindet sich auch tatsächlich im selbsterbauten Haus des Ehepaars Edith Papuschek und Karl Kohl am Steinhof. Von den Gründen, die uns Herr Kohl dafür nannte, daß er den sicheren Beruf des Bauingenieurs an den Nagel gehängt hat und Gastronom geworden ist, beeindruckte uns einer am meisten: Er schätzt das beruhigende Gefühl, einen vollen Weinkeller und einen vollen Kühlschrank zu haben. Diese Seelenverwandtschaft! Die anderen Gründe waren: die Freude über den Kontakt zu den Gästen (wir müssen ihm vorher im Traum erschienen sein) und die Weihnachtshektik. Das Weinlokal mit Buffet, nennen wir es einmal so, sperrt nämlich nur alle »ungeraden« Monate auf: Dezember ist zu, keine Weihnachtshektik ... ja, was die Menschen so alles motiviert.

Uns treibt jedenfalls der Durst dazu, bald möglichst nach unserer Ankunft in der guten Papuschek-Kohlschen Stube das »Hausübungsheft« aufzuschlagen. Dieses heißt so, weil Herr Kohl seine Hausübungen gemacht hat: In seinem freien Monat hat er exzellente Flaschen aus ganz Österreich herbeigeschafft.

Nach der Wahl des Weines schreiten wir zum Buffet, um dem Werk der Frau Papuschek unsere Hochachtung zu erweisen. Dort fassen wir zuerst allerhand Kaltes aus – immer gehört dazu das *Huhn mit Austernpilzen und Sonnenblumenkernen*, dessen Rezept wir endlich ertrotzt haben. Also wir machen es – für ein großes Buffet – aus einem Kilo Hendlbrust, die Sie in Streifen schneiden, mit zwei Zentiliter Sojasauce begießen und marinieren lassen. Währenddessen werden die Austernpilze, ebenfalls ein Kilo, in Erdnußbutter gebraten, dann die Hendlstücke angebraten und mit den Pilzen vermischt. Zuletzt sieben Deka Sonnenblumenkerne rösten, dazugeben und das Ganze mit Salz und Rotweinessig abschmecken. Etwa zwei Stunden ziehenlassen.

Das ist nur ein Beispiel der feinen, sauberen, inspirierten Küche von P + K. Was uns immer besonders freut, ist, wieviel Rücksicht auf den Wein genommen wird, nie ist etwas zu essigscharf und macht den Wein kaputt, wie das sonst bei kalten Buffets oft der Fall ist.

Das Angebot wechselt – bei einigen Klassikern wie dem Pilz-Huhn, marinierten Paprika, Rindfleisch-Bohnensalat mit Kernöl, aber auch Liptauer, Schinkigem und Käsigem – ständig, so haben wir zum Beispiel das letzte Mal plötzlich eine exzellente Karpfensulz vorgefunden.

Oft verzetteln wir uns am kalten Buffet, es gibt aber auch ein warmes: Zuletzt haben wir einen göttlichen faschierten Wildschweinbraten gekostet, mit Erdäpfelwuzerl und Blaukraut. Die Spinatnocken mit käsiger Bechamel gibt es immer, aber auch ein Schnitzerl oder Gselchtes mit Linsen stehen regelmäßig auf der Karte.

Eine unserer Leibspeisen sind die *Lachslasagne*, die so gehen: In einem Topf Wasser mit Wurzelwerk, etwas Salz und Zucker aufkochen 1 bis 1 1/2 kg Lachsfilet darin vorsichtig pochieren (innen sollte der Fisch noch etwas roh sein) und häuten. Für die Bechamel lassen Sie zwei Deka gehackten Knoblauch in fünfzehn Deka Butter anlaufen und geben neun Deka Mehl dazu; licht rösten, mit einem halben Liter Fischsud, sechs dl Milch und vierzig ml Sherry aufgießen. Die Sauce etwa drei Minuten kochen lassen, dann wird sie mit Muskat, Zitronenschale, vier Deka frisch geriebenem Parmesan, Pfeffer und Salz gewürzt. Da hinein wird ein Kilo pochierter und grob gehackter Spinat gerührt; das Ganze noch einmal aufwallen lassen. Dann kochen Sie 35 Deka Teigwaren vor. Das können Lasagneblätter sein oder auch Tagliatelle.

Wir schreiten zum Einschlichten in eine feuerfeste Form: Man beginnt mit einer dünnen Schicht Sauce, dann Pasta, dann Fischstücke und wieder von vorne. Wichtig ist, sagt Frau Papuschek, daß sowohl Fisch als auch Teigwaren in der Bechamel gut eingebettet sind, um das Austrocknen zu vermeiden. Schließen Sie mit einer Lage Pasta und Sauce ab, frisch geriebenen Parmesan darauf und ab in die Röhre für etwa vierzig Minuten. Vor dem Servieren sollten die Lasagne etwas abkühlen, dann lassen sie sich leichter schneiden.

Das schlägt nicht nur bei den Gästen an, auch Bautz, der Rauhhaardackel, ist inzwischen auf Diät. Die wird allerdings immer wieder erfolgreich unterlaufen, wie wir zuletzt beobachten konnten: Erweicht durch das Gemauz des Bautz, griff sich ein Stammgast ein Maronisavarin vom Buffet – nicht für sich selbst, sondern für die leidende Hundeseele. Woraus Sie folgern können, daß es auch köstliche Desserts gibt.

~

So war das jedenfalls bis zum Ende des Jahres 1998 – der Bautz mampft seine Savarins jetzt auch schon im Hundehimmel –, als uns ein Brief erreichte, mit dem sich Papuschek + Kohl auf einen längeren »Urlaub«, ein Jahr oder so, verabschiedeten. Aber sie kommen wieder, was uns dazu veranlaßte, diese P+K-Propagandageschichte trotzdem in unser Opus maximus aufzunehmen, außerdem, die Rezepte sind ja auch nicht von schlechten Eltern. Apropos Rezepte, die Frau Papuschek wird in dieser Zeit ein Kochbuch schreiben, wir sind ihr als Käufer jedenfalls sicher! Also: Papuschek + Kohl, 14. Heschgasse 185, hoffentlich in Bälde.

November 1996

Das Kletzenbrotmysterium

Bei dem traditionellen, fruchtigen WEIHNACHTSKUCHEN scheiden sich die Geister – sowohl was seine Auswirkungen aufs Unverheiratetsein als auch was seine Herstellung betrifft.

Es geht das Gerücht, so schrieb die Fuchs in ihrem Exposé zu diesem, unserem neuesten Opusculum, daß ledige Weibspersonen, welche zu Weihnachten von siebenerlei Kletzenbroten – Steri sagt man dazu in Oberösterreich – essen, innert eines Jahres heiraten. So weit so gut, aber jetzt kommt's dicke: Somit sei die vorweihnachtliche Kletzenbrotproduktion, notiert die Fuchs weiter, »nicht nur eine qualitative, sondern auch eine quantitative Herausforderung, um den mehrheitlich noch immer nicht verheirateten Freundinnen sowie auch den weiblichen Blutsverwandten optimale Startbedingungen zu garantieren. Und sogar männliche Freunde fordern ihr jährliches Kontingent.« Zitat Ende.

Ja ist sie denn vom Affen gebissen? Erstens ist der »männliche Freund« schwul, und zweitens sind wir hier nicht bei der Famiglia Cristiana. Nicht auszudenken die Empörung unserer nichtheiratswilligen Leserschaft, würden ihre Leib- und Magenautorinnen so etwas schreiben!

Trotzdem wollen wir ihr noch einmal verzeihen, wo sie doch so schön für uns kocht, wie es sich halt für eine brave verheiratete Fuchs gehören dürfte.

Für die Fuchsische Sippe hat jedenfalls jahrzehntelang die (ledige!) Tante Lini das Kletzenbrot gebacken, und erst als sie hoch in den Achtzigern stand, ihre Funktion abgegeben (raten Sie, an wen). Zum Kletzenbrotbehufe unternahm früher der Großclan der Fuchs in guten Obstjahren regelmäßig Dörrversuche in großem Stil – in einer Holztrockenanlage! –, deren Ergebnisse von der Kletzenbrotahnfrau allerdings wegen schwerer olfaktorischer Fehltöne kategorisch zurückgewiesen wurden.

Einst verfügte jeder ordentliche Bauernhof über drei verschiedene Typen von Birnbäumen – Mostbirnen, Kletzen und Tafelobst –, und auch bei den Zwetschken war man natürlich Selbstversorger. Wenn man kein eigenes Dörrhäusl hatte, so doch zumindest einen Backofen. Woher immer Sie die Zutaten nehmen, achten Sie jedenfalls auf die Qualität.

Nach der Fuchsischen Schule ist ein Kletzenbrot nackt und rural – das heißt mit untergemischtem Roggenbrotteig –, ein Früchtebrot more sophisticated und mit einem »Beugelteig« umhüllt. Das Früchtebrot der Harrerischen Mischpoche war hingegen sehr sophisticated und sehr nackert. Sie werden jetzt jedenfalls mit einem oberösterreichischen und einem wienerischen Früchtebrot bebacken, und, damit der Titel stimmt, auch noch mit einem *Kletzenbrot*. Kontonummer für Lizenzgebühren auf Anfrage.

~

Zuerst lassen wir die Tante Lini zu Wort kommen. Für vier Striezel (konventioneller Haushaltsbedarf) werden benötigt: 25 Deka Kletzen, zwölfeinhalb Deka Dörrzwetschken (saftige, nicht verhutzelt-trockene), 80 Deka Rosinen, 25 Deka Dörrfeigen, 20 Deka Korinthen, 10 Deka Walnüsse, sechs Deka Aranzini, die feingeriebene Schale einer Orange und einer halben Zitrone, 20 Deka Zucker, eineinhalb Kaffeelöffel Zimt, ein halber Kaffeelöffel Nelkenpulver, 1/4 l Rum – und ein Hansaplast für die Blasen, die Sie beim Schneiden dieser Herrlichkeiten bekommen werden. Maschinen sind abzulehnen, sagt die Fuchs, die Inbrunst beim Zerkleinern gehört zum Kletzenbrotmysterium (die wunden Finger sollen wohl auf ihre Bereitschaft hinweisen, sich auch beim Waschen der ehelichen Unterhosen aufzureiben). Sei es, wie es sei: Die Kletzen ein bis zwei Tage in Wasser einweichen, dann dünsten, bis sie weich sind, Kerngehäuse und Stengel entfernen und kleinwürfelig schneiden, detto die Zwetschken, Feigen, Nüsse und Arancini, mit dem übrigen plus 1/8 l Kletzensud vermischen und ein paar Stunden stehenlassen.

Bei ihren Angaben für den Teig zum Untermischen war die Linitant' sehr vage: Wir machen ein Dampfl aus 1 Deka Germ, einem Eßlöffel Zucker und 1/10 l Milch, das gegangene Dampfl vermischen Sie mit 3/16 l Milch und 30 Deka

Weizenmehl. Diesen Teig vermischen Sie mit der zimmerwarmen Früchtemasse (bei größeren Mengen im Lavoir). Ein Mordsgatsch, Rumnebel steigen auf.

Nun der Beugelteig zum Einschlagen, die Fußangel Nummer zwei. Auch hier waren Tante Linis Angaben höchst beiläufig: Wir raten zu einem halben Kilo Weizenmehl, 3/16 l Milch, 8 Deka Butter, ein Deka Germ. Zuerst aus einem Eßlöffel Zucker, einem Deka Germ und Milch ein Dampfl machen, die Butter wird mit einem Teil des Mehls abgebröselt, dann die restlichen Zutaten dazu, (unter Umständen mit Hilfe der Nudelmaschine) zu einem glatten Teig verarbeiten, abdecken und rasten lassen.

Den Teig in vier Teile teilen und sehr dünn auswalken – zuerst Nudelmaschine und dann Walker – und in ein ausgewalktes Rechteck einen (von vier) Fruchtmasseziegel einschlagen, kein unheikler Vorgang. Striezel umdrehen und wenn Sie ihn glücklich aufs Blech transferiert haben, stechen Sie mit einer Stricknadel oder was auch immer ein mehr oder minder künstlerisches Muster ein. Die Striezel (erst einmal zwei davon auf einem Blech) werden bei 180 Grad eine gute Stunde gebacken, währenddessen regelmäßig mit Wasser bepinselt.

Es hat Jahre gedauert, bis der Beugelteig und der Untermischteig in Linitant'scher Perfektion gelungen sind, viele Kletzenbrote sind beim Backen aufgerissen. Aber jedes Jahr war mindestens ein intaktes dabei, das wurde dann der Tante Lini offiziell zur Begutachtung vorgeführt.

Das städtische Rezept ist dagegen fast obszön einfach: ein Kilo geschwellte Kletzen, 1 Kilo Rosinen, 1/2 Kilo Zwetschken, ebensoviel Dörrfeigen, detto Pignoli, detto Aranzini, etwa 1/4 Kilo Datteln und eine Tasse Zitronat. Als Würze die Schale von zwei Zitronen, Anis, Fenchel, Koriander, Nelken und Neugewürz, je eine Messerspitze. Alles wie gehabt schön schneiden und in einem halben Liter Cognac oder Zwetschkernem (oder auch Rum) einweichen und 24 Stunden ziehen lassen.

Zehn Dotter (die städtische Küche!) und 1/2 Kilo Zucker schaumig rühren, die Früchtemasse und Schnee von zehn Eiern dazu plus 1/2 Kilo griffiges Mehl. Striezelchen formen, mit Ei bestreichen und mit Mandeln belegen, bei mäßiger Hitze rund eine dreiviertel Stunde backen. Und das mindestens einen Monat vor Weihnachten, kräht die Mama durchs Telefon.

Beim Kletzenbrot, das wir Ihnen jetzt der Vollständigkeit halber auch noch zukommen lassen, schwindeln wir ein bißchen, und zwar gibt es da bei uns das Rezept vom Ratzka in Salzburg, vor dem hiermit hochoffiziell der Hut gezogen sein soll: 60 Deka Kletzen werden ein bis zwei Tage in kaltem Wasser eingeweicht, in diesem Wasser werden die noch harten Früchte vorsichtig aufgekocht. Sobald sie weich sind, werden Stiele und Kerngehäuse entfernt und die Früchte kleinwürfelig geschnitten. Ebenfalls klein schneiden: 60 Deka Dörrzwetschken, 15 Deka Dörrfeigen, 32 Deka Rosinen, fünf Deka Haselnüsse, ebensoviel braune, ungeschälte Mandeln und fünf Deka Orangeat. All das wird mit den Kletzen, einem schwachen Achterl Slibowitz und ebensoviel Vogelbeerschnaps (ja, der Ratzka gibt's nicht billiger!) vermengt, dazu kommen noch die dünn geriebenen Schalen von zwei Zitronen und einer Orange, Muskat, Wacholder, Zimt, Koriander und Nelken. Das Ganze lassen Sie über Nacht ziehen.

Diese Masse wird dann mit einem frischen Roggenteig vom Bäcker (unbedingt mit Natursauerteig zubereitet) vermischt. Wir haben die Erfahrung gemacht, daß es sehr gut mit einem stark gewürzten Bauernbrotteig funktioniert, nur müssen Sie dann selbst nicht mehr so viel würzen, eher nur mehr Zimt und Nelkenpulver. Also, aus ihrer zusammengemischten Masse formen Sie zwei Laibe, die, wenn Sie wollen, auch noch in dünn ausgewalkten Teig eingeschlagen werden können. Man läßt sie an einem warmen Platz noch einmal etwas gehen, dann mit Wasser bestreichen, ein bißchen verzieren, mit geschälten Mandeln etwa, und rein ins Backrohr für knappe zwei Stunden bei 180 Grad. Zwischendurch einige Male mit Wasser bestreichen, und nicht gleich anschneiden – es sollte mindestens eine Woche rasten. Auf ein fröhliches Heiraten oder auch nicht.

November 1996

Vorwärts!

Auch das Jahr 1997 wurde bei uns mit einem SAUSCHÄDEL in Aspik begrüßt, same procedure as every year. Ist es doch immer angebracht, die Götter milde stimmen zu wollen. Und es ist ja auch nichts verhackt, denn:
Nutzt's nix, so schadt's nix.

»Es gibt Bräuche. Es muß für alles richtge Bräuche geben.« Die olle Klytämnestra, die sich bei Hugo von Hofmannsthal deshalb mit Steinen behängt – »denn es wohnt in jedem ganz sicher eine Kraft« –, wird trotzdem abgestochen, von ihrem wirklich gräßlich nachtragenden Sohn Orest.

O je, wohin haben wir uns da verirrt. Wir, von unseren Altvorderen selbstredend tadellos mit allem, was man für ein erfolgreiches Leben im Dschungel des ausklingenden 20. Jahrhunderts (für das 21. sind wir nicht mehr so sicher) braucht, ausgestattet, schlachten nicht einmal die Sau selber, mit deren Schädel wir jeden 1. Jänner die Götter zu besänftigen versuchen. Ein »Vorwärts!« zu Jahresbeginn muß sein, nutzt's nix, so schadt's nix. Und nix Genaues weiß man nicht.

Aber es geht so und so. Warm mit Schweinssuppn, Kren und Salzerdäpfeln, kalt mit Kren und Senf, oder – in der Familie Fuchs einmal ausprobiert mit dem Mut der kulinarischen Verzweiflung – marinierte Schweinsohren und -zehen. Letzteres war eine wahrhaft säuische zweitägige Kocherei mit Bürsten, Rasieren, Bandagieren der Zehen – ein Rezept, das aber sofort wieder in der Versenkung verschwand. Offensichtlich fühlte man sich zu sehr an die Leibspeis' des Großvaters – eingebrannte Sauzechen – erinnert.

Aber: Frohlocket, Ihr Heiden, Glück naht Euch in Gestalt unseres mittlerweile alljährlich zelebrierten, allseits akklamierten *Schweinskopfes in Aspik* mit Friséesalat in einer Vinaigrette aus Balsamico, Olivenöl und – nicht zu knapp – Knofel.

Das Aspik machen Sie, no na, gefälligst selbst, aus Schweinsschwarteln, nicht mit Gelatine, sonst garantieren wir für nichts. Für etwa zehn zu Beglückende nehmen wir zwei Sauschädelhälften (die Hälften noch einmal durchhacken lassen), zwei mehrmals durchgehackte Schweinshaxen, und noch ein bissel extra Schwartel (etwa zwanzig Deka) kann nicht schaden.

Den Sauschädel im großen Einkochhäfen gut wässern, das Schnoferl, falls nötig, ein bißchen rasieren (da kommt der Bic zum Einsatz!), mit Wasser bedecken und zum Kochen bringen. Den Schaum immer schön brav abschöpfen, zwei Bund Wurzelwerk, eine Zwiebel halbiert, zwei Knoblauchzehen, zwei Lorbeerblätter, Pfeffer- und Pimentkörner, Thymian, Zitronenschale, ein Schuß Essig und vorsichtig Salz dazu und zwei bis zweieinhalb Stunden kochen lassen (das Wurzelwerk fischen Sie aber schon nach einer Stunde wieder heraus). Dann nehmen Sie den Sauschädel aus dem Sud und, nachdem Sie ihn überkühlen haben lassen, lösen Sie den Rüssel ab und legen ihn zur späteren Verwendung zur Seite. Er ist ja der Protagonist beim »Vorwärts«.

Dann wird das Kopffleisch ausgelöst: In unserer Sulz, bitte sehr, gibt's keine Schwarten, kein Fett, gallertige Teile und sonstige Schweinereien. Das Fleisch und das Wurzelgemüse (nicht al dente, wie üblich, sonst gibt es eine beim Aufschneiden ramponierte Sulz) in Würferl schneiden. Der Sud wird abgeseiht, entfettet und auf einen Liter Flüssigkeit eingekocht (spätestens jetzt wissen Sie, ob Ihr Dunstabzug auch wirklich funktioniert). Würzen mit Salz und Essig und über Nacht kalt stellen.

Am nächsten Tag: Nochmals entfetten, vorsichtig erwärmen und mit der Schneerute zwei Eiklar unterschlagen, unter ständigem Rühren zum Kochen bringen und einige Zeit simmern lassen. Dann befeuchten Sie ein großes Taschentuch or whatever, legen es über ein Sieb, gießen Ihr Schweinsaspik hinein und hindurch, schmecken es ab (soll ja nicht fad sein) und lassen es überkühlen.

Nun kommt das künstlerische Finish: Eine dünne Schicht Aspik in eine Schüssel gießen, stocken lassen. Darauf arrangieren sie das in Scheiben geschnittene Schweinsschnoferl dekorativ, mit Petersilblättern können Sie, wenn Sie es in Ihrem Heidentum denn so weit treiben wollen, Glückskleeblätter nachformen.

Da drauf gießen Sie wieder eine dünne Schicht Aspik (sehr vorsichtig, damit Ihr schönes Muster nicht verrutscht), und wieder stocken lassen. Fleisch und Wurzelgemüse haben Sie unter das restliche Aspik gemischt, und das gießen Sie jetzt in die Schüssel; die ganze Chose stocken lassen.

Am 1. Jänner sind dann unbedingt notwendig: eine Freundesschar, unter deren lauter Anteilnahme die Schüssel mit dem »Vorwärts« (vorher ganz kurz ins heiße Wasser stellen) gestürzt wird, ferner das Neujahrskonzert im Fernsehen, der schon oben erwähnte geknofelte Friséesalat, ein paar vom Vortag gerettete Flascherl Champagner – sehr, sehr brut für die Sauerei.

Wir wollen Ihnen nicht verhehlen, daß trotzdem jedes Jahr von aufmüpfigen Ungläubigen die Frage in den Raum gestellt wird, ob man nicht vielleicht auch mit Rindfleisch … Unsere Antwort lautet: Nein! Elegante Menschen machen die Sulz von einem in Riesling angesetzten Wildschweinschädel, aber das ist auch die einzige Alternative, die orthodox grad noch durchgeht.

Dezember 1996

Mit dem Knöpflehobel

Dank eines Vorarlberger Freundes können wir mitreden, was die Produktion von echt gsibergerischen KÄSKNÖPFLE betrifft.

Vorigen August stand es zum ersten Mal auf Messers Schneide. Alles Bitten und Flehen, die wüstesten Drohungen Ihrer sonst so sanftmütigen Autorinnen halfen nichts, das Rezept war aus Sophie (12) nicht herauszukriegen. Ihre Eltern aber, die versprochen hatten, das Abendessen zuzubereiten, o weh, nur Bacchus wußte, an welchem südsteirischen Wegerand sie wohl liegengeblieben waren.

Letztlich war es nur der Aufopferung (und vielleicht auch Gefräßigkeit) unseres Freundes Fritz, der die ganze besoffene Horde auf dem Heimweg von unserem Weinbauern in Leutschach vor sich hertrieb, zu verdanken, daß Monika und Martin Morscher sich doch noch rechtzeitig in der Küche einfanden, um das Kollektiv – wie alljährlich einmal während unseres Steiermark-Urlaubs – in konjugal-kooperativer Konkordanz mit Käsknöpfle zu bekochen.

Jedenfalls hat uns die Episode zu denken gegeben und haben wir deshalb das Rezept an uns gebracht. Nicht, daß wir glauben, über das gsibergerische Blut des Martin Morscher hinwegkochen zu können. Ja, er ist aus Vorarlberg, was ihn dazu verurteilt, für alle Zeiten mit dem Knöpflehobel im Gepäck in die Steiermark zu reisen (übrigens aus dem Salzkammergut, wohin ihn seine Monika heimgeführt hat).

Ein Knöpflehobel ist, wie sag ich's dem ostösterreichischen Kinde: Ein Knöpflehobel ist ein etwa prämodernkloartig geformter Trichter, der auf einem Reibeisen aufliegt; oben wird der Teig hineingegossen, unten kommen, wenn Sie den Trichter rhythmisch über die Hobellöcher bewegen, Würstchen (oder nennen Sie es, wie Sie wollen) heraus. Für diese Tätigkeit brauchen Sie übrigens, entgegen der festen Ansicht von Koautorin Fuchs, nicht verheiratet zu sein.

Apropos konjugale Konkordanz, wir verhehlen Ihnen nicht, daß die Käsknöpflekocherei bei den beiden Morschers, die selbst als Rechtsanwälte schon so manchen Scheidungsbeistand geleistet haben, manchmal nicht ganz ohne eheliches Zerwürfnis abgeht. Einmal geht es um irgendwelche zu Hause vergessenen Käsknöpflekochutensilien, einmal um das Mengenverhältnis der einzelnen Käse untereinander, glaubt sich die Fuchs, die auch unsere verläßlichste Chronistin ist (was nicht etwa heißt, daß sie weniger trinkt als die anderen), zu erinnern.

Bei unseren Recherchen haben wir die Morschers jedenfalls auf folgende Kas-Perzentuagen festgenagelt:

Erstens ein Viertel bis ein Drittel Surakäs. Das ist ein ganz magerer (ein Prozent, gibts denn das?) Vorarlberger Käse in Rollenform, für die Knöpfle muß er noch topfig sein. Seinen Geruch pflegt unser heutiger Maître Morscher so treffend als »wie aus vollen Windeln« zu bezeichnen. Morscher senior ißt den Surakäs in reifem (das heißt glasigem) Zustand tagtäglich seit Jahrzehnten mit Milchkaffee zum Frühstück und hat damit sein Magengeschwür kuriert. Mehr ist dazu nicht zu sagen.

Zweitens ein Drittel Räskäs. Von Konsistenz ähnlich dem Tilsiter, jedoch wesentlich prononcierter in Geruch und Geschmack. Und drittens ein gutes Drittel Bergkäs.

Für vier Personen rechnen Sie insgesamt 25 Deka Käse, den Sie grob reiben und vermischen. Im großen Topf bringen Sie Wasser zum Kochen und machen inzwischen den Knöpfleteig: 40 Deka griffiges oder doppelt griffiges Mehl, vier Eier, Salz, Pfeffer, Muskatnuß und Wasser (keine Milch! – besonders Stilsichere oder p.t. Senner und Sennerinnen nehmen Käsemolke).

Dies alles schlagen Sie mit einem Kochlöffel zu einem Nockerlteig, den Sie sofort – nicht stehenlassen – verarbeiten. Dazu bringen Sie den Knöpflehobel über dem Topf mit dem stark kochenden Wasser in Anschlag, füllen den trichterförmigen Aufsatz mit Teig und hobeln Ihre Knöpfle ins Wasser, und zwar in Partien, nicht den ganzen Teig auf einmal. Die Knöpfle sollen nur ganz kurz gekocht werden, »ledig« sein: Das Gegenteil von ledig ist in diesem Falle gatschig (was ja so überraschend auch nicht ist, wenn sich die begeistert unverheiratete Harrer diese Bemerkung erlauben darf).

Sei es wie es sei, jedenfalls werden die Knöpfle allsobald mit einem Sieb herausgefischt. In einen Topf, der warmgestellt wird, kommen nun schichtweise Knöpfle, darauf der Käse, dann wieder Knöpfle und so fort, hin und wieder mit einer Gabel leicht durchheben. Darüber wird zerlassene Butter gegossen, das Ganze mit goldgelb gebratenen Zwiebelringen und Schnittlauch gekrönt.

Unsere postkäsknöpflerischen Nächte sind allerdings etwas leichter geworden, seitdem Martin auf den Trick der Marie-Bäs, ihres Zeichens berühmte Wirtshauspächterin und begnadete Käsknöpfleköchin, zurückgreift: Im Finale werden die gerösteten Zwiebel samt ihrer Bratbutter in ein Schüsserl abgegossen, und in der Zwiebel-Bratpfanne wird ein Schöpfer Kochwasser aufgekocht, das dann über die Käsknöpfle geleert wird.

Mit dem Kochlöffelstiel ein paarmal durchfahren, um die Feuchtigkeit, die die Konsistenz angenehm sämig (statt schwer klumpig) macht, gut zu verteilen. Dann erst die Zwiebelringe und Butter darüber. Ach ja, einen Salat gibt es natürlich auch immer dazu.

Streng genommen, sagt man uns, gehören Käsknöpfle mit dem Löffel gegessen, und in Vorarlberg, sagt man uns, trinkt man dazu Most. Na was werden wir schon trinken dazu in der Südsteiermark? Soll nie ein schlimmerer Verstoß gegen die gsibergische Etikette passieren als ein steirisches Flascherl Welschriesling zu den Morscherischen Käsknöpfle.

Jänner 1997

Rosenkranz und Lachsforelle

Obwohl unsere Flüsse und Seen früher vor Reichtum überquollen, ist die Liebe zum FISCH dem Österreicher offensichtlich nicht in die Wiege gelegt. Aber es gibt es, das Leben nach dem gebackenen Fischziegel.

Beten und Fischessen ist ja in unserer Weltgegend – wo zu katholischen Fasttagen die Heringsbäuche gemästet werden – eine durchaus vertraute Kombination. Also, es war Ende der 70er Jahre in Oberösterreich, als die achtzigjährige Tante Lini zum Gebetsgroßeinsatz antrat: Rosenkränze vor dem Abendessen und die ganze Nacht hindurch. Sie betete für das Wohl ihrer Lieben. Was war geschehen?

Die Großfamilie Fuchs hatte ihre erste Lachsforelle roh mariniert und als Carpaccio verzehrt und die Linitant' sah sich schon als einzige Überlebende einer ausgerotteten Familie. Die Sache ging bekanntlich gut aus, und nachdem an jenem denkwürdigen Abend niemand mit Fischvergiftung im Krankenhaus gelandet war, zeigte sich die Tante ihrer Sippschaft kulinarisch würdig und langte das nächste Mal beim »rohen Fisch« kräftig zu.

Nicht wenige Österreicher lassen das, was aus dem Wasser kommt, noch immer am liebsten in Ziegelform, eingewickelt in ein Semmelbröselkleiderl, an sich heran, wobei wir zu vergessen pflegen, daß es sich da ja eigentlich auch schon um ein Produkt einer kulinarischen Revolution handelt, die da war das Aufkommen von Tiefkühlkost. Und wenn Sie jetzt blasiert lächeln, denken Sie an Ihre erste Auster, die Sie höchstwahrscheinlich – wie wir alle – unzerkaut (»alser Ganzer« heißt das auf österreichisch) hinuntergeschluckt haben, weil Ihnen nämlich davor gegraust hat. Wer sich im Laufe der Zeit aber im wahrsten Sinne des Wortes durchbiß, den erwarteten höchste Wonnen.

Plötzlich, vor ein paar Jahren, erschienen auch auf dem österreichischen Markt Dinge, die wir früher nur aus den

Meer-Anrainerstaaten kannten: Branzini, Orate, ganz zu schweigen von all dem gepanzerten Getier. Der Lachs, besonders in seiner geräucherten Form, ist ja überhaupt längst schon ein zutiefst demokratisches Tier, sozusagen der Schweinsbraten auf dem Fischbuffet.

Aber bevor wir uns wieder vertratschen, sagen wir Ihnen, was wir heute kochen: zwei Rezepte, einmal der Fisch in seiner ontologischen Form sozusagen – in Folie gebraten – und dann eines aus der Hohen Schule der Fischkochkunst, *Hechtnockerln in Kressesauce*.

~

Man könnte sagen, der Fisch in der Folie (al cartoccio / en papillote) ist für die Unbedarften und die Bequemen. Bei keiner Zubereitungsart aber zeigt ein Fisch mehr, was er kann. Nichts an Aromen geht verloren, nichts wird überdeckt, das bisserl Kräuter oder Knofel im Bauch hilft ihm auch nicht auf die Sprünge, wenn er nichts zu bieten hat. Und da beginnt das Problem. Branzini und Orate, die anbetungswürdigsten unter den Meeresfischen, kommen zunehmend aus Fischfarmen, der Unterschied ist beim Kauf schwer festzustellen – auch nicht immer über den Preis, da schon eher über die Größe, denn »wilde« Fische entsprechen nicht immer der am leichtesten verkäuflichen Norm –, die Stunde der Wahrheit schlägt, wenn Sie die Folie öffnen. Dasselbe gilt natürlich für Süßwasserfische.

Aber lassen Sie uns nicht jammern, sondern zur Tat schreiten: Den ganzen gesalzenen Fisch legen Sie auf eine gebutterte – im Fall von Meeresfischen mit Olivenöl benetzte – Alufolie. Schieben Sie ihm Kräuter in den Bauch – Salbei, Kerbel, Basilikum, Estragon –, wobei wir beim hochwertigen Meeresfisch die Variante Rosmarinzweigerl und Knofelzehe vorziehen. Butterflocken aufsetzen bzw. mit Olivenöl beträufeln, unter Umständen einen Spritzer Weißwein dazu. Luftdicht mit Folie verschließen (sie wird am besten erst bei Tisch geöffnet) und im Rohr bei 170 Grad garen. Wie lange, ist natürlich Erfahrungssache, wir würden sagen, eine durchschnittlich große Orata eine halbe Stunde. Klassische Beilagen sind Blattspinat und Petersilerdäpfeln.

Und nun geht's ans Eingemachte, an unsere *Quenelles de brochet mousseline* (für 6 bis 8 Personen): 8 EL Wasser, Salz und 3 Deka Butter aufkochen, 7 Deka Mehl einrühren und einen Brandteig herstellen (das werden Sie ja wohl noch zusammenbringen!). Abdecken und kühlen. Ein halbes Kilo Hechtfleisch (beim Putzen kriegen Sie Ihren ersten Wutanfall) im Cutter pürieren und neun Deka flüssige Butter einrühren, kaltstellen. Nach und nach zuerst 1 Ei und 2 Eiklar mit dem Brandteig vermischen, die Fischmasse unterziehen, danach die Masse wieder im Tiefkühler herunterkühlen (nach der klassischen Methode arbeitet man auf Eis), 18 Deka Obers langsam unter ständigem Schlagen einarbeiten, mit Muskat, weißem Pfeffer und Salz würzen und die Masse durch ein Haarsieb streichen (ein Schweißausbruch ist Ihnen sicher).

Boden und Ränder eines großen, niedrigen Topfes buttern, mit Suppenlöffel Nockerln formen und nebeneinander im Topf plazieren, kochendes Wasser am Topfrand hinunter vorsichtig zugießen, die Nockerln zehn Minuten pochieren. Wahrscheinlich zerfallen sie (Tobsuchtsanfall!).

Beruhigen Sie sich, Leute mit schwachen Nerven können die Nockerln vorkochen und im letzten Moment im Wasser wärmen.

Alles weitere ist ein Kinderspiel: Aus Hechtkopf und -gräten haben wir einen Fischfond gekocht. Der wird mit Weißwein und Obers reduziert, mit Dotter legiert, mit Butterflocken montiert, mit Gartenkresse melangiert, die Nockerln werden nappiert – und ihre Gäste frappiert (sein)!

FEBRUAR 1997

Abschied von der heiligen Trinität

Die kulinarische Revolution in Österreich hat auch und besonders im GEMÜSEKOCHTOPF stattgefunden. Wie jedes Jahr legen wir Ihnen deshalb den Bärlauch ans Herz.

Im März anno domini 1997 fuhr die Gudrun Harrer frohen Mutes in das hübsche Städtchen Braunau am Inn (dorthin ist man von Wien ungefähr so lange unterwegs wie nach Damaskus), um auf Einladung einer rührigen Organisation den dortigen Eingeborenen etwas über die islamische Religion und die muslimischen Befindlichkeiten zu erzählen. So weit so gut, die guten Leutchen waren hocherfreut. »Und wo ist die Christa Fuchs?« fragten sie am Schluß.

Der »Verein zur Schaffung offener Kultur- und Werkstättenhäuser« in Wien, genannt WUK, hat dieses Grundbedürfnis der österreichischen Bevölkerung – die Fuchs und die Harrer gemeinsam als Vortragende zu erleben – als erster erkannt und uns zu einem in Doppelconference zu haltenden kulinarischen Vortrag eingeladen, der »Vom Sattwerden und Schicksein« hieß und im Zuge zu dessen Vorbereitungen wir uns ein bißchen mit der kulinarischen Geschichte Österreichs beschäftigt haben, soweit wir sie selbst erlebt haben. Wenn Sie wie wir plus/minus vierzig sind und vielleicht sogar auch »vom Land« nicht nur »aus der Provinz« kommen, wissen Sie, was wir meinen: Heute tun wir zwar so, als wären wir mit dem Kaviarlöfferl im Mund auf die Welt gekommen. Wahr ist vielmehr ... Jeder möge aus seiner Familiengeschichte – die immer auch kulinarische Geschichte ist – das Passende einsetzen.

Oder die Gastronomie: Im Glauben an die heilige Trinität Wiener Schnitzerl, Pariser Schnitzerl und Naturschnitzerl großgeworden, war der »Toast Hawaii« mit pickigen Dosenananas, oft miesem Preßschinken und immer fadem Käse eine kulinarische Grenzüberschreitung. Und können Sie sich an den ersten Dosenspargel – mit dezentem Blech – erinnern?

Wobei wir beim Thema wären, denn wir sind der Ansicht, die eigentliche Revolution hat auf dem Gemüsemarkt – und im Gemüsekochtopf – stattgefunden. Zuerst die Einführung der Tiefkühlkost, dann immer mehr uns bis dato Unbekanntes auch frisch. Heute scheint uns dieser Reichtum wieder gefährdet, alles muß schön sein und lang halten, darf um Gottes Willen nicht mehr stinken (Karfiol!) – und Geschmack wird zur Nebensache.

Deshalb auch heuer: Auf in die Wälder, zum Bärlauchsammeln. Zwar kommen wir Ihnen jedes Jahr damit, aber heute paßt es besonders gut, denn es zeigt auch paradigmatisch die kulinarische Entwicklung, die wir meinen: Von der klassischen Quiche Lorraine – ein Bomberl aus Speck, Ei und Zwiebel – zu unserer *Bärlauchquiche*.

Ein Traditionalist macht einen Mürbteig, faule oder pressierte Zeitgenossen kaufen tiefgekühlten Blätterteig. Eine Form wird – auch die Wände – mit Teig, den sie mit der Gabel mehrmals einstechen, ausgelegt, bei 200 Grad blind backen (=Blatt Pergament auf Teigboden legen, mit Erbsen beschweren) und zwar hell.

~

Inzwischen zwei gehackte Frühlingszwiebeln in vier Deka Butter anschwitzen, 45 Deka nudelig geschnittenen Bärlauch dazu, mit einem guten Schuß Weißwein und einem Achterl Obers aufgießen, salzen, pfeffern, dünsten, die Flüssigkeit einkochen, drei Eßlöffel Parmesan untermischen und auf dem Quicheboden verteilen. Dann kommt der Eiguß: Zwei Eier mit einem Achterl Obers versprudeln, salzen und darübergießen, bei 170 Grad fertigbacken.

Wir haben die gute alte Quiche in alle Richtungen vegetabilisch moduliert. Zum Beispiel Spinat: Zwiebel und Knoblauch in Olivenöl anschwitzen, gehackten Blattspinat darin dünsten, gehackte schwarze Oliven und Feta dazu, dann kommt der Eiguß wie oben. Oder Porree: Die weißen Teile von vier Porreestangen der Länge nach halbieren, in Scheibchen schneiden, in Butter dünsten, Schinken- und Emmentalerstreifen dazu, den Eiguß, siehe oben, mit Muskat würzen. Und Fenchel: Zwei Knollen Fenchel halbieren, Fäden abziehen, Strunke entfernen, in Streifen schneiden und in zwei Eßlöffel Butter al dente dünsten. Das Weiße von einer Stange Porree grob hacken und blanchieren, mit Fenchel vermischen, den Eiguß ebenfalls mit Muskat würzen.

Allgemein gilt, daß Feuchtigkeit abgebende Gemüse – Spargel, Zucchini, Broccoli – weniger geeignet sind. Sie haben die Tendenz, mit dem Teig eine wenig appetisante, gatschige Liaison einzugehen.

Zurück nach Braunau, immerhin hat die Harrer auf ihrer Reise ja auch etwas zu sich genommen: Als sie nach dem Ende ihres islamischen Vortrags völlig ausgetrocknet nach einem ganz und gar unislamischen Bier lechzte, hatte einer ihrer vorbildlichen Betreuer eine noch vorbildlichere Idee: Wir fuhren auf die deutsche Seite des Inns, nach Simbach, sonst eher keine touristische Attraktion, aber wir kehrten dort im Bahnhofsresti (Simbach war Orientexpreß-Station, vielleicht auch deshalb wurde die Harrer dorthin geschleppt) zu, wo es zur Fastenzeit das dunkle, bittere, starke Salvatorbier aus dem Faß gibt, dazu exzellente feine, schlanke (nicht, daß die Harrer da sonst Wert darauf legt) Weißwürste mit einem duftenden Schwarzbrot und süßem Senf. Klingt das gut? Ganz vorrevolutionär, aber köstlich. Die Christa Fuchs wird jetzt auch Islam studieren, sagt sie.

März 1997

Auf der seligen Wirtshausinsel

Bruckfleisch kontra Zigeunerspieß: Die NIEDERÖSTERREICHER haben sich etwas einfallen lassen.

Es können einen im Leben verschiedene Schicksalsschläge treffen, einer der schwereren ist, wenn das Stammwirtshaus zusperrt beziehungsweise wenn es aufgrund einer sogenannten »Neuübernahme« zu Veränderungen kommt, die einen ins Exil zwingen. Wenn man in einem bis dato durchaus bourgeoisen Gasthaus plötzlich das Essen in einem gußeisernen Pfandl vorgesetzt bekommt, als befände man sich auf einer Tiroler Almhütte. Wenn der Lieblingskellner kündigt. Wenn der Schankwein, den man durch Jahre achterlweise auswendig gelernt hat, ausgetauscht wird ... O weh! Das alles ist uns vor ein paar Jahren passiert, wir fühlen uns noch immer entwurzelt.

Wenn man dem Herrn Siebeck Glauben schenkt – was wir fast immer tun –, dann leben wir in Wien ohnedies auf einer Insel der Seligen, was unsere Wirtshäuser und Beisln betrifft. Auf dem Land ist es schon schwieriger; zwar steht die Freßtempel-Dichte in Österreich der einstigen der Backhendlstationen in nichts mehr nach, aber mit einfachen Landgasthöfen, wo man außer Grillplatte und Cordon bleu auch noch etwas anderes erwarten könnte, da hapert's. Was erwarten? Bei Lukullus, nicht etwa irgendwelche Dinge an irgendeiner Sauce, sondern vielleicht, na vielleicht ein Bruckfleisch.

Was das nun wirklich ist, dazu befragen wir diesmal eine Autorität, unseren heiligen Franz Ruhm, Edition 1933. »Das Bruckfleisch, eine bekannte Wiener Spezialität, besteht aus sechserlei Teilen des frisch geschlachteten Rindes, und zwar zu gleichen Teilen aus Herz, Leber, Milz, Herzröhren (genannt »Lichteln«), Bries und Kronfleisch, das ist ein an der Brustinnenwand befindliches grobfaseriges Fleisch. Herz, Leber und Bries wird in flache

Scheibchen, die Lichteln zu Ringen, Milz und das Kronfleisch zu Streifen geschnitten. Für ein Kilo Bruckfleisch röstet man 25 Dekagramm halbfein gehackte Zwiebel in zwölf Dekagramm Fett goldgelb an und schreckt ab mit einem tüchtigen Schuß Essig. Darauf kommen Herz, Lichteln, Kronfleisch und Leber dazu, an Gewürzen Salz, Pfeffer, ein Lorbeerblatt, bißchen Thymian und Majoran, worauf das Ganze zugedeckt im eigenen Saft ungefähr eine Stunde gedünstet wird. Erst dann gibt man Bries und Milz dazu, und während nun alles zusammen weiter dünstet, röstet man in nußgroß Fett 25 Dekagramm geputztes und am Reibeisen geriebenes Wurzelwerk mit zwei zerdrückten Knoblauchzehen tüchtig heiß, gibt die Wurzeln zum Fleisch, gießt mäßig Wasser nach, daß eine mollige Sauce entsteht, in der das Fleisch vollends weich dünsten kann. Gegen Schluß verbessert man das Gericht mit einem Zehntelliter Rotwein. Wird das Bruckfleisch mit Rinderblut vollendet, verrührt man dieses mit Rotwein und gießt es unter Rühren zum Fleisch, damit sich keine Klümpchen bilden können.«

Übrigens, schon damals hat der Ruhm neben die 25 »Dekagramm« in Klammer 250 Gramm geschrieben. Heute zeigt der supergescheite Blechtrottel, für den die Harrer gerade so viel Geld ausgegeben hat, daß sie dafür bis an ihr Lebensende jedes Jahr im November weiße Trüffeln satt mit einem Barbaresco vom Gaja hätte haben können, und der angeblich österreichisch-deutsch kann, »Dekagramm« als Rechtschreibfehler an, der Wappler (das haben wir ihm jetzt zufleiß getan, Wappler kennt er natürlich auch nicht).

Ja, ja, ich weiß, wir sollen nicht so viel plaudern, sondern zum Eingemachten kommen. Nun, es gibt nette Menschen, die sich der Rettung des nämlichen Bruckfleisches und anderer Gerichte, die in den letzten Jahrzehnten langsam von den österreichischen Speisekarten verschwunden sind – und durch Pizza & Co. ersetzt wurden –, verschrieben haben. Wenn diese wenigstens so schmecken würden wie in Neapel oder der Spieß wie in Südmazedonien, da möchte es ja noch angehen. Aber die Leute wollen nur den Namen der großen weiten Welt – Stichwort »Toast Hawaii« –, aber nicht den Duft, den Knoblauchduft.

Zurück zur Rettung des Bruckfleisches: Es gibt da einen »Verein Niederösterreichische Wirtshausaktion«, dem mittlerweile 194 niederösterreichische Wirtshäuser angehören, und im Rahmen unserer Feldforschung sind wir gleich ausführlich »Zu den Linden« in Gaaden bei Mödling zugekehrt. Wir haben Krautrollen und ein Beuschel gegessen, allerhand getrunken, und sind seitdem dafür, jawohl.

Die Vereinsmitglieder sehen – völlig zu Recht – das Wirtshaus als »Kulturgut« an. Es wäre übertrieben zu sagen, »das geschützt werden muß«, denn, sind wir einmal ehrlich, mit der Qualität der Landgasthöfe war es in den letzten Jahrzehnten nicht gerade weit her. Spargel und Lamm als »bodenständig« zu bezeichnen, ist heute genauso richtig wie es noch vor wenigen Jahren gewagt gewesen wäre.

Die Wirtshäuser, die sich der Aktion angeschlossen haben, werden ermutigt, alte Gerichte und frische Produkte auf die Speisekarten zu setzen. Was manchmal gar nicht so leicht ist, haben wir uns sagen lassen, denn Zigeunerspieße haben ein zähes Leben. Aber der Gast ist lernfähig, meine Herren Wirte und Damen Wirtinnen, haben Sie Vertrauen. Lieber ein gutes Erdäpfelgulasch als ein mäßiges Haisteak. Die erste »Wirtshaus-Zeitung« ist auch schon erschienen, und wenn Sie wissen wollen, in welchen fast zweihundert niederösterreichischen Wirtshäusern sie aufliegt, rufen Sie doch einfach bei der Wirtshauskultur-Geschäftsführerin Heidi Strobl – die übrigens die Tochter des Wirten (sic!, so heißt das bei uns) ist, dem wir eingangs nachgeweint haben – an, die schickt Ihnen eine Karte mit der Liste der Betriebe. Es gibt immer wieder Interessantes, etwa eine »Woche des Bieres« mit speziellen Biermenüs oder den ganzen Mai eine Spargelaktion. So etwas gehört unterstützt und basta.

Mai 1997

J'accuse

Wider die totale Tomatisierung Österreichs

Sommer ist, wenn der Herr Gemahl seine ägyptische Galabiya anzieht und ständig nach Paradeisern mit Mozzarella und Basilikum schreit. So, liebe Brüdern und Schwestern in Bacchus, spricht man, wenn man erst einmal ein paar Jahre verheiratet ist, wie die einst so wilde Christa Fuchs. Wer weiß, was noch auf uns zukommt, da sie jetzt auch noch sich zu vermehren im Begriffe ist. Wie wird hinkünftig ihre Definition des Sommers aussehen? Wenn es nur nichts mit der Konsistenz dessen zu tun hat, was die herzigen Bälger so am liebsten von sich geben!?

Pfui, aber wir haben es ja heute ohnehin mit einem eher grauslichen Thema zu tun. Die Deliberationen der Christa Fuchs gehen nämlich weiter: »Die Beschaffung der Paradeiser hält die Gemahlin den ganzen Sommer über in Atem, wie Odysseus von Insel zu Insel irrt sie von Geschäft zu Geschäft, von Marktstandl zu Marktstandl, das bescheidene (haha, ein Laberl Büffelmozzarella kostet 150,– Schilling!, Anm.) Mahl wird zum russischen Roulette. Erst wenn der Göttergatte ein Stück vom Paradies-, auch Liebesapfel genannt, ins eheliche Maul steckt, weiß man, welche Wendung die Nacht nehmen wird.« (Zugegeben, der letzte Satz ist nicht von der Fuchs, sondern von der Harrer).

Lange wurden die Paradeiser, die sich die Spanier wie so manches andere in Südamerika aneigneten, in Europa für giftig gehalten. Im 18. und 19. Jahrhundert machten unsere Omis gerade mal eine Paradeissauce, auch für die den treueren Lesern unter Ihnen sattsam bekannte Tante Mutzi war ein Paradeissalat nur von geschälten, das heißt pochierten Paradeisern denkbar (aber die Mutzitant gehört ja eigentlich ins 19. Jahrhundert, auch wenn sie in den zwanziger Jahren ganz flott unterwegs war).

Der Tante Mutzi ihre Sorgen und dem Rothschild sein Geld! Heute ist es hierzulande leichter, gebratene Hunde (oje, das gibt Protestbriefe!) zu finden als anständige Paradeiser. Die Tomatisierung Österreichs schreitet unaufhaltsam voran. Mitte der siebziger Jahre fühlt sich der Herausgeber der deutschen Ausgabe von Paul Bocuse »La Cuisine du Marché« zu folgender Anmerkung veranlaßt: »Wenn Paul Bocuse von Tomaten spricht, so meint er damit sonnengereifte, feste, dickfleischige Früchte. Für alle hier und in den folgenden Rezepten verwendeten Tomaten gibt es bei uns in Deutschland nur in ausgesucht guten Läden das richtige Material. Es wäre vergebliche Liebesmüh zu versuchen, etwa holländische Treibhaustomaten auszupressen und anschließend in einem Öl-Butter-Gemisch so zu braten, daß sie eine kleine Kruste bekommen und doch noch nicht zerfallen! Beim Tomateneinkauf stets darauf achten, daß die Früchte eine glatte, glänzende Haut haben, unregelmäßig geformt sind und möglichst tiefe Kerben bzw. Falten aufweisen.«

Was waren das rückblickend noch für selige Zeiten! Groß prangte »Holland« auf den rot-blauen Kisten, die es zu vermeiden galt, der Wissende kaufte italienische oder marokkanische Fleischtomaten, im Februar kleine aromatische Paradeiser von den Kanaren, dann lieferte Südeuropa und der Maghreb, Mai/Juni war Bulgarien dran. Dann wurden die Grenzen dicht gemacht, weil die ersten inländischen – leider die falschen Sorten, die falschen Sorten! – Paradeiser anrollten.

Einschub: Die Holländer sind besonders liebe Menschen, ihr Land entzückend, und es gibt dort viele gute Sachen! Aber – sorry guys – Eure Exportparadeiser heißen nichts. Ihr befindet Euch aber mittlerweile schon in bester südeuropäischer und inländischer Gesellschaft. Um die Verwirrung perfekt zu machen: Die »Feinkost am Aumannplatz«, unser Leib- und Magengeschäft, hat wirklich eßbare Paradeisapferl – manchmal aus Holland. Einschub Ende.

Die Tomatenfabrikanten – nicht nur die in den Niederlanden – gneißten relativ schnell, daß den Konsumenten der Sinn nach Fleischtomaten stand und zogen nach. Desaster wie gehabt, die Rettung nahte in Form von exzellenten italienischen pomodori an der Rispe, für die man sich das Weiße aus den Augen nehmen ließ. Aber das relative Glück war nur von kurzer Dauer, heute sind die Strauchtomaten Massenware, die unter der Obhut von des Rheines Töchtern gewachsen sein könnten, so wäßrig sind sie.

Übrigens, die holländischen Marketingleute sind auch keine Trotteln, das Wort »Holland« findet sich jetzt in winziger Schrift im allerletzten Eckerl auf Schachteln mit internationalem Flair; die alten wohlbekannten Kisten, bei deren Anblick man zurückschreckte wie bei dem des Klabautermanns, wurden längst eingezogen.

Aber wie Ihr, liebe Trauergemeinde, wißt, ist das nicht alles. Beweisen können wir natürlich nix. Ob es jetzt wirklich schon Züchtungen gibt, deren Endresultate wochenlang im Kühlschrank makellos bleiben, bis sie stellenweise von innen zu faulen beginnen, oder ob da bestrahlt oder an Genen gefummelt wird, wer weiß es schon. Verdammt, wir wären ja in unserer Verzweiflung auch schon bereit, uns damit vollzustopfen, würde das Zeug nur nach irgend etwas schmecken.

Und nun spielen wir das beliebte Kinderspiel »Tun wir so als ob«. Tun wir so, als ob Sie Paradeiser im Hause hätten, bei denen der Fuchsische Ehemann die Augen verdreht und schöne Kinder zeugt. Der zeitgeistige Österreicher ißt ja heute bekanntermaßen nicht mehr Butterbrot mit Schnittling, sondern eine *Bruschetta*. Wir machen sie so: Toskanisches Brot oder sogar pane pugliese zu finden, ist ja im Vergleich zu siehe oben weiter kein Problem in Wien. Beidseitig toasten, mit Knoblauch abreiben, Olivenöl vom besten draufträufeln. Ob sie den Paradeiser in Scheiben darauflegen oder geschälte, entkernte, grobgehackte Würferl oder dieselben etwas eingekocht (so ist's klassisch) – ganz wie Sie wollen. Salzen und pfeffern, für viele ist auch Basilikum unabkömmlich. So frugal kann ein Mahl sein, und trotzdem so ein Luxus!

Eine Anmerkung auch noch zur Caprese (pomodori, mozzarella e basilico), manche (so Ciprianis) geben Essig dazu, wir finden, daß es ideal wäre, wenn das frische, säuerliche, gleichzeitig fruchtige Aroma von den Paradeisern käme. Das ist auch der Grund, warum die süßen kleinen Cocktailtomaten die Paradeisermisere nur ungenügend lösen. Die sind ja fast schon als Obst anzusehen.

Einer unserer Sommer-Renner ist *Pasta mit rohen Paradeisern*. Die gibt es bei uns, wie Sie ja längst wissen, in allen Varianten. Der Klassiker geht so: Ein Dreiviertel Kilo Paradeiser schälen, entkernen, grob hacken, im Sieb abtropfen lassen und mit zwei Deziliter Olivenöl, mindestens einer geschälten und zerdrückten Knoblauchzehe und einem Bund geschnittenem Basilikum zugedeckt eine Stunde kalt ziehen lassen. Salzen, pfeffern und unter dreißig Deka Spaghetti mischen, in angewärmten Tellern servieren, darauf kommt geriebener Pecorino, eventuell auch Mozzarellawürferl. Man kann bei der Rohe-Paradeiser-Pasta auch sehr gut das Öl erwärmen – vielleicht mit dem Knoblauch und Peperoncino oder was immer Sie wollen –, so daß nur die Paradeiser roh untergemischt werden.

Aber mehr als ein Kochartikel sollte das ja heute ein grundsätzlicher sein, und so schließen wir noch mit Überlegungen, was man alles anstellen könnte, um zu ordentlichen Paradeisern zu kommen: Wenn Ihnen besonders gschmackige über den Weg laufen, finden Sie heraus, wo Sie wachsen. Wie seinerzeit die Tante Lini nehmen Sie Ihnen die Samen ab. Überhaupt, das eigene Paradeisgärtlein, aber mit welchen Sorten? Moneymaker, Rotkäppchen, Stierherzen oder doch lieber Heinemanns Jubiläum? Da ist es doch einfacher, mit einem Taschenfeitel ausgerüstet, durch die Wiener Märkte zu streichen. Ihr einschlägiger Wortschatz wird durch die verbalen Entladungen des Goldenen Wienerherzens, wenn Sie beim Paradeiserverkosten erwischt werden, bestimmt erklecklich erweitert.

JUNI 1997

Carmines Leibspeise

Am Sonntag zu Mittag ißt, was ein echter Neapolitaner ist, MACCHERONI AL RAGÙ

Der STANDARD hat ein Glück. Mit mir, in aller Bescheidenheit, seiner Italien-Reisenden Gudrun Harrer. Nicht nur, daß sich der tobende Mafiakrieg, den möglichst gruselig zu beschreiben ich nach Neapel geschickt wurde, nicht negativ auf meinen Appetit auswirkte (was sich hinwiederum negativ auf meine gleichzeitig angestellten gastronomischen Recherchen ausgewirkt hätte). Anfang August, in der allergrößten Affenhitze, legte ich noch dazu beinahe alle Wege zu Fuß zurück – Taxigelder sparend –, um bei Kondition zu bleiben und das anfallende Material zu bewältigen.

Dieses bestand vor allem aus Pasta, Fisch und Rucola-Paradeiser-Salat. Bei letzterem lehnen die Neapolitaner Essig kategorisch ab, so wie sie überhaupt den Salat gerne mit Öl und Zitrone anmachen. Aber besonders bei Paradeisern (auch mit Mozzarella und Basilikum, also Caprese) ist er fehl am Platze: Wir sagten es ja das letzte Mal, sie sollten, ginge es richtig zu, selbst genug Säure mitbringen. Einmal ließ ich mir die Rucola auch mit gekochten kleinen Shrimps reichen, kurioserweise war Parmesan darübergehobelt, wieso auch nicht. Sonst blieb ich aber streng neapolitanisch, ich dachte mir, was die Mafiabosse stark und schlau macht …!

Bevor ich Ihnen aber verrate, was die Mamma ihrem Carmine (Alfieri) immer am Sonntag kochte, bevor er in den Häfen übersiedelte, Grundsätzliches. Ganz haben es die Kellner südlich von Wiener Neustadt noch nicht gegneißt, wer die Herren sind – nämlich die Damen. Sie (die Kellner) stellen sich manchmal an. Auf die Frage »Che vino mi da?« (Welchen Wein geben Sie mir?) lautet die Antwort meistens »Si«. Vino, irgendeinen, für die Tussi. Folgend auf das Entzücken von Kellnerseite, daß ich Weiß von Rot unterscheiden kann, wächst mein Ingrimm ins Unermeßliche, wenn mir als der Wein Campaniens zufällig gerade der genannt wird, den sie in halben Flaschen haben. Allah lasse ihnen ihr Gesöff sauer werden!

Es wird Sie aber nicht überraschen, daß ich mich letztlich immer gegen die blöden Knaben durchgesetzt habe und das bekommen habe, was ich wollte. Aber am Schluß stand uns beiden – dem Kellner und mir – regelmäßig der Schweiß auf der Stirne. Am besten gefielen mir diesmal ein »Fiano di Avellino« und ein »Greco di Tufo« (Tufo, das ist Lavagestein).

Aber auch der namenlose Hauswein von den Hängen des Vesuv im »Lucilio« (Via Lucilio in Santa Lucia) hat mir über alle Maßen geschmeckt, als ich völlig ausgedörrt von meinem Fußmarsch aus dem Rathaus ankam. Der Besitzer, Antonio di Pinto, errang sich meine Sympathie, in dem er auf die Frage, ob Pasta e fagioli (Pasta und Bohnen), die gerade am Nebentisch geschaufelt wurden, nicht eher eine Mahlzeit für die kühle Jahreszeit sei: »Ja, schon, aber wir Napoletani essen immer überall alles.«

~

Und auch die Ziti (oder Maccheroni, Löcher in der Mitte sollen sie halt haben) al ragù sind nicht von schlechten Eltern. Der klassische neapolitanische Sonntagssugo wird mit Fleisch gekocht – aber ohne Fleisch serviert. In Olivenöl »quanto basta« – soviel wie nötig, läßt mir der Lucilio-Koch ausrichten – werden Zwiebeln und Knoblauch, aber auch Stangensellerie und Karotten, alles gewürfelt, angebraten. Dann kommt das Rindfleisch dazu (wie wär's mit Lamm?), in großen Stücken oder gar als gebundener Braten, denn man kann es auch als solchen servieren und verzehren. Wie gesagt, es wird am Ende der Kochzeit aus der Sauce herausgefischt werden. Mit Weißwein »quanto basta« wird Gemüse und Fleisch aufgegossen, pürierte Tomaten »quanto basta« dazugegeben und »quanto basta« gewürzt. Vier Stunden auf schwachem Feuer köcheln lassen, das ergibt einen intensiven, bräunlichen Sugo; wäre ich eine (im STANDARD schreibende, männliche) Gastronomiekoryphäe (namens Lorenzo Morelli), würde ich ihn »viril« nennen – nix für ungut.

Gute Sachen habe ich im »Lucilio« gegessen, eine Impepata di cozze, gepfefferte Miesmuscheln im eigenen Saft (in einem alten Rezept habe ich gelesen, man sollte zur Zubereitung Meereswasser nehmen – heute wohl nicht mehr so ratsam), oder eine Spigola (so heißen Branzini in Süditalien) in acqua pazza (in verrücktem Wasser). Das ist eine sehr schlichte Zubereitungsart, die den Eigengeschmack des Fisches schön hebt. Er wird in einem leichten Sughetto aus Wasser, Wein, etwas Paradeiser und Petersilie gegart. Aber ich kann Ihnen den Mund noch so wäßrig machen mit frittierten Triglie (Rotbarben), die mit Putz und Stingl verzehrt werden, oder zarten Insalate di mare. Woher die Rohstoffe nehmen hierzulande, in dieser Qualität?

Aber *Crostini alla napoletana* können Sie nachmachen. Auf halbierte Weißbrotscheiben (wenn es denn sein muß Toast) legen Sie Mozzarella-Scheiben – wobei ich Sie inniglich bitte, den Cash für eine Büffelmozzarella flüssig zu machen –, darauf Streifen entkernter Paradeiser und Sardellenfilets von den schönen dicken, fetten, die auch ein bißchen mehr kosten als ihre verhungerten Verwandten, die in Österreich Tradition haben. Die Broterln mit Oregano bestreuen (gut wäre ein frischer), pfeffern, salzen (vorsichtig wegen der Sardellen), auf einem eingeölten Blech im vorgeheizten Backofen überbacken – wie lange, das sehen Sie eh. In der Zwischenzeit die Flasche(n) öffnen.

August 1997

Ein Hoch der richtigen Sau

Man entkommt ihm beim HEURIGEN nicht, dem Schweinsbratl. Aber wenn es zu viel wird, finden wir Trost bei Liptauer und Konsorten.

Der perfekte Heurige: Der Garten ein echter (mit Wiese!), der offene Wein so, wie ihn der selige Herr Bacher in Sievering Jahr für Jahr gekeltert hat, das Essen unprätentiös und gut, möglichst keine Musik, Wirtsleute, bei denen sich Schrulligkeit und Freundlichkeit die Waage halten.

Wenn du so einen Ort der Seligkeit findest, setzen sich bestimmt Leute an deinen Tisch, die sich nach zwei Vierteln als veritable Faschisten entpuppen (Vorträge zu Themen wie »Der Türke als Bedrohung des Wienerliedes«). Denn der Heurige ist auch ein Ort der Kommunikation. Manchmal leider. Aber wenn wir – WienerInnen oder zuagraste Heurigen-AlumnInnen – einmal nichts mehr zu meckern haben werden, ist der Jüngste Tag nahe. Und zu welcher Tageszeit im Hades das erste Achterl gereicht wird, ist unsicher.

Daher die Angst vor der Erfüllung! Wir kommen ja aus Oberösterreich, gerade weit weg genug von Wien, um das Thema Heurigen abstrahieren zu können, und leben lange genug hier, um die physische Abhängigkeit von dem, was wir »Sadomasoheurige« nennen, zu kennen. Wir haben etwa einen »mit den Hexen«, denen man sich nur in gebückter Stellung nähern darf, aber wir gehen wirklich gern hin. Jene, die über magische Plätze verfügen, lassen ihre Mitmenschen, die diese magischen Plätze wie Getriebene aufsuchen, halt ihre Macht spüren. Sie wissen, wir müssen kommen. Und dann die Unsicherheit: Wird nächstes Jahr wieder ausgsteckt? War es vielleicht das letzte Mal? Denn das langsame Sterben dieser Institution ist keine Erfindung der grantigen Wiener.

Wir haben das Glück, uns als Schülerinnen der inzwischen ins ewige Weingartl eingegangenen Mizzi Kupka, der

Freundin unserer Freundin Helene, bezeichnen zu dürfen, die, früher selbst Wirtin, die Szene jahrzehntelang verfolgte und die wir öfters begleiten durften. Wie es sich gehört, führte sie bei gemeinsamen Ausflügen Liptauer oder Hansikeks, im idealen Fall beides, mit. Die Hansikeks wurden als Dessert gereicht, mürbe Keks aus Butter und Nüssen und ganz wenig Zucker, also ideal zum Wein.

Mit dem Liptauerrezept ist es so eine Sache – alles hängt eben sehr von der Stärke des Brimsens ab. Mizzi nahm zeitlebens mehr Topfen als Butter und Brimsen, wir sind jetzt bei fast der doppelten Menge Brimsen wie Butter (25 zu 15 Deka) angelangt und machen das Ganze mit Sauerrahm geschmeidiger. Die Zwiebeln gehen bei uns durch die Knoblauchpresse, um den Wein nicht ganz so brutal umzubringen, Knofl ist nicht klassisch, macht sich aber gut, und sonst: Essiggurkerl, Kapern, beides fein gehackt, scharfer Senf, Sardellenpasta, edelsüßer und (!) scharfer Paprika, ein bißchen Paradeismark, Kümmel (bitte zerkleinern), Salz und Pfeffer.

Wußten Sie übrigens, daß die Heurigenwirte ausgerechnet den Nazis die Erweiterung ihrer Konzession auf Zugekauftes zu verdanken haben? Da kommt Stimmung auf. Sie sehen, uns ist eben nichts recht: Knofl, Zwiefl und Brot wie im Mittelalter ist ja doch ein wenig gar zu original, und im Wissen, daß der heute »echteste« Heurige der mit den kalten Sachen ist, schmeckt uns das Bratl, frisch aus dem Ofen, meist recht gut.

Am Ende eines Heurigensommers, der auch einen Brettljausen-Urlaub in der Steiermark beinhaltet, geht es uns jedoch fast so wie der Protagonistin in Marie Darrieussecqs »Schweinerei« (wenn auch aus anderen Gründen. Wie Sie wissen, verwandelt sich die junge Dame im Roman in eine Sau, und seinesgleichen frißt man nicht): Wenn wir das Wort »Schinken« hören, zucken wir zusammen. Dem guten Schweinetier, das in unserer Küche eher ein Stiefmütterchendasein (was für ein entzückendes Bild!) führt, entkommt man beim Heurigen nicht. Denn zu Tode gegrillte Gummiadler sind ja auch nicht unser cup of tea. Eine feine gekochte Zunge, wie man sie, ach, so selten findet, schon eher.

Darum freuen wir uns – ganz abgesehen von Käse – über Heurige mit einer guten Aufstrichkultur. Was gibt es da für herrliche Sachen mit Topfen, Brimsen und Schafskäse, Gemüsen, Kräuteln, Kürbiskernen und so weiter. Es muß ja nicht unbedingt immer ein geimiger Quargel- oder Gorgonzolabatz oder eine unsägliche Lachsbutter sein.

Bei Nichtvegetarischem hat natürlich wieder das Schwein seine Pfoten im Spiel, auch beim heißbegehrten *Leberaufstrich* der Frau Muster, die in Leutschach in der Südsteiermark ihre ultimative Buschenschank hat. Ihr Rezept hat sie uns in Profi-Mengen angegeben; damit sie wissen, wie idyllisch das Leben auf dem Land ist, hier das Original: Drei Kilo Speck (Filz), drei kg Schweinsschulter und ein Kilo Schweinsleber, alles geschnitten, fünf Deka Knoblauch, drei Viertel Kilo Zwiebeln hacken, alles zusammen rösten, dazu zwei Deka Salz, alles vermischen. Auf ein Kilo dieser Masse kommen sechs Gramm Leberaufstrichgewürz, und zwar das vom Marcel Kropf. Dann schön brav durch den Fleischwolf drehen (hoffentlich ist er elektrisch). In Gläsern einrexen – ein Hoch der richtigen Sau (die mit der mutmaßlich von unserem geschätzten Herrn Außenminister mutmaßlich bei einem Frühstück in Amsterdam mutmaßlich zitierten aber nichts zu tun haben will)!

September 1997

Über den Zwiebeln weinend

Bei der richtigen Zubereitung von RISOTTO muß auch der kühnste Küchenanarchist gewisse feste Grundregeln beachten

Der Ausgang der herbstlichen Regierungskrise in Italien – Romano Prodi blieb erst einmal Zirkusdirektor in Rom (wenn auch, wie wir heute wissen, nur für ein weiteres Jährchen) – hat uns wieder einmal auf dem linken Fuß erwischt. Zu Mortadella (das ist Prodis Spitzname) fällt uns außer fettigen Fingern absolut nichts ein. Die Rettung kam von Massimo D'Alema (für diejenigen, die – Schande über sie – die Auslandsseiten schwänzen: der Chef der Linksdemokraten und auch schon im Premiersreigen). In einer – politischen – Talkshow wurde er im italienischen Fernsehen in einem absoluten Meuchelvideo, heimlich aufgenommen, als Risotto-Koch vorgeführt. Der Mann, der Berlusconi geschlagen, Fini gezähmt und Bertinotti gebeugt hat, über den Zwiebeln weinend.

Ergo kochen wir heute, aus Solidarität, Risotto. Den oder das ist uns Powidl. Auch aus der Reissorte machen wir keine Religion. Der uns liebste, in Wien erhältliche Risotto-Reis ist ein Superfino Arborio von den Riserie delle Abbadesse, den Reismühlen der Äbtissinnen. Wir können halt die Klosterschule nicht verleugnen. Aber manche hohe Meister schwören auf Vialone nano oder Canaroli. Soll sein. Risotto-Kochen ist überhaupt – bis auf einige Grundregeln, die sogar der kühnste Küchenanarchist beachten muß – eine Spielwiese. Jedesmal ein bißchen anders, je nach Höhe der Manie beziehungsweise Tiefe der Depression. Leute, die Rezepte von uns wollen, wissen ein Lied davon zu singen.

Aber für Sie werden wir uns heute nach bestem Wissen anstrengen (unser Gewissen ist eh permanent schlecht, wenn es ums Essen geht). Da ist einmal das *Pilzlingrisotto*, das (jetzt haben wir's, zum kulinarischen Anarchismus kommt der sprachliche) nicht nur als erster Gang, sondern durchaus auch als Beilage schätzenswert ist. Nicht gleich schreien: Sie haben vergessen, daß das Risotto schlechthin – Risotto alla Milanese (mit Safran) – auch die klassische Zuspeise zum Ossobuco, der in Scheiben geschnittenen, geschmorten Mailänder Kalbshaxe, ist.

Als in unseren jüngeren Jahren die Kreativität noch nicht von Feigheit, Faulheit und Anpassung verschüttet war, bereiteten wir einmal Brüstlein von mehreren Täublein zu und servierten dazu ein Risottino aus ihrem Süpplein. Unvergeßlich.

~

Aber zurück zu den Herren- oder Steinpilzen, wie sie heute fast ausschließlich heißen. Da gibt es nun JüngerInnen der Zunft, die ausschließlich auf frische Ware schwören. Wir haben aber die Erfahrung gemacht, daß sich getrocknete Pilze für Risotto ganz ausgezeichnet eignen. Es wird viel stärker im Geschmack, und Sie haben dadurch mehr Möglichkeiten, Ihre Rustikalität auszuleben (so Sie nicht ein hoffnungsloser homo urbanus sind), vielleicht mit ein paar Hamburgerspeck-Streiferl, die Sie mit den Zwiebeln und dem Knoblauch anlassen (in Butter und Olivenöl, solange dem Umberto Bossi seine Sezessionspläne noch nicht geglückt sind).

Aber nun der Reihe nach: Die getrockneten Steinpilze haben Sie ein paar Stunden eingeweicht. Sind Zwiebel und Knoblauch (Speck?) goldgelb, geben Sie den Reis dazu, weiterrösten und mit einem Glas Weißwein löschen. Erst wenn der Wein verdampft ist, beginnen Sie nach und nach die (kochend heiße) Rindsuppe hineinzulöffeln. Und immer weiterköcheln und brav umrühren. Ziemlich am Anfang geben wir gerne die Würferl eines geschälten Paradeisers hinein, dann ziemlich bald die Pilzlinge und von deren Einweichwasser (vorher durch ein Tuch sieben, wenn das Risotto nicht knirschen soll), soviel Sie wollen. Das ist sehr dunkel, macht eine häßliche Farbe, gibt aber viel Geschmack.

Wie gesagt, das ist die wilde Variante. Mit frischen Pilzen wird alles feiner und zarter, und Speck wäre nicht angebracht. Das Finale eines Risotto ist wieder standardisiert: einen ordentlichen Klacks Butter hinein und rasten lassen. Parmesan nach Wunsch. Fast genieren wir uns, Ihnen so ein einfaches Risotto anzubieten, aber unser Geschmack ist nun mal eher simpel.

Übrigens auch der Geschmack großer Könner wie der des Antonio Carluccio, der in seinem neuen Kochbuch (bei Heyne) folgendes Rezept angibt, für das ich nur eine Schwierigkeit sehe: die Luganiga, die rohe Schweinswurst – bei uns am ehesten mit Schweinsbrät zu vergleichen – zu finden. In Italien ist sie als Meterware auf dem Markt und dient, aus ihrer Hülle gequetscht, als Ausgangspunkt für allerlei Saucen. Carluccio röstet die Wurst mit Butter und Zwiebeln an, macht dann ein Risotto wie üblich und gibt am Schluß außer Butter und Parmesan noch einen Teelöffel Zimt dazu. Sofort ausprobieren!

Auch fischige Risotti schätzen wir sehr, etwa mit Garnelen. Alles wie gehabt inklusive Paradeiser, aber mit Fischfond aufgießen, so wie Sie ja bei anderen Risotti auch eine Hühnersuppe bevorzugen mögen. Bei empfindlichen Zutaten – wie eben Fischen, aber auch vielen Gemüsen – empfiehlt es sich, sie extra zuzubereiten und kurz vor Ende der Reis-Garzeit hinzuzufügen. Sonst wird's kein göttliches Risotto, sondern ein säkularer Gatsch.

Oktober 1997

Angeber tun es mit Gansleber

Wenn Sie Ihrem FEDERVIEH eine FÜLLE angedeihen lassen, so freut das den Gast und entlastet Sie beim Garzeiten-Streß.

So ramponiert man seine in jahrelanger Küchenfron erworbene hervorragende Reputation: Das edle Federvieh ist im Rohr, Sie widmen sich allzu innig der Herstellung einer Zuspeis und/oder haben dem Kochanimo mithilfe eines guten Flascherls allzu fleißig auf die Sprünge geholfen. Ein Momenterl zu lang, schon ist der preziöse Vogel totgebraten, nicht mehr rosa am Knochen – gar, durch, hin, trocken.

Mit fortschreitendem Alter sind wir erstens bei Gastereyen immer weniger risikofreudig, zweitens kräht seit kurzem auch noch der frischgelegte Fuchsische Balg – pardon, die herzige, kleine Leopoldine – zu jeder Unzeit in unsere einst heilige Küchenruhe. Deshalb wird das Geflügel ab jetzt gefüllt, das heißt von innen isoliert, gegen Austrocknen gewappnet durch allerlei Hineingestopftes.

Angeber und Faule und Geilspechte tun es mit Gansleber pur oder mit Gansleber mit Trüffeln. Inhaber einer eisernen Galle und eines stählernen Magens machen es auf gut altösterreichisch und mischen unter die Gansleber grünen Speck (!) und Bratwurstbrät (!). Gönnen Sie sich ruhig ein Schnapserl zum Lesen dieses traditionellen Rezepts für eine *Fasanenfülle*: Schalotten, Kastanien, Bauch-oder Nierenfett vom Schwein, Champignons und Trüffeln. Und die Fasane werden natürlich noch gegen das Austrocknen mit Speck umwickelt. Daß sie auch als Kanonenkugeln gegen das Heer des Kara Mustafa eingesetzt wurden, dürfte aber nur ein Gerücht sein.

Nein, mit zarter Frauenhand lassen wir unseren Fasanen, Wachteln, Rebhendln, Tauben, Enten, Perlhühnern, Schnepfen – und damit auch uns – Bekömmlicheres angedeihen. Vernehmt denn unser Über-den-Daumen-Rezept einer *Semmelfülle* am Demonstrationsobjekt *Wachtel*: Wenn das Objekt vom Typ fette Haus- und Stubenwachtel (Zucht) ist, genügt ein Stück pro Kommensale, wenn es einst als Flugobjekt über italienische Reisfelder (das sind die besten!) flog, brauchen Sie mindestens ein zweites. Semmerl entrinden, in Würfeln schneiden und mit heißer Milch übergießen, gehackte Schalotten in Butter goldgelb andünsten, gehackte Wachtelinnereien, so vorhanden, mitrösten. Mit Semmelmasse, Gansleberwürferl (unter Umständen auch aus der Dose) und einem Ei vermischen, salzen, pfeffern, mit genügend frischem Thymian würzen. Die Wachteln innen und außen pfeffern und salzen, füllen und zunähen, in einer Kasserolle Butter zerlassen und die Wachteln hineinsetzen. Deckel drauf und bei 170 Grad cirka eine halbe Stunde ins Rohr.

~

Falls Ihnen die Vöglein dann zu blaß sind, für einige Minuten mit der Brust nach oben unter den Griller damit. Den Bratensaft gießen Sie mit Hühnerfond und Cognac auf, reduzieren, Butterflocken unterrühren. Dazu paßt bestens ein Broccoliflan oder Selleriegemüse. Die Sauce ist zugegebenermaßen ein bisserl kurz. Wirklich euphorische Kochjünger würden das Vieh vielleicht vom Rücken her entbeinen, um aus den Knochen einen Fond zu kochen. Weniger euphorische, dafür generösere kaufen vielleicht noch ein, zwei Wachteln extra, lösen die Brust aus (als Nachschlag für Fleischtiger in der Pfanne kurz zu braten) und verkochen den Rest, um eine Sauce comme il faut zu kriegen. Und wie ja das Beste an der gefüllten Kalbsbrust bekanntlich die Fülle ist, werden Sie bald merken, daß das Hineingestopfte dem Ausgestopften auf dem Teller durchaus Konkurrenz machen kann, abgesehen davon, daß Sie so auch gleich zu einer sogenannten »Sättigungsbeilage«, welch prosaisches Wort, kommen.

Die Fülle ist natürlich ein Tema con variazioni: statt Gansleber Morcheln, die mit den Innereien mitgeröstet werden, mit Cognac und Port löschen; statt Morcheln Steinpilze, und mit Wein löschen; für die Wildente eine Semmelfülle mit gehackten schwarzen Oliven und Schinkenwürfel etc. Strengen Sie sich ruhig selbst ein bißchen an.

Auch eine ganz einfache Semmelfülle mit den Innereien des Vogels und frischen Kräutern kann köstlich sein. Die Verfeinerung wird sich oft bei der Sauce abspielen, etwa durch pürierte Gansleber, die Sie mit dem Schneebesen hineinrühren (nicht mehr kochen!). Wenn dann noch schwarze Trüffelscheiben dem edlen Tier auf die Brust – unter die Haut – gelegt werden, ist der kulinarische Himmel nah. Oder Sie machen eine Trüffelsauce zu Ihrem gefüllten Vogel: Trüffelscheiben kurz im Bratenfond schwenken, mit Madeira, Cognac und Weißwein löschen, einkochen lassen, Kalbsfond zugeben und stark reduzieren, mit Butter montieren.

Übrigens: Wenn Sie jetzt denken, daß Gansleber und Trüffeln zu unseren Grundnahrungsmitteln gehören, dann lachen nicht nur die Hühner, sondern das gesamte von uns gestopfte Federvieh. Aber man wird ja einmal ein bißchen dick auftragen dürfen, es gibt ja auch Festtage.

Und damit Sie sehen, wie praktisch-pragmatisch wir sind, am Schluß noch der wöchentliche Tip für die junge Braut: Beim Rupfen der Wildenten separiere sie die Deckfedern säuberlich von den Daunen, die sie für das konjugale Federbett beiseite lege.

November 1997

Also sprach Carluccio

ANTONIO CARLUCCIO, den Italiener in London, kochen – und essen – zu sehen, ist eine köstliche Erholung von der bierernsten Schickimicki-Kochszene.

Wenn der Zio Antonio d'Inghilterra, der Onkel Antonio aus England, in Borgo Franco, Piemonte, seine Familie besucht, bleibt kein Auge trocken. Mit respektvoller Zuneigung nähert man sich – stai bene, gut schaust aus – der anmutigen onkeligen Wampen, und dann, dann wird gekocht, gekocht und gekocht. Und gegessen. Antonio Carluccio ist italienischer Restaurant- und Feinkostgeschäftbesitzer in Londra, Inghilterra, Kochbuchautor, Kochvideostar und unser sowie der ORF-»Kunststücke«-Redaktion Liebling, die seine Videos – um die geht es heute primär – immer wieder ins Programm tut und dafür von uns hiemit herzinniglich gelobt wird.

»Hmmm, Knoblauch, wie romantisch« heißt es da, und »Ich liebe das Aostatal! Hoffentlich ist die Nina da.« Zu Nina: »Amore mio.« Zur Kamera: »Nina macht die beste Polenta der Welt« (mit Fontina von der eigenen Kuhmilch). Sonst hätte sich Antonio Carluccio auch schwerlich auf den Weg begeben, denn er ist einer der Weisen der Welt. Das merkt man unter anderem daran, daß er alles, was er kocht, stante pede aufißt. Auf der anderen Seite sabbert hörbar der Kameramann.

Jede Platitüde – die »Wiege der europäischen Kochkunst!« (Italien), »atemberaubender, herrlicher Duft« (Knoblauch), »flüssiges Gold« (Olivenöl) – wird, an Carluccios göttlichem Gaumen artikuliert, zur Belcanto-Arie. Wenn er in dem Film über die Küche der Emilia Romagna die jungen Opernsänger beim Giuseppe-Verdi-Wettbewerb knödeln und kreischen läßt, um sie dann mit einer Ente mit Parmaschinken und Karotten zu trösten, weiß die Welt, wer hier der Maestro ist. Bravo Carluccio!

Beim Namen Carluccio denkt man – außer an enge, farbige Hosen – an zweierlei: an den verschwenderischen Umgang mit erstklassigen, luxuriösen Produkten – Gansleber, Trüffeln (»Ein Ei kann eine richtige Mahlzeit sein, vorausgesetzt, man hobelt ein wenig Trüffel darüber«, oder seine Insalata di due tubi, der Zwei-Knollen-Salat: Erdäpfel und weiße Trüffel) und sonstige Herrlichkeiten, die er auch großzügig zusammen marschieren läßt.

Und in zweiter Linie denkt man natürlich an die italienische Küche ohne Chichi und Schickimicki-Getue, sowie sich ja der Carluccio selbst durch Charakter und Erscheinung dem Kreis der heutigen oft asketischen, meist bierernsten Kochgurus entzieht. Carluccio, der Phäake, wir sehen ihn im ligurischen Grase liegen, da er gerade ein Lavoir voll Pasta zu sich genommen hat. Bereitet hat sie einer seiner vielen Lieblingsköche – Carluccio ist ein demütiger Esser in guten Wirtshäusern.

Aber lassen wir ihn selbst zum Kochlöffel greifen. Für vier Mönche, die dem Meister figürlich nicht unähnlich schauen, und einen – mageren – Pfarrer holt er alles im Körblein aus dem Klostergarten. Die Zuspeis: Erdäpfel, geschnitten, in einer Auflaufform, mit reichlich frischem Rosmarin, Zwiebeln, den ganz kleinen, g'schmackigen Oliven und reichlich Olivenöl und grobem Salz und Pfeffer darüber. Das Karnickel: Die Kaninchenstücke plus Innereien werden in Olivenöl angebraten, und wieder Zwiebeln und Oliven dazu, Salbeiblätter und Majoran, salzen, mit Weißwein löschen und Deckel drauf. Eine halbe Stunde später kommen die Artischockenherzen dazu und etwas Paradeismark, das Farbe geben soll, und noch 15 Minuten später der Petersil. Ecco tutto, den Männern Gottes hat es wohl geschmecket.

In Italien wird Carluccio zum Meister der einfachen, transparenten, oft »armen« Küche, wie auch seine bei Heyne erschienenen Kochbücher zeigen. Eine programmatische Erklärung ist die Widmung im jüngsten (»Meine italienische Küche«): »Allen unseren italienischen Lieferanten, die gegen den Strom der Massenproduktion anschwimmen und sich um die Erzeugung wohlschmeckender, unverfälschter Nahrungsmittel bemühen.«

Die liebevolle Beschreibung der Produkte spricht Bände, Schlußempfehlung zum Thema Fleisch: »Zahlen Sie lieber mehr, und essen Sie dafür weniger.« Er selbst hält sich da vielleicht nicht unbedingt dran, wie könnte man auch, wenn eine Grigliata mista so ausschaut: Leber, Herz, Hoden (!), Würste, Lamm- und Zickleinkoteletts, Huhn und Truthahn.

Bei den Fischen ist die »Einfachheit« natürlich so eine Sache: Was den Küstenbewohnern Hausmannskost, ist für uns oft unerreichbarer Luxus, nicht so sehr der Preise, sondern der nötigen Qualität (Frische) wegen. Und, nicht zu vergessen, Carluccio ist auch ein leidenschaftlicher Schwammerlsucher und -koch. Warum sollte man auch etwas suchen, was man nicht essen kann?

Zurück zu seinen speicheltreibenden Kochvideos. Die ersten waren Beispiele akrobatischen Carluccioschen Schaukochens zu den Ouvertüren seines Bruders im kulinarischen Geiste aus Pesaro, Gioacchino Rossini. In den Filmen, die den einzelnen italienischen Regionen gewidmet sind, geht es beschaulicher zu. Einige der Rezepte wird man nachkochen müssen, ob man will oder nicht, so überlegen wir, die äußerst gscherte Kohlsuppe aus dem Valtellina heuer als späte Silvestereinlage zu servieren.

Also: Die Kohlstücke eine Dreiviertelstunde lang kochen, in eine heiße Pfanne (nicht zu flach) werden abwechselnd Schichten von Kohl, Fontinastückerln, Weißbrotstücken gelegt, das Ganze mit Hühnersuppe übergießen, also einweichen, und am Schluß, mit genügend goldgelber zerlassener Butter gekrönt, etwas ziehen lassen. Es soll keine wirkliche Suppe sein, sondern eher ein Gatsch. Nach dem Gesicht Carluccios zu schließen, als er sich daran machte, sein Werk zu verschlingen ...

Ebenso einfach ist sein – was heißt »sein«, das einzig echte – Bolognese-Rezept, an das der Zio die Mahnung anschließt, doch Bandnudeln und nicht Spaghetti zu nehmen: In halb Butter und Olivenöl kommen gehackte Zwiebel, mageres Rind- und Schweinefaschiertes, etwas Paradeismark, Paradeissauce, Weißwein, Salz. Wenn Knoblauch sein muß, dann bitte, aber ohne Kräuteln, die haben in der echten Bolognese nichts verloren! Mindestens drei Stunden lang köcheln lassen, Pasta dazu (das macht Carluccio immer so, daß er die Pasta zur Sauce gibt und nicht umgekehrt, »saltare« nennt man das) und mit dem Parmesan servieren. Also sprach Carluccio.

November 1997

Kein Honiglecken

Zu WEIHNACHTEN werden die p.t. Köche und Köchinnen schon ein bißchen gefordert.

Heute wird nicht gequatscht, heute wird ernsthaft gekocht. Schließlich ist Weihnachten kein Honiglecken. Das kleine Jesulein wird kulinarisch noch relativ anspruchslos gewesen sein, wie uns die Ernährungsgewohnheiten der Fuchs Leopoldin in ihrem dritten Lebensmonat vermuten lassen. Aber die Eltern, ganz zu schweigen von den Großeltern! Gans haben sie schon im November gegessen, das Mysterium des Truthahns hat sich ihnen trotz angloamerikanischer Missionierungstätigkeit nicht erschlossen. Also haben wir den Papa in den Wald um ein Reh und die Mama zum Teich um einen Karpfen geschickt.

Und damit sich die weihnachtlich depressiven Krisen ja nicht auf die Küche auswirken, haben wir darauf geschaut, daß alles schön vorzubereiten sei. Kein öliges Odeur im frisch ondulierten Haare, keine Fettspritzer vom Kurzbraten auf Seidenbluse oder -hemd. Und gastrointestinale Spätfolgen auch keine, auf daß die Stille Nacht diesen Namen zu Recht tragen möge. Und da wir noch immer nicht aus dem Alter hinaus sind, in dem man die Bräuche der Altvorderen gerne bricht, streichen wir das Fischbeuschel als Amuse gueule aufs Brot, und den Karpfen tun wir nicht in Panade einwickeln, sondern geben ihn in die Suppe. Dazwischen nehmen wir, weil es denn sein muß, eine Gansleber zu uns. Nach der Suppe traitieren wir das Rehfilet à la Wellington und schließen mit einem Bratapferl ab, das es in und neben sich – Kardamomeis! – hat.

Lasset uns ans Werk schreiten, wir kochen für sechs Weihnachtsmänner oder -frauen: Für die *Fischbeuschelcroutons* zweieinhalb Deka feingehackte Schalotten in Butter goldgelb anschmurgeln, dazu geben wir zwei geputzte und feingehackte Karpfenbeuschel, die wir kurz miträsten. Mit einem schwachen Achterl Weißwein löschen, aufkochen, mit zwei Eßlöffel Semmelbrösel binden. Das wird mit etwas geriebener Zitronenschale, Petersil, Salz und Pfeffer abgeschmeckt. Überkühlen lassen und zwei Dotter untermischen, auf gebutterte Scheiben von altbackenen Semmeln streichen und bei 200 Grad im Rohr überbacken.

Zur Vorspeis die *Streichwurst von Gans- oder Entenleber*, für Ihre vornehmen Weihnachtsgäste auch »Mousse« genannt: dreißig Deka geputzte Leberln in dickere Scheiben schneiden, in Butter bei niedriger Temperatur vorsichtig braten – sie sollen innen unbedingt noch rosa sein! Der Bratfond wird mit je einem Eßlöffel Port und Madeira gelöscht, eingekocht und zusammen mit der Leber im Cutter püriert. Dann durch ein Haarsieb streichen, zehn Deka Butter im Pfandl nußgelb erhitzen, etwas abkühlen lassen und unter die Lebermasse mischen, mit Salz, Pfeffer und Muskat würzen. Unter die erkaltete Masse werden zwei Deziliter geschlagenes Obers gezogen und damit eine mit Alufolie ausgekleidete Kasten- oder Schöberlform gefüllt, kühlen. Keine Hexerei, aber zum Angeben prächtig geeignet.

~

Weiter gerast zur *Karpfensuppe* (Ihren Gästen müssen Sie aber diese Geschwindigkeit nicht angedeihen lassen, die wollen jetzt ein Päuschen). Ein halbes Kilo Karpfenfilet wird entgrätet, enthäutet und in eineinhalb Zentimeter breite Streifen geschnitten. Enthäuten Sie einen gelben und vier rote Paprika: Den gelben und einen roten in Rauten schneiden, sie kommen als Einlage in die Suppe. In zwei Eßlöffel Butter schwitzen Sie drei Schalotten und ein Knoferl an, die restlichen drei roten Paprika gewürfelt dazu, durchschwenken und mit drei Achterl Obers und zwei Achterl Weißwein aufgießen, weichdünsten und pürieren. Erst kurz bevor das Supperl auf den Tisch kommt, pochieren Sie die Karpfenstreifen in drei Achtelliter Fischfond, den pochierten Fisch und die Paprikarauten verteilen Sie in die Suppenteller. Das Paprika/Obers/Wein-Gemisch gießen Sie mit dem Fischfond auf und montieren es mit Butter. Falls der Weißwein für Ihren Geschmack zu wenig Säure gegeben hat, können Sie ganz vorsichtig mit Balsamico-Essig abschmecken. So kommt bei uns auch der Karpf zu seinem historischen Recht.

Als Hauptgang haben wir wieder eine gute alte Festtagsspeise deformiert, und zwar machen wir ein *Filet Wellington vom Reh*, mit zweierlei Kohl. Von einem Rehrücken lösen wir die Filets (ungefähr 80 Deka) aus, sie werden geputzt (no na net) und einen Tag in eine Marinade gelegt aus: Ein Deziliter Olivenöl, zwei Zentiliter Cognac, fünf zerdrückte Wacholderbeeren, ein Zweigerl Thymian, ein Lorbeerblatt, zwei Gewürznelken, Pfefferkörner, je eine geschnittene Karotte und Schalotte. (Von wem wir sie gestohlen haben, wissen wir gar nicht mehr, so lange ist diese Marinade bei uns schon in Gebrauch).

Die Duxelles für die Auskleidung des Blätterteiges machen wir aus acht Deka getrockneten, eingeweichten und sehr fein gehackten Steinpilzen. Sie werden zu drei gehackten Schalotten gegeben, die Sie in Butter angeschwitzt haben. Durchrösten, mit einem Schuß Weißwein und nach und nach ein Viertel Liter Obers aufgießen und völlig einkochen. Die Rehfilets salzen und pfeffern, kurz auf beiden Seiten in Öl anbraten, auskühlen lassen, mit der Duxelles bestreichen und in den dünn ausgerollten Blätterteig – dessen Genesis wir Ihrem Wissen und Gewissen überlassen – einwickeln (Teigränder unter die Filets), mit Eigelb bestreichen und 15 Minuten bei 220 Grad goldgelb backen. Ganz kurz rasten lassen und mit einem elektrischen Küchenmesser aufschneiden – was auch schon die einzige, uns bekannte Einsatzmöglichkeit für dieses seltsame Gerät ist. Das Fleisch mit etwas Sauce (Rehfond eingekocht, mit Port und Madeira verfeinert, mit Butter montiert) napieren.

Dazu ein Broccolipüree, denkbar einfach – pürierte Broccoli mit Obers abrühren, mit Salz, Pfeffer und Muskat würzen – und die von Jörg Wörther abgekupferten Kohlrabi: feinblättrig geschnittene Kohlrabi in mit Muskatnuß, Salz, Cayennepfeffer, einem Schuß Weißwein und ein paar Spritzern Zitronensaft aufgekochtem Obers bißfest garen, Petersilie dazu.

Der Weihnachtsabend geht zu Ende. Für die Bratapferl mit Kardamomeis nehmen Sie bitte eine gschmackige Sorte, entfernen das Kerngehäuse und füllen die Äpfel mit gehackten Walnüssen (wenn Ihnen das zu wenig ist: Die Walnüsse mit Preiselbeerkompott anrühren, da drinnen macht sich auch Ingwer ganz hervorragend). In eine Rein setzen und bei 150 Grad 50 Minuten im Rohr braten. Die fertigen Äpfel, die ruhig ein bisserl gatschig sein können, werden mit Cognac flambiert und danach mit dem eigenen Safterl begossen.

Der Clou ist natürlich das *Kardamomeis*: Zwei Dotter und ein Ei werden mit sieben Deka Zucker auf kleiner Flamme oder im Wasserbad cremig und dann im Eiswasserbad kalt geschlagen. Zwei Teelöffel Kardamompulver unterrühren, unter die Eischaummasse ein Viertel Liter geschlagenes Obers unterheben und tieffrieren. Halleluja!

DEZEMBER 1997

Den Jungen zur Lehre, den Alten zur Erinnerung

Es gab Zeiten, da gab es NICHTS ZUM KOCHEN. Dem Nichts auf dem Teller verlieh man gerne heroische Namen. Wie wär's heute mit »viktorianischen Wurstschüsseln« à la Bundeskanzler?

Nun, spricht er zu Ihnen, Ihr Karpfen-Gansl-Stollenfriedhof? Betrachten Sie ihn, wenn schon nicht mit Wohlgefallen, so doch mit Respekt, immerhin haben Sie bestimmt einiges von Ihrem Weihnachtsgeld in sein neobarockes Erscheinungsbild investiert. Der Schampus zu Silvester. Die Fischeier zum Schampus zu Silvester ... Weiter wollen wir ja gar nichts sagen, sonst schickt uns der Leser wieder einen Brief, der uns unlängst beschuldigt hat, unserer Andrea Dee – der STANDARD-Tiermutter – die Viecherl wegzufressen, über die sie schreiben will. Ihm zu Ehren, und weil wir, siehe oben, eh überfressen und pleite sind, soll heute Schmalhans Küchenmeister sein – wobei es aber mehr zum Nachdenken als zum Nachkochen geben wird.

Denn wir werden einmal nicht gleich in die luxuriöse Einfachheit unserer Pasta mit Olivenöl Extra Vergine und anderen frugalen Zutaten hervorragender Qualität flüchten, sondern uns anschauen, wie man hierzulande gegessen hat, als nicht nur eben Erwähntes unauffindbar war, sondern auch das einfachste Bodenständige. Das Adjektiv »falsch« stand damals vor vielen Rezepten: Ein »falsches Hirn« etwa bestand aus Pferdefleischkonserven und Haferflocken, die in Zwiebel angeröstet und mit Ei vermischt wurden. Ein »falscher Reisauflauf« hat nie einen Reis gesehen, sondern nur Erbsen- und Kartoffelmehl.

Aber nicht alles ist so grauslich, und so manches, versichert mir meine Mutter, hat auch jetzt noch in der traditionellen Küche seinen festen Platz. Da ist etwa die klassische

Einbrennsuppe: Mehl und Kümmel in Butter (früher Schweineschmalz) ziemlich dunkel anrösten, mit Wasser aufgießen und würzen. Die übliche Einlage für diese Suppe war der Teigabfall, der bei der Herstellung eines Strudels entstand, also »Strudelrandeln«.

Notabene, mit Fastenzeit hat das alles natürlich nichts zu tun – übrigens auch nicht mit dem seit Ende Dezember laufenden islamischen Fastenmonat Ramadan. Die Freßorgien in den Ramadan-Nächten, Allah möge uns verzeihen, sind Legende (man darf ja nur untertags nichts – aber dafür rein gar nichts – konsumieren, kein Essen, Trinken, Rauchen, Parfüm, Sex). Tatsächlich steigt der Lebensmittelverbrauch in den islamischen Ländern im Ramadan um ein Drittel, so groß ist der Hunger am Abend, und so üppig sind die Einladungen zum »Fastenbrechen«.

~

Aber auch in der gutbürgerlichen Wiener Küche vor dem Ersten Weltkrieg konnte sich ein Fastenmenü sehen lassen. Diner: Klare Fischsuppe mit dänischen Knödeln, Bosnischer Aal mit Aspik, Gefüllte Schnecken, Steinbutt mit Sauce Tartare und Erdäpfel, »Blamagékoch« (von blanc mange), Haselnuß-Schaum. Souper: Lachs in Aspik, Gebackene Fischmilch mit Karfiol à la Hollandaise, Gebratener Meerfisch mit Hummersauce, Torte, Verzuckerte Früchte, Käse. Da läßt sich's gemütlich katholisch sein, so gestopft kann man dem Hunger getrost ins Auge blicken.

Jetzt wird es aber Zeit, Ihnen zu sagen, woher wir unsere Weisheit haben. Das Buch heißt »Mehlsuppe und Hummercocktail. Vom Arme-Leut-Essen zur Haute Cuisine«, und ist erschienen bei Pichler, Wien 1996. Die Autorin, Julia Stammhammer, liefert uns einen historischen Rückblick, der 1900 beginnt und mit vielen Rezepten und Illustrationen versehen ist. Wie gesagt, absurd Klingendes – wie falsche Kapern aus eingesalzenen Blütenknospen von Gänseblümchen, Kapuzinerkresse und Sumpfdotterblumen, die dann in Essig angesetzt wurden – steht neben gut Bekanntem wie eingebrannten Erdäpfeln.

Den Jungen zur Lehre, den Alten zur Erinnerung. Politisches und Soziales wird mitgekocht im Buch und ist manchmal komisch, manchmal schockierend. »Hausfrauen, jetzt verwendet, was die Scholle spendet« war während des Kriegs wohl eine redundante Mahnung, denn sonst gab's eh nix zu verwenden. Und »Was koche ich mit meiner Wochenration« als Buchtitel sagt überdeutlich, wo der Hase im Pfeffer beziehungsweise der falsche Hase im Pfeffer lag. Mit der Reichsfettkarte und der Reichsfleischkarte kam man nicht weit.

Spätestens zum Zeitpunkt, wo das heißgeliebte Schnitzerl vom Sonntagstisch verschwand, hätten es die Österreicher gneißen müssen. Aber da waren dann womöglich auch noch die Juden und die Bolschewiken schuld. »Deutscher der Ostmark! Verzehre am Sonntag dein schlichtes Eintopfessen, du wirst damit einen kleinen Beitrag zur Volksgemeinschaft leisten!« Das vom Mund Abgesparte – die Eintopfspende – mußte dem Blockwart abgeliefert werden.

Was bei den Rezepten der Nazi-Zeit abgeht, sind die Adolf-Kipferl und die Eva-Busserln, die Göbbels-Knödel und die Himmler-Spieße – das ist mir aufgefallen, als ich aus dieser Zeit Alfred-Keks (Fett, Zucker, Vanillezucker, Erdäpfelmehl, Mehl, saure Milch) unklarer Provenienz fand (wahrscheinlich ein Onkel Alfred, der diese Kekse besonders gern aß). Der Adolf war den Deutschen und den Österreichern denn dann doch für die Küche zu ungustiös. Aber früher war es durchaus üblich, die Bonzen auf der Speisekarte zu verewigen, so gibt es im Ersten Weltkrieg eine recht simple »Kaiser Wilhelm Suppe«, die aus Erdäpfel, Karotten, Petersil, Zeller und Porree besteht. Die Hindenburg- und gar die Hötzendorf-Schnitte sind im Vergleich fast schon luxuriös.

Vielleicht war es aber auch so, daß die Namen für die Gerichte umso heroischer klangen, desto ärmlicher sie waren, ja, vielleicht sollten die Schuldigen fürs Sparpaket dadurch bestraft werden, indem man besonders miesem Fraß ihre Namen verlieh. Ein wunderbares subversives Betätigungsfeld. Und das nicht nur, weil ich im Kochbuch gerade Wurst-Schüssel, pardon, Wurstschüsserl aufgeschlagen habe. Wie wär's mit einem vegetabilen viktorianischen Topf, mit E&E (Edlinger and Eggs), mit Braunschweiger anstelle des teuren Schinkens, oder mit einer falschen Kholsuppe, die aus Sauerampfer bestehen müßte? Dem Jörgl, auch wenn er nichts mit dem Sparpaket zu tun hat, widmen wir ein Haiderundhaferflockenschnitzel, denn das ist ordentlich viel Beschäftigung mit sehr ungewissem Ausgang.

Nix für ungut, den Schaumschlägern quer durch die Institutionen sei folgendes Rezept zugedacht, das für sich und seine Zeit spricht: In einen halben Liter kochendes Erbsen-Kochwasser (sic!, Wasser, in dem vorher Erbsen gekocht wurden) je zweieinhalb Deka Mehl und Zucker, die vorher mit etwas Wasser glattgerührt wurden, einrühren, zwölf Stunden stehen lassen und dann mit einer Schneerute so lange schlagen, bis das Ganze ein fester, weißer Schaum wird. Falls vorhanden, Vanillin zufügen. Schmatz.

Und heute? Daran, daß relativ arme Leute (sozial schwache, heißt das so unverschämt verschämt) sich viel schlechter ernähren als relativ reiche, hat sich nichts geändert. Frisches Gemüse und Fisch sind teurer als Knackwurst und Schweinsgulasch. Aber »geben« tut es natürlich alles. Und wir sind in unseren Ernährungsgewohnheiten der »Scholle« ohnehin längst untreu geworden, ob pleite oder nicht. Da sind die unvergleichlichen Spaghetti aglio ed olio, die auch nicht viel teurer werden, wenn zum Knoblauch ins Olivenöl – das hoffentlich aus besseren Tagen vorhanden ist – ein paar Kapern, Oliven und Peperoncini dazukommen. Überhaupt ist wohl die Pasta der wohlfeilsten Gerichte eines, und nicht einmal ungesund, wenn sie richtig akkompagniert wird. Leute, wie geht es uns doch gut!

Jänner 1998

Fadma kocht alle ein

Die MAROKKANISCHE KÜCHE hat uns in Gestalt einer jungen Dame aus dem Land der tausendundein Gewürze verzaubert.

Heute ist ein trauriger Tag für Sie. Die Wahrscheinlichkeit, daß Sie je von Fadma, der Heroin unserer heutigen Geschichte, bekocht werden, ist nämlich sehr gering. Sie ist die Köchin des marokkanischen Botschafters in Wien, Abderrahim Benmoussa, und ihre Aufgabe, ihn und seine Gäste – manchmal eine stattliche Anzahl – zu füttern. Sie können ja versuchen, sich in den Benmoussaschen Haushalt irgendwie einzuschleichen, es würde sich lohnen.

Fadma Talima mit ihren 25 Jahren – das heißt, sie war 22, als sie ihren Dienst in Wien antrat – hat es geschafft, daß wir nun hin und wieder marokkanisch (zu) kochen (versuchen). Sonst sind wir uns nämlich exotisch genug, wenn wir uns in der Früh aus dem Spiegel entgegenblicken, und auch, wenn wir mit dem allergrößten Vergnügen alle Küchen dieser Welt ausprobieren – in unseren Töpfen findet doch höchst selten etwas Extraeuropäisches statt.

Auf die Gefahr hin, daß wir uns jetzt den Unmut aller Araber und insbesondere aller Maghrebiner (maghrebinisch nicht im Sinne von Gregor von Rezzori, sondern bezogen auf das westliche Nordafrika) zuziehen: Die marokkanische ist die einzige wirklich eigenständige Küche eines arabischen Landes, von osmanischen Einflüssen blieb sie genauso verschont wie von mongolischen und persischen.

Nun, marokkanisch kochen kann unsere liebe und zarte Fadma aus dem ff, aber sie ist noch dazu sehr kreativ und begnügt sich nicht mit dem blinden Nachkochen von Omis Küche. 120 ihrer Rezepte sind fix fertig in ihrem Kopf für ein geplantes Kochbuch. Wir haben sie natürlich gebeten, uns etwas Originales – und Nachkochbares – zu zeigen, und das geben wir gerne weiter, damit Sie nicht ganz so traurig sein müssen.

Wir kochen zwei verschiedene »Tagine«, was im Prinzip immer Fleisch mit Sauce und Gemüse – in hundert Variationen – bedeutet. Dazu wird gerne Reis serviert. Also Vorhang auf zu Fadmas *Hendl-Tagine*: In einem botschaftlichen Haushalt wird natürlich nicht gescherzt, sondern für mindestens acht Personen gekocht. Viertelstücke von zwei Hühnertieren geben Sie in einen Topf, salzen und würzen sie, und zwar so: ein Eßlöffel Paprika, ein Kaffeelöffel gemahlenen Kreuzkümmel, detto einen mit Ingwerpulver, zwei zerdrückte Knoblauchzehen, etwas Safran, gehackte Petersilie, eine geschnittene Zwiebel. Gießen Sie einen Schuß Wasser an, und wenden sie die Hendlstücke in der Gewürzmischung – »einsoachen« wäre das richtige Wort. Eine halbe Stunde marinieren lassen, dann etwas Wasser dazu, ein schönes Stück Butter (oder Öl) und bis zum Garsein bedeckt kochen lassen, eventuell Wasser nachgießen.

Wenn das Fleisch gar ist, kommt der Clou: Die Stücke werden aus der Sauce gefischt und halb schwimmend in Öl ziemlich gach knusprig gebraten, angerichtet mit der Sauce und Oliven (bei Fadma waren es rote) darüber plus eingelegten Zitronenschalen in Streifen – auch ein Nonplusultra der marokkanischen Küche: Kleine Zitronen werden in Vierteln eingeschnitten, innen ausgiebigst (mindestens ein Teelöffel) gesalzen und zehn Minuten zugedeckt in Wasser gekocht. In diesem Kochwasser müssen sie mindestens drei Tage lang marinieren, gegessen werden nur die Schalen. Diese Wunderdinge verwendet man auch zum Würzen für andere Gerichte, und sie haben einen hohen Süchtigkeitsfaktor.

Zu den Gewürzen: Sie kommen bei Fadma natürlich aus Marokko, wir haben festgestellt, daß bei uns etwas mehr als die von ihr angegebenen Mengen durchaus nicht schadet, eine Qualitätsfrage. Der Kreuzkümmel ist ein Protagonist und der in unseren Breitengraden gekaufte manchmal etwas schwach auf der Brust. Und wenn Sie statt der gehackten Petersilie frische Korianderblätter nehmen, so tun Sie nichts Falsches, ganz im Gegenteil.

Ein Vorschlag Fadmas für ein *Lamm-Tagine*: eineinhalb Kilo Lammschulter am Knochen in Stücke – wesentlich größer als Gulaschfleisch – schneiden lassen. Lassen Sie ruhig das Fett dran, Sie müssen es ja nicht essen, und für die Sauce ist es wichtig. Würzen wie oben (minus Paprika), mit Wasser aufstellen, und wenn das Fleisch weich ist, heraus damit. In den Topf kommen halbierte und kreuzweis am Rücken eingeschnittene Quitten (eineinhalb Kilo) und ein geschälter Paradeiser in Stücken. Ein halbes Kilo Okra wird extra gegart, und zwar in etwas Fleischsauce, wieder ein paar geschälte Paradeiserstücke dazu, Butter, Salz und Pfeffer. Beim Anrichten kommt alles auf einer Platte zusammen – das Fleisch und darauf die Sauce, Quitten und Okra.

Ein *must* ist natürlich ihr *Couscous*: Uns hat es die Fadma jetzt schon zweimal zu Silvester gekocht und dabei die verstocktesten Couscous-Verweigerer bekehrt. Am liebsten ist es uns – wenig überraschend für den, der uns kennt – mit Lamm. Für ein Kilo Lammschulter schneiden Sie ein halbes Kilo Zwiebel in Achteln, dazu kommen fünf geschälte Paradeiser und ein Viertel Kilo vorher eingeweichte Kichererbsen, Petersilie, Ingwer, Safran – interessanterweise kein Knoblauch und Kreuzkümmel –, salzen und ordentlich pfeffern. Großzügig mit Wasser aufgießen, 15 Deka Butter dazu und aufstellen, nach einer halben Stunde zuerst Karotten (ganz) und Kohlsprossen, dann größere Stücke von Kohlrabi und ganz am Schluß von Zucchini und Auberginen hinein. Kürbistrümmer und Streifen von ungeschältem roten und grünen Paprika werden extra gegart.

Das Couscous selbst werden Sie wohl fertig kaufen, trotzdem sollten Sie es sorgfältig zubereiten: 1. Mit Öl und etwas Wasser und Salz abarbeiten (nicht zu naß), in einem Sieb auf Wasserdampf stellen, diesen zehn Minuten durchgehen lassen, wegnehmen. 2. Diesmal mehr Wasser dazu, Salz, Pfeffer und zehn Minuten rasten lassen, wieder auf Dampf (siehe oben). 3. Wieder Wasser, aber diesmal Butter und wieder auf den Dampf, fertig. Das Couscous wird angerichtet und die Sauce drübergegossen, wobei Sie in den Couscoushaufen Löcher stechen, denn die Flüssigkeit soll sich auch ins Innere des Berges verziehen. Außerdem hat der Berg eine Mulde, da hinein kommt das Fleisch, und an seinen Hängen werden die Gemüse hübsch angerichtet.

Februar 1998

Eine Suppe ist keine Mehlspeis

Gerade im Sisimord-Jubeljahr wollen wir niemanden seines identitätsstiftenden Mehlpapps berauben. Aber in unserer GEMÜSECREMESUPPE verzichten wir gerne darauf.

Nach wie vor bekennt sich der Österreicher zu seiner Vorliebe für Mehl. Und er bleibt bei dieser Liebe konsequent, ob Mehlspeise, ob Mehl in der Suppe oder im Gemüse.« Das sagt das »Sacher Kochbuch« im nicht gerade prähistorischen Jahr 1984. Und auch der Herr Plachutta brennt in seinem »Österreichischen Jahrhundertkochbuch« (1993!) seine Cremesuppen ein, daß es eine Freud' ist. Während die brave österreichische Hausfrau die Einbrenn mit dem Kochwasser des respektiven Gemüses – richtig!, wir machen heute Gemüsecremesuppen – aufgießt, greift die ambitionierte Köchin zu Rindsuppe, Hauptsach', das Gmias schmeckt nicht zu stark vor.

Soll sein. Wir wollen ja just im Sisimord-Jubeljahr niemanden seines identitätsstiftenden Mehlpapps berauben. Aber für uns ist eine Suppe keine Mehlspeis. Auch die bereits aus der postfarinalen Ära stammende Faustregel »ein Drittel Gemüse und zwei Drittel Flüssigkeit« resultiert in für unseren Gusto zu dünnflüssigen und zu anämischen Produkten. Sämig-cremig-samtig sollen sie sein, Schmeichler für Gaumen und Magen, gar manches Mal wurden die ramponierten Verdauungsapparate Ihrer Autorinnen schon durch so ein Supperl kuriert.

Wir machen es ungefähr so (für vier): Eine kleine gehackte Zwiebel wird in 3 Deka Butter angeschwitzt, das Gemüse kommt grob zerkleinert dazu – wobei man an die unterschiedliche Ausgiebigkeit und Intensität denken wird: Wo Sie mit einem halben Kilo Karotten Auslangen finden, werden Sie bei Spargel doppelt so viel nehmen. Das Gemüse wird mit Hühnersuppe bedeckt und gedünstet.

Manche – so zum Beispiel die Zauberer in »Harry's Bar« in Venedig – geben in mehr oder weniger jede Gemüsecremesuppe Bleichsellerie, Porree und Erdäpfel. Uns ist das nicht puristisch genug. Wir kochen auch die Hendlsuppe nicht vom Suppenhuhn, sondern machen eine weit weniger intensive von Hühnerrücken und -flügerln. (Und wenn es nun gar nicht anders geht, nehmen wir Zuflucht beim Hühnerwürfel – ja, ja, da schauts –, ausdrücklich gewarnt sei jedoch vor dem Rindsuppenwürfel.)

Also dann, wenn das Gemüse weich ist, wird der Mixstab zur Hand genommen und hübsch püriert. Mit Suppe und/oder Obers wird dann weiterverdünnt, so wie man es halt haben möchte. Auch die Crème fraiche kann zum Einsatz kommen, wenn süßliche Gemüse wie rote Rüben, rote Paprika, oranger Kürbis nach einem säuerlichen Kontrapunkt verlangen. Die Mutter aller Gemüsesuppen ist die *Potage Parmentier*: Rindsuppe, das Weiße von zwei Stangen Porree und ein halbes Kilo mehlige Erdäpfel, püriert, mit Milch aufgegossen und Obers verfeinert. Große Küche ist manchmal fast peinlich einfach.

~

So ein Samtsupperl genügt sich a priori selbst, vor allem wenn Sie ihm noch gewürzmäßig auf die Sprünge helfen (was wäre eine Zucchinisuppe ohne Knofel etcetera). Würferl oder Scheiberl vom jeweiligen Gemüse, al dente gekocht oder auch fritiert, als Einlage machen sich jedoch immer gut. Bei einer Erdäpfelsuppe wird mit ein paar Streifen Räucherlachs – oder auch Schinkenstreifen oder auch Austern oder andere Muscheln – aus einem mostschädlerisch-rustikalen ein städtisch-bourgeoises Gericht, was in diesem Falle kein Abstieg ist (sonst natürlich schon).

Einlagen-Klassiker wie Krennockerln in der Roten-Rüben-Suppe können wir Ihnen wohl nicht mehr als originell verkaufen. Drum strengen Sie selbst ein bisserl Ihr kulinarisches Hirnschmalz an, für 15 Schilling Zeitung (angesichts der Tatsache, daß es sich um eine Wochenendzeitung handelt: Sie haben doch nicht etwa … ?) können Sie nicht erwarten, daß wir Ihnen auch noch das Löffelchen zum Mäulchen führen.

Die Cremesuppe ist ein weites Land, da ist Einfältiges dabei wie Fetabröckerln in der Spinatsuppe oder Kapriziöses wie Trüffelscheiben in der Zellersuppe, Streifen vom Branzino in der Fenchelsuppe oder Entenhaxerl oder Wachtelbrust im Linsenpüreesupperl. Der Witzigmann macht ja Taubenleberknödel in der Erbsen-Häuptelsalatsuppe – und das ist kein vorzeitiger Aprilscherz.

Wenn Sie eine fischige Einlage haben, so macht sich statt der Hühnersuppe ein Fischfumet gut – erinnern Sie sich an die Paprikasuppe mit Karpfenstreifen, die wir Ihnen im Dezember im Weihnachtsmenü verbraten haben. Nicht zu unterschätzen sind auch die Möglichkeiten, die sich mit exotischen Gewürzen bieten: Kardamom und Koriander in die Karottensuppe, Ingwer in die Cremesuppe vom Suppengemüse, der Safran ist da eh schon als alter Hut zu bezeichnen.

Da gibt es etwa ein marokkanisches Rezept, bei dem in eine ganz normale Kürbiscremesuppe kurz vor dem Servieren »Harissa« eingerührt wird, eine Gewürzpaste, und die besteht aus: Chili, Knoblauch, Salz, Korianderpulver, Kreuzkümmelpulver und Olivenöl. Ein Magenschmeichler ist diese heiße Chose allerdings nicht mehr.

März 1998

Nicht nur zum heiligen Osterfeste

Bei uns kommt LAMMFLEISCH das ganze Jahr auf den Tisch, nicht nur im Frühjahr als kleines, unschuldiges Osterlamperl. Früher als Arme-Leut'-Essen schwer in Verruf, kann sich Lamm in Wahrheit mit den besten Fleischsorten messen.

Was sagt man eigentlich dazu, daß Christen frohen Sinns zu Ostern gerade jene Viecherl en masse verzehren, die die christliche Symbolik als Sinnbild des Opfertods des christlichen Gottes auserkoren hat? Mahlzeit, was sind wir doch für Heiden! Und kein Schaf darf es da natürlich sein, kein Hammel, sondern so ein weißes unschuldiges Bählämmchen – das vielleicht insofern ein paar Sünden hingwegnimmt, als es leichter und bekömmlicher ist als so ein fetter Osterschinken. Außer mit dem christlichen Umwegkannibalismus hat ja die heilige Osterzeit mit noch allerhand aufzuwarten, so fliegen bekanntlich in der Karwoche die Glocken nach Rom und die Nackerten aus der »Kronen Zeitung«. Von so viel Brauchtum putzen wir uns ab, bei uns kommt das Lamperl nämlich das ganze Jahr auf den Tisch, nicht nur zu Ostern ein Milchlamm (sieben bis zehn Kilo) – das etwa dem Herrn Siebeck eh zu fad ist.

Daß Lammfleisch solcher stetiger Qualität heute auf dem österreichischen Markt überhaupt angeboten wird, haben wir der, gepriesen sei sie, kulinarischen Überfremdung zu verdanken, die Österreich in den letzten zwei Jahrzehnten aus dem Schnitzerlschlaf erweckt hat. Der Vater einer der Autorinnen erinnert sich, daß mit den ersten türkischen Holzarbeitern im Waldviertel in den frühen siebziger Jahren auch die erste Schafherde wieder Einzug hielt. Hierzulande war das Schaf als Arme-Leut'-Essen schwer in Verruf; in Kriegs- und Nachkriegszeiten sind nur die im Kochtopf gelandet, die eine lange Karriere als Woll- und Milchschafe hinter sich hatten.

Und auch die Familie Fuchs veranlaßte ihr notorischer kulinarischer Forschertrieb schon Mitte der sechziger Jahre, ein Schaf zu beschaffen. Ein Drittel Knochen, ein Drittel Fett (die Vogerln im Winter haben sich wenigstens gefreut) und ein Drittel Fleisch, zäh und mit penetranter Hammelnase – und wochenlang Schafsragout und Schafsuppn anstatt der guten alten bourgeoisen Rindsuppe. Das Experiment wurde abgebrochen und erst zehn Jahre später, als die Jungfuchs regelmäßig ins Franzenland reiste und von dort den Gusto aufs Schaf wieder mitbrachte, fortgeführt.

Heute macht es uns Freude, Lammverächtern – meist der älteren Generation – unsere berühmte *Keule mit Ratatouille* vorzusetzen und ihr Naserümpfen in wohliges Schmatzen umschlagen zu sehen. Bei der wir somit angekommen wären. Mit der Größe der Lammkeule (am Knochen, eh klar) halten Sie es, wie Sie wollen – für mehr Esser nehmen wir persönlich lieber zwei kleine als eine große. Die putzen Sie, aber nicht zu pedantisch, denn das ausbratende Fett spielt bei uns eine Rolle, wie Sie bald merken werden. Spicken Sie mit ganzen oder halbierten Knoblauchzehen (keine Löcher ins Fleisch bohren, sondern die Zecherl zwischen die Muskelstränge schieben), salzen und pfeffern und mit Olivenöl einreiben.

~

Hoffentlich haben Sie einen großen Bräter, denn da hinein kommt nicht nur die Keule, sondern auch das Ratatouille, das da besteht aus: Gewürfelten (etwa zwei Zentimeter) Melanzani, Zucchini, Paprika (alle Farben möglich, hübsch ist gemischt), Frühlingszwieberl oder rote Zwiebeln, Lauch, Stangensellerie und, wenn Sie wollen, auch Fenchel. Darüber gießen Sie Ihre Paradeissauce: Eine feingehackte Zwiebel in Olivenöl glasig werden lassen, zwei Dosen Pelati dazu, etwas Zucker, zwei Lorbeerblätter, Thymian, ein paar Sardellenfilets, Knoblauch, ein Vierterl Rotwein, Salz, Pfeffer und einkochen.

Also, die Paradeissauce ist unters Gemüse gemischt, ein Schuß Olivenöl noch, die Lammkeule drauflegen, und ab in die Röhre. Gebraten wird zuerst höher, bis zu 250 Grad, nach einer Viertelstunde zurück auf 200 bis 220, das Gemüse rühren Sie öfters um. Wie lange, können wir Ihnen nicht sagen, je kleiner das Stück ist, desto kürzer halt, wozu haben Sie ein Bratenthermometer?

Schön rasten lassen, bevor Sie hineinschneiden. So ein Keulchen hat auch den Vorteil, daß sowohl Vampire als auch Jünger des garen Fleisches auf ihre Rechnung kommen. Sie müssen es nur so erwischen, daß es außen durchgebraten und innen von rosa bis rot geht. Im Zweifelsfall immer etwas zu früh als zu spät hinausnehmen, nachziehen tut es immer noch. Übrigens köstlich auch kalt zu essen, wenn es noch ein wenig rosa ist.

Zum Ratatouille erübrigt sich jeder Kommentar, es ist vom Lamm köstlich angesaftelt, vielleicht müssen Sie es noch ein wenig einkochen und/oder nachwürzen. Wir können Ihnen nur empfehlen, machen Sie viel davon, denn aus diesem Ratatouille wird post festum, so Ihre Lieben nicht alles aufgefressen haben, der beste Sugo für Pasta, den man sich vorstellen kann. Auch beim Lamm tragen wir nicht zu knapp an, es soll ja etwas für einen Lammstrudel übrigbleiben.

Dieser unser Klassiker Lammkeule ist natürlich vielseitig abwandelbar (übrigens auch mit Fisolen und Erdäpfelgratin nicht zu verachten). Im Ratatouille wurden schon schwarze Oliven gesichtet, und eine besonders große Keule, von der wir nicht sicher waren, ob sie nicht vielleicht doch einen stolzen ausgewachsenen Schafsbock durchs Leben getragen hatte, wurde schon mit Hamburgerspeck belegt. War übrigens gar nicht nötig, der Geschmack im Ratatouille aber durchaus schweinegut. Dazu können Sie natürlich unsere guten alten österreichischen Braterdäpfel servieren, aber auch Couscous oder Polenta machen sich ganz hervorragend. Beinahe am liebsten essen wir aber das türkische Fladenbrot dazu – Hommage an jene, denen wir die Wiederentdeckung des Lamperls in Österreich verdanken.

April 1998

Ein 1. Mai in der Wachau

Oder wie wir den Tag der Fahne, HICK, Arbeit begingen.

Nun hat die Not ein End', gefaßt blicken wir der Zukunft ins Auge. Ein Loch in der Bank beunruhigt uns weniger als eines im Keller. Ersteres haben wir gerissen, indem wir letzteres gestopft haben, als wir uns am ersten Maienwochenende auf eine »Roas« (Reise) in die Wachau und ihre Ausläufer begaben, um die 97er zu begutachten. Daß der Wein dort, wo wir uns aufgehalten haben, seitdem knapp ist, verweisen wir in den Bereich der bösen Lügen.

Die Zeit, die wir nicht mit Weinverkostungen beschäftigt waren, widmeten wir dem Mahle und dem Schlafe. Und die Gendarmerie haben wir schön angschmiert, haha, indem wir uns vom Herrn Strohmair in seinem VW-Bus durch die Gegend fahren ließen. Das einzige, was ihm – eventuell – vorzuwerfen wäre, ist, daß er unseren Sangeskünsten (»Im grünen Wald von Mayerling« ist eine unserer Glanznummern) nicht mit dem ihnen gebührenden Enthusiasmus begegnete.

Wir sehen den Florian Holzer, den Weinsonderbeauftragten des STANDARD, erzittern, er glaubt, jetzt werden wir ihm gleich mit unseren very sophisticated Degustationsnotizen Konkurrenz machen. Nichts dergl. Auf dem Zettel des Weinproduzenten X., bei dem wir etliche Kisterln erstanden, kann man folgende handschriftliche Notizen der Autorin Fuchs lesen: »Der Hund vom X. frißt nur Wachauerlaberln, Semmerl laßt er stehen«. Auf einem anderen: »Zum Fässer innen Abklopfen (Weinstein!) findet sich niemand mehr, damit verdiente sich früher die Jugend ein paar Schilling«. Daraufhin gedachte der Fuchssche Gatte (heute ein durchaus Gstopfter) ausführlich der Zeiten, wo er für einen Schilling in der Kegelbahn die Kegel wieder aufstellte. Aus Rührung trank unsere Freundin und Leisereiterin, hick, Helene, deren Gemahl Fritz beteuerte, von solchen Tätigkeiten »nie mit weniger als 40 Schilling« heimgekommen zu sein, die Kostproben, die ihre Schwester Hedwig übrigließ, aus. Es war die Hölle!

Wie gesagt, wer gut zecht, will und soll auch gut essen. In besonders lieber Erinnerung ist uns da der Vorspannhof Mayr in Droß, wo wir die beste Beiried unseres Lebens (die Kuh stammte aus dem Waldviertel und war nicht irgendeine) schmausten, mit Erdäpfelwuzerln.

Nach Droß gelangten wir zu Fuß aus von Priel oberhalb von Senftenberg im Kremstal, wo uns der verehrungswürdige Meister Nigl seine Weine kosten ließ. Nachdem wir also am Ortseingang von Droß den weißen Geißbock Franz Joseph – so was erfährt man im Wirtshaus – und einen anonymen Esel begrüßt hatten, zogen wir an einer Art Volksfest (es war der 1. Mai) vorbei in den Ort ein. Als wir am 3. Mai wieder durch Droß fuhren, waren die Leut noch immer/ schon wieder am Feiern. Eine zache Rass'.

~

Über den Vorspannhof Mayr dürfte man eigentlich gar nicht berichten, aus Angst, es könnte sich dort irgendetwas verändern. Das bildschöne alte Wirtshaus mit dem vorzüglichen Essen und ebensolchen Eigenbauweinen gehört zum »Verein Niederösterreichische Wirtshauskultur«, über den wir selbstverständlich schon geschrieben haben und dem ein Verdienstorden gebührt.

Am Tag darauf waren wir beim N.Ö.Wirtshauskultur-Mitglied Gasthaus Schwarz in Nöhagen, ebenfalls eine reine Freude. Was sind das für Zeiten, wo man in einem Landwirtshaus Spargelnudeln essen kann, genauso wie eine Bilderbuch-Rindsuppe mit Lebernockerln. Ausgezeichnet haben wir übrigens auch im Loibnerhof in Unterloiben (nach einem Besuch im Dinstlgut Loiben, das sich in letzter Zeit gemausert hat) gespeist – wie die das in einem solchen Monsterbetrieb so perfekt schaffen, ist uns ein Rätsel. Das Kuttel- und Kalbsfußragout richtete das Magerl Ihrer Redakteurin für die nachfolgenden Weinverkostungen (Franz Schmidl in Dürnstein, Erich Machherndl und Franz Pichler in Wösendorf) tadellos ein.

Da der Loibnerhof mit dem großen Knoll verwandt ist, haben wir dort nur solchige Weine getrunken, mit dem berühmten St.Urbanus-Etikett. Ob der ketzerische Anti-Gspritzte-Spruch auf dem Etikett vom Heiligen stammt, darf bezweifelt werden: Tut mir nur den Wein nicht taufen / laßt ihn doch als Heiden laufen / Nur der Durst soll christlich sein / so erweist man Ehr dem Wein.

Aber kochen tun wir Ihnen auch noch schnell etwas, sonst heißt's, die Harrer und die Fuchs haben sich ganz dem Trunk ergeben. Wir erweisen dem großen Wachauer Jamek Reverenz, indem wir ein Gericht, dessen wir uns bei ihm immer wieder erfreut haben, ein bißchen abwandeln. Aus seinen berühmten Topfenhaluschken haben wir *Brimsenhaluschken* gemacht. 25 Deka griffiges Mehl, zwei Eier, Salz, (unter Umständen) Wasser zu einem Nudelteil verarbeiten, den Sie eine halbe Stunde rasten lassen, auswalzen und in ungleich große Flecken schneiden (wie die italienischen »Maltagliati«, was »Schlechtgeschnittene« heißt). Im Salzwasser kochen und abschrecken (für Faule tun's auch zerrissene Lasagneblätter oder sehr breite Bandnudeln). Pasta in etwas heißer Butter schwenken, ein Achtel Liter Sauerrahm und ein Viertel Kilo reifen Brimsen mit einer Gabel zerdrücken, unter die Nudeln mischen, salzen und pfeffern. (Reifer Brimsen, das schreibt sich so leicht, leider gehört er immer mehr zu den kulinarischen Raritäten. Wenn Ihr Brimsen zu wünschen übrig läßt, können Sie ihm aber mit Feta auf die Sprünge helfen.)

Darüber zehn Deka Lammgrammeln, am besten vom Kotelett (die pergamentene Haut plus ein bisserl Fett!), ja nicht solche fetttriefende Ungeheuer, wie es sie so oft vom Schwein zu kaufen gibt (natürlich gehen auch Schweinsgrammeln oder Speckwürferl). Prima Unterlage! Hick!

Mai 1998

Geschneuzt, gekampelt und unparfümiert

Wenn einer auf die Weinmess' geht, dann kann er was erzählen: von begnadeten Säufern, trendigen Knaben und Handgreiflichkeiten gegen einen berühmten Koch. Ach ja, und von TAUSENDUNDEINEM WEIN.

Nun, wohin gehen die Fuchs und die Harrer, wenn sie geschneuzt, gekampelt, aber unparfümiert ihre bequemsten Latschen anziehen (eventuell Pflasterl einpacken) und die Autoschlüssel abgeben, bevor sie die heimische Hütte verlassen? Dem Kind einen letzten Kuß auf die Stirne, dem zur Brutpflege eingeteilten Ehemann noch einige gute Ratschläge beziehungsweise Drohungen mit der Schwiegermama, und auf geht's zur Wiener Weinmess', die jetzt »Vievinum« heißt, was vielleicht etwas mit dem popostvievinischen Lalallen des Pupublikums zu tun hat.

Zu empfehlen ist weiters, vor Beginn eines Weinverkostungsmarathons die Verdauungsorgane zu rüsten gegen Wein-, Apfel-, Milch- und Gerbsäuren; wie Sie uns kennen, tun wir das am liebsten mit einem magenschmeichlerischen Teller Pasta. Und damit uns nicht wieder Beschwerden kommen, daß Sie sich immer zuerst durch einen Berg von Buchstaben durchfressen müssen, um bei unseren Artikeln endlich ans Eingemachte zu kommen: Hier ist er, unser zur Jahreszeit passender *Spargelsugo*, mit dem wir die Säuren abwehren!

Eine kleine halbe Zwiebel wird fein gehackt und in Butter angeschwitzt. Ein halbes Kilo weißen Spargel schälen, die Spitzen abschneiden, den Rest in Scheiberln schneiden und zu den Zwiebeln geben. Mit einem schwachen Achterl Weißwein und einem Vierterl Obers aufgießen, ein paar Bröserl vom Hühnerwürfel, die Spargelspitzen dazugeben, zudecken und dünsten, bis sie al dente sind, dann schnell raus damit. Ohne Deckel weiterköcheln, bis das Obers eingedickt ist, salzen, pfeffern, mit Pürierstab zerkleinern und im letzten Augenblick Schinkenstreifen, Kräuter und die Spargelspitzen daruntermischen. Parmesan ist kein Muß, aber erlaubt, an Pasta zu diesem Sugo paßt fast alles außer Spaghetti.

Zufrieden? Nun, dann gehen wir es also an. Vor dem Eingang zu den heiligen Hallen – die Vievinum Nummer eins fand in der Hofburg statt – stoßen wir auf einen, der es pragmatisch angeht bzw. nicht angeht: »Aunsaufen kaun i mi um an Hundata a«, verweigert er die 400 Schilling Eintritt und macht kehrt. Der Glückliche, seufzen wir eingedenk seliger Dopplerzeiten, die bei uns nicht einmal bis zur Matura gedauert haben. Häuser haben wir seitdem vertrunken!

Das nächste Individuum, dem wir begegnen, ist entzückt über die beiden jungen(?) Damen, die noch dazu beide »das gleiche Gwand« anhaben (nota bene: die Fuchs im schwarzen Kleid mit hellem Blazer, die Harrer im blauen Hosenensemble). Was so eine Weinmesse alles kann! Fast wagen wir es nicht, es Ihnen zu erzählen, aber wir haben auch schon erlebt, daß eine Dame quasi coram publico einem berühmten Wiener Starkoch ans, wie sagen wir es Ihnen, na ans Gemächt griff, absolut zu seiner Freude übrigens – also kein »Rumpold«, wie die kämpferische Version dieses Griffes ja seit kurzem hierzulande nach einem FP-Politiker heißt, der angeblich so richtig schön zulangt.

Na, lassen wir das, die meisten Vievinum-Besucher sind absolut unauffällig wie wir ja auch. »Ooo, zu diesem schööönen Wein eine Roootbarbe dazu mit einem Paradaaaisrisottino«: Die gute alte Wiener Weinmesse, bei der man sich früher durch die schäbigen, abgewohnten Prater-Messehallen, durch Korkenstandln und Fasslbinder (glauben Sie uns nicht, natürlich war es allermodernste kellertechnische Ausrüstung) durchkämpfen mußte, um zum Wein zu gelangen, ist als Hofburg-Vievinum mondän geworden. Die trendigen Schickimickis, die anstatt mit Muttermilch mit Chardonnay Barrique gesäugt worden zu sein vorgeben und die, bevor sie zu so einer Veranstaltung gehen, von 99 Weinen die Parker-Punkte auswendig lernen, hat es aber auf der alten Vinova auch schon gegeben.

Und natürlich die, die gerne trendig werden wollen. Was bei der letzten Vinova einem solchigen Jüngling widerfahren ist, kann aber auf der Vievinum, bei der man neben dem Kostglas auch ein Schütt- bzw. Spuckkrügerl – wohin das, was von den Weinproben nicht ausgetrunken wird, wandert – ausborgen darf, nicht mehr passieren: Dort gab es im Zelt der renommiertesten Wachauer Weingüter runde Tischerl mit je einem Resterlkrug, um die sich die Verkostenden plazierten. Genau dieses taten wir, und zu uns gesellte sich ein junger Schnösel mit leerem Glas, sah uns freudig trinken, schenkte sich aus dem besagten Krug ein – immerhin eine Cuvee aus köstlichen Wachauern, hoffentlich wirklich nur geschüttet! –, schaute und schwenkte, prüfte Farbe, Geruch, Geschmack, wie er's gelernt hatte und machte sich nach konzentrierter Verkostung Notizen. Was er wohl geschrieben hat? Vielleicht: »Warum biegen sich die zwei komischen Weiber an meinem Tisch vor Lachen?«

Zum Spucken haben wir uns bisher nicht durchringen können, erstens ist's grauslich (ein bißchen weniger, wenn jeder seinen eigenen Spucknapf hat), zweitens oft schad' um den Wein. Ganz nüchtern sind wir deshalb noch nie aus so einer Weinmesse wieder herausgekommen, auf beiden Beinen aber allemal. Die Probe austrinken darf man halt wirklich nur, wenn man weiß, daß der Wein entweder schon ausverkauft oder sonst sehr gut, rar (und teuer) ist; wir sind Gott sei Dank weder so professionell noch so blöd, um, sagen wir, einen 1995 Carneros Chardonnay von Mondavi wegzuschütten oder auch den göttlichen 97er Muskateller vom Neumeister aus der Steiermark.

Ein echtes Laster haben wir auch, nicht schimpfen, nämlich erfrischen wir unseren Gaumen – und Geist – gern nach so zwanzig Proben, ja mit Mineralwasser sowieso, aber noch lieber mit einem Glaserl Champagner. Dabei haben wir wieder einmal festgestellt, daß der Fleury aus der Vinothek St. Stephan derzeit so ziemlich das Beste ist auf dem Wiener Markt, was das Preis/Leistungsverhältnis betrifft (unser guter alter Roederer, der teurer ist, schmeckt dagegen leider wirklich industriell). Und – die Fuchs tut es zwar niemals, die Harrer jedoch schon – ein Seidel Bier nach so einer überstandenen Weinmesse ist, bei Bacchus, gleichfalls nicht zu verachten.

Juni 1998

Wo die Donauwellen schlagen an den Strand

Vom Schwarzwald bis zum Schwarzen Meer:
In allen Ländern entlang der Donau ißt man GEFÜLLTE KRAUTROLLEN. Was nicht etwa heißt, daß sie überall gleich fabriziert werden.

Mein Chef Oscar Bronner meint es gut mit mir, seiner dankbaren Außenpolitikredakteurin. Als ich am 2. Juli, dem 2. Tag der österreichischen EU-Präsidentschaft, am Morgen nach dem Fest am Heldenplatz, in der Redaktionskonferenz laut wiehernd nach Mozartkugeln verlangte, fragte er mich zwar zuerst, ob mir ein Kran auf den Kopf gefallen sei (wie bekanntlich beinahe den Zuschauern des Spektakels am Heldenplatz), dann aber strich er mir über meine weiße Mähne und kaufte mir eine Fahrkarte in die Wachau, nach Melk, noch genauer ins Stift.

Seitdem bin ich auf Krautwickler fixiert, in meiner Vorstellung serviert von knackigen Donauschiffern, der Rigo Janci spielt mit seiner Zigeunerkapelle auf, und die Kaiserin Elisabeth, die Großmutter aller Bulemischen, ißt ein serbisches Reisfleisch. Dann wache ich in der 99 Jahre alten Fidelio-Inszenierung vom Otti Schenk auf – die wir, voller Stolz auf unsere Antiquitäten (andere sagen: alte Fetzen) zur Feier des Tages in alle EU-Hauptstädte übertrugen – und lasse meine EU-Präsidentschaftsdepression über mir zusammenschwappen wie die Wellen der Donau.

Also in Stift Melk haben wir Deutschen und Österreicher via Donau die EU osterweitert. Die internationale Tagung, zu der ich zur Wiedergewinnung meiner mentalen Kräfte entsandt wurde, hieß »Vom Schwarzwald bis zum Schwarzen Meer. Die Donau als Mittler europäischer Eßkultur« – und glauben Sie mir, das einzige, was man (außer Pizza und Hamburger und Coca Cola) überall bekommt von der Donauquelle im Donaueschinger Schloßpark bis zur Ukraine sind eben Krautwickler, -rollen, -rouladen, Sarma, nennen Sie es, wie Sie wollen.

Als ich dieses mein Forschungsergebnis vor den Herren und Damen Ethnologen und Balkanologen in Melk verkündete, sahen sie mich mit dem gleichen flackernden Blick an wie mein Chef in der Redaktionskonferenz. Ich flackerte zurück, wie es ein Lipizzaner halt so tut, und bleckte die Zähne.

Was sich sonst in Melk abgespielt hat, werde ich hoffentlich noch an anderer Stelle berichten, wenn ich mich von der Erkenntnis erholt habe, daß die Donau als Innovationsstraße erst funktionierte, als der Sparherd auf die die Ufer bewohnende Menschheit kam. Denn früher gab es im Westen die offene Feuerstelle (keine Mehlspeisen!) und im Osten den Kochofen (nix, wo man umrühren muß!), und was dann auf der Donau hinauf- und hinuntergeschwemmt wurde, waren erstens Kartoffel, zweitens Erdäpfel und drittens Krumpern, viertens und fünftens Paprika und Paradeiser, also lauter Sachen, die der Kolumbus den Indianern geklaut hat.

Und da soll man nicht deprimiert sein. Nur das Kraut haben wir offensichtlich schon immer gehabt, und Krautwickler kann man tatsächlich am Herd, aber auch im Rohr zubereiten. Das Kraut verbindet den Westen und den Osten, bashing the Krauts ist also eine sehr ungenaue Sache.

~

Aufgewachsen bin ich mit den Krautrollen meiner Omama, die eine wienerisch bourgeoise Variante der donauländischen Wicklerkultur sind: Ein großes, flaches, lockeres Krauthäupel wird blanchiert (man kann aber auch vorher die Blätter ablösen und einzeln blanchieren). Aus den einzelnen Blättern die ganz groben Rippen herausschneiden, die fehlenden Keile werden dann mit kleineren Blättern geflickt. Für etwa neun Stück: Ein dreiviertel Kilo gemischtes Faschiertes (Kalb, Rind und Schwein), ein bis zwei in Milch eingeweichte, gut ausgedrückte Semmeln, etwas Wasser oder Suppe, gewürzt wird mit Salz, Pfeffer, gemahlenem Kümmel, Muskat und Thymian, sehr pikant, aber nicht scharf. Alles vermischen, in gleiche Stücke teilen und gut im Kraut einwickeln. Eine Pfanne mit etwas Fett ausschmieren, Rollen hinein, ganz wenig Wasser dazu und ins Rohr damit.

Extra in einem Reindl gute zehn Deka ganz klein geschnittenen Surspeck anlaufen lassen, eine klein geschnittene Zwiebel und einen Eßlöffel Mehl dazu, vier Teelöffel Paprikapulver und zwei Teelöffel Tomatenmark, Thymian, etwas Majoran, Salz, abschmecken, aufgießen mit Suppe und reichlich Sauerrahm dazu. Wenn die Krautrollen im Rohr anfangen zu brutzeln, immer wieder mit dieser Sauce aufgießen. Zum Schluß hat die Oma die Krautrollen noch mit feinstgeschnittenem Hamburgerspeck belegt, der dann glashart wird. So waren bei uns zu Haus die Krautrollen.

Auch die Variante, das Faschierte mit Reis zu mischen, war bekannt, und in die Sauce kann man noch alle möglichen feingehackten Gemüse (das restliche Kraut!), sogar Gurkerln geben. Möglich ist es auch, die Zwischenräume zwischen den Rollen mit Sauerkraut auszupolstern.

Ob man, wenn man Reis in die Fülle gibt, diesen vorher kocht oder nicht, scheint eine Glaubensfrage zu sein. Der auf dem Symposion das Ungarland vertretende Professor Karol Gaál, zu dem ich ein gewisses kulinarisches Urvertrauen entwickelt habe, nimmt rohen Reis, das Ganze muß halt länger und dementsprechend langsam gegart werden. In einem seiner Rezepte, eine östliche Variante, werden die Rouladen mit Sauerkraut (gar nicht selbstverständlich bei uns, ein als Ganzes eingesäuertes Krauthappel zu kriegen) umwickelt, in einen hohen Topf gelegt, immer eine Schichte Rollen, dann eine Schicht Sauerkraut und so weiter, und auf dem Herd gegart. Die bürgerliche ungarische Küche kommt natürlich auch nicht ohne Rahm aus.

Ganz im Osten, in der Ukraine, nimmt man sehr fettes Schweinernes für die Farce, der – vorher kurz überbrühte – Reis macht's bekömmlicher, genauso wie das Sauerkraut, in dem die Fülle eingewickelt wird. Da Schwammerl in der ukrainischen Küche eine große Rolle spielen, werden sie gern in die Farce gemischt oder als Schwammerlsauce zu den Wicklern – die übersetzt »Täubchen« heißen – gegessen.

Eines meiner Lieblingsrezepte ist das von der Christa Fuchs, ein weiterentwickeltes Mischmasch aus westlicher und östlicher Tradition, und geht wie folgt: Die (nicht sauren) Krautblätter werden wie in meinem Omama-Rezept behandelt, blanchiert und abgeschreckt. Eine große gehackte Zwiebel (für acht Stück) in Butter goldgelb rösten, gemischtes Faschiertes dazu. Jetzt kommt's: Ein gutes Viertel Kilo Sauerkraut ausdrücken (den Saft aufheben!), fein hacken und unters Faschierte mischen. Salzen, pfeffern, Rouladen machen und in Butter von allen Seiten fast braun anbraten, mit Suppe aufgießen und etwa eine halbe Stunde lang dünsten. Dann die Rouladen aus der Sauce nehmen. Zu ihr wird nun der Sauerkrautsaft gegossen, mit Sauerrahm und Mehl ein Gmachtl angerührt und dazugegeben und aufgekocht. Da freut sich mein leidendes Lipizzanerherz.

Juli 1998

Über das Wesen der Bratknödel

Jeder Hausruck- und Innviertler wähnt sich im Besitz der reinen Lehre, in Wahrheit herrschen in der OBERÖSTERREICHISCHEN BRATKNÖDELEI jedoch schismatische Zuständ'.

Heute nehmen wir wieder einmal unseren oberösterreichischen Kulturauftrag wahr, und zwar wollen wir Sie näher an das Wesen der Bratknödel (pra:knedl) heranführen. Welche Abgründe sich da zwischen Wien und Neukirchen an der Vöckla auftun, wurde uns spätestens bewußt, als die für diese Seiten verantwortliche Redakteurin uns (sinngemäß) fragte, ob wir denn blöd geworden seien, unseren LeserInnen, die sich bei den herrschenden klimatischen Verhältnissen – endlich ein Sommer! – nur mehr von Mozzarella, Pomodoro und Mineralwasser ernährten, ausgerechnet jetzt mit so etwas Schwerem, Gschertem zu kommen.

Dazu möchten wir folgendes feststellen: Wir hatten ja schon immer den Verdacht, daß wir Oberösterreicher von Natur aus irgendwie besser ausgestattet seien. Unter anderem haben wir auch »an ganz an bessern Magen«. Was da als Hascheeknöderl in der Wiener Küche auf den Teller kommt – mit faschiertem gekochten Rindfleisch als Fülle, wie das der sonst hochlöbliche Herr Plachutta in seinem Kochbuch empfiehlt –, würde ein echter Hausruck- oder Innviertler höchstens als Krankenkost akzeptieren. Und auch wenn wir zugeben müssen, daß die Saisonen der Bratknödelpartien eher der Herbst und das Frühjahr sind, so kann man Bratknödeln natürlich auch im Sommer essen, etwa als Imbiß, halt ganz so wie der Wiener Phäake ein kleines Golasch.

Wir können Ihnen aber auch nicht verschweigen, daß es verschiedene Bratknödel-Glaubensschulen gibt. Schmerzlich kamen uns diese schismatischen Zustände zu Bewußtsein, als wir im Freundeskreis die Wetten auf das Geschlecht der (später weiblich geborenen) Leopoldine auslobten, wobei einer der Teilnehmer für den Fall seines Wettverlustes eine Bratknödelpartie für die ganze Wettgemeinschaft aussetzte.

In der Folge entstand ein fast schon unschön zu nennender Disput über das Innen- und das Außenleben des Bratknödels, dessen genaue Eigenschaften, um Rechtsstreitigkeiten zu vermeiden, ja ins Wettprotokoll aufgenommen werden mußten. Die anwesenden Burgenländer, Niederösterreicher und sonstige Ausländer (deren einige den Fauxpas begingen, ihre Fleischknödel in die Diskussion werfen zu wollen) konnten es jedenfalls kaum glauben, welche argumentativ-akustische Schlagkraft so ein oberösterreichischer Bratknödel hat.

Daß Bratknödel den hehren Preis einer gewonnenen Wette darstellen, ist natürlich kein Zufall, sie sind eben etwas ideologisch Hochstehendes. So ist es zum Beispiel auch üblich, daß beim Eisschießen die unterlegene Mannschaft der siegreichen (und sich selbst) pro Person (mindestens) eine Portion Bratknödel zahlt, das gilt auch für Schützen. Das heißt dann »Bratknödel ausschießen« – für die EthnologInnen unter unseren LeserInnen.

Aber nun zur edlen Hülle, bevor wir uns dem heißen Herz zuwenden: Zur Debatte stehen 1.) ein weißer, dem Nudelteig sehr ähnlicher Teig, 2.) Brandteig, 3.) Erdäpfelteig, wobei die Anhänger der Brandteig- und der Erdäpfelteigfraktion in unserem Freundeskreis in der Minderheit sind, ihren Kampf aber umso verbissener führen. So bezeichnete Helmut Kasbauer, genannt Caesar, als Gymnasialdirektor in Vöcklabruck mit einer gewissen Autorität ausgestattet, als Erdäpfelteigianer im Exklusiv-Interview mit dem STANDARD die Nudelteigversion als »reine Pflanzerei«. Nudelteigianerin und STANDARD-Knödelsonderkorrespondentin Fuchs weist hingegen auf die »Eleganz« ihrer Knöderl mit nur 4-5 cm Durchmesser hin, weil das Teigmanterl so dünn gehalten werden kann. Und da wir beide nun einmal über die mediale Macht verfügen, unseren Standpunkt unter die Leut' zu bringen, möchten wir auch anmerken, daß die Brandteig- und die Erdäpfelteigknödel rein größenmäßig schon sehr gefährlich in die Nähe von Haschee- und Fleischknödel kommen.

Brandteig und Erdäpfelteig brauchen wir Ihnen nicht beizubringen, für den Nudelteig nehmen Sie (für 16 Knöderl) 30 Deka glattes Mehl, Salz, einen guten Schuß Öl, zwei Deziliter warmes Wasser, machen einen geschmeidigen Teig daraus, den Sie fünf Minuten rasten lassen.

Lief bei der Leopoldinen-Geschlechtswette die Teigmanteldiskussion beinahe aus dem Ruder, so konnte bezüglich der Fülle keineswegs ein Konsens, aber doch die kluge Einsicht, daß da landesweit eine große Varietät herrscht, erreicht werden: In diversen Hausruckgegenden (Ampfelwang, Frankenburg, Neukirchen) kommt gemischtes rohes Faschiertes hinein (nein, nein und abermals nein, es ist trotzdem kein Fleischknödel!), sonst dominieren als Basis diverse Bratenreste (fettere Teile des Sonntagsbratls werden für die Bratknödel in Sicherheit gebracht – »Mittwoch ist Knödeltag«, wie die alte oberösterreichische Volksweise »Was is heit für a Tog« sagt), Geselchtes und Wurst.

Rohe Zwiebel und Knofl sind klar, woher sonst sollten Rückgrat und – langanhaltender – Odeur kommen. Umstritten ist die Gabe von Paprikapulver, sie scheint aber eines der identitätsstiftenden Elemente zu sein, denn nur bei paprizierten Knödeln ergießt sich beim Anschneiden ein rötliches Safterl auf das (sic!) Teller. Die Zutaten werden meist im (gußeisernen) Fleischwolf faschiert, der Cutter wäre erstens ideologisch unpassend, zweitens ergäbe das eine völlig inhomogene Masse mit Flachsen. Für den in Schwanenstadt zuständigen Raimund ist nur die handgeschnittene Version denkbar, zur Bindung darf der Anteil des fetten Geselchten aber faschiert werden.

Sie kriegen jetzt zwei Rezepte (beide im Original mit Nudelteig), eines der Fuchs-Oma und ihrer Schwester, genannt Godn, das zweite ein von unserer bratknödelmäßig stark unterwegs seienden Freundin Helene empfohlenes, die als ihr Bratknödelleibundmagenwirtshaus den Wirten in der Spöck in der Gemeinde Neukirchen/Vöckla am Fuße des Hausrucks auserkoren hat. Dort kochen die Frieda (Mutter) und die Ulrike (Tochter) und zwar so: zwei Viertel roher Schweinsbauch, ein Viertel rohes Rindfleisch und ein Viertel Gselchtes (Bauch), Knofl und Zwiefl nicht zu knapp, Salz, Pfeffer und Paprika.

Das Fuchsische Rezept, von der Helene mit Argwohn betrachtet: zwölf Deka Schweinsbraten, zwölf Deka Surbraten (gibt ein ganz spezielles Gschmackerl), zwölf Deka Bauerngselchtes (für Stadtkinder: nicht vom Bauern, sondern von dessen Sau), alle drei Fleischsorten ziemlich fett, und eine halbe Knackwurst oder eine andere Wurstsorte, eine mittlere Zwiebel, ein Knoblauchzecherl (erscheint wenig, aber es ist eh schon würzig genug), im Fleischwolf einmal faschieren, mit acht Deka rohem Faschierten und einem Eßlöffel edelsüßen Paprika vermischen.

Dazu gibt's außer Sauerkraut (oder im Innviertel saure Rüben) im Hausruckviertel unbedingt (ein wichtiger Teil der Show!) den »kalten Kren«. Ein Viertel Sauerrahm mit zwei, drei Eßlöffel Essig vermischen, mit Milch zu sämiger Konsistenz aufsprudeln, salzen, pfeffern und je nach Mondstand mehr oder weniger gerissenen Kren und Schnittlauch untermischen, bei Tisch über die aufgeschnittenen Knödel (bitte nicht übers Sauerkraut!) gießen. Zum Trinken paßt laut Wirtinnen in der Spöck Bier und Schnaps, aber die Säure und Adstringenz (der muß so richtig »hobn«) eines Birnenmosts haben auch einiges für sich. Den Schnaps können Sie ja danach auch noch trinken, müssen Sie vielleicht sogar.

August 1998

Ein paar Tröpferln Pernod

Was da so alles unter dem Namen BOUILLABAISSE läuft, hat mit dem Fischeintopf aus Marseille wenig gemein.

Als wir dieser Tage unsere FreundInnen und RechtsanwältInnen (wow – was sind wir politisch korrekt!) Monika und Martin M., wohnhaft in Weyregg mit Blick auf den Attersee, anriefen, um die Weltlage zu besprechen, landete unser Gespräch bald bei dem, was den österreichischen Menschen wirklich bewegt: dem kiloschweren Hechtschädel, der gerade in der M'schen Küche ausgekocht wurde, um die in unseren Breitengraden einzig gültige Fischsuppn zu erzeugen, Einlage die Backerl (Backen, Wangen) des Viechs und eine Gemüsejulienne. Und früher waren die Hechte natürlich noch größer und schwerer und überhaupt.

Aber unser nostalgischer Blick in die etwas entrückte Jugendzeit fördert auch anderes zu Tage oder Oberfläche als monumentale Hechtschädel. Wie alle erfrorenen Siebziger-Jahre-Maiden zog es uns an die Sonne, ans Licht, ans Meer – schon damals nicht zuletzt, weil da viel Gutes zum Essen drinnen schwimmt. Zum Beispiel die Zutaten für eine Bouillabaisse, und wir meinen damit nicht das simple Gschlader, das ein – von uns sonst durchaus geschätzter – stadtbekannter, börsenotierter Wiener Gastronom seiner schicken und offensichtlich ignoranten Klientel als Vorspeis' unterjubelt, samt Industrie-Aioli, Schande über den Stephansdom, der die Kulisse dazu abgeben muß.

Im Vieux Port in Marseille würde das nicht durchgehen. Denn dort haben die Fischer das drauf, worüber sich J.-B. Rebouls »La Cuisinière Provençale« – sozusagen die Prato der provençalischen Küche – über viele Seiten ausläßt. Ihren Fischeintopf kochten sie ursprünglich an Bord ihrer Boote: ganz bestimmten Fisch, Meerwasser und ein paar Kräutln halt.

Der Pariser, der sich selbst für den Superlativ des homo gallicus hält, schaut auf die gscherten Midi-Bewohner und ihre Küche hinab, auch für J.-B. Reboul war die prototypische Marseillerin ein Fischweib, und vor »nos dames de la halle« warnt er die jungen, ahnungslosen Hausfrauen dementsprechend eindringlich: Sie sollen auf die gewölbten, klaren Augen der Fische achten, darauf, daß der Fisch fest ist, nicht schlaff, nach frischen Algen riecht – wobei die Manipulationen beginnen, denn Hautgout kann durch mehrere Waschungen kurzfristig beseitigt werden – und auf die roten Kiemen. Und hier sind auch wieder »nos dames de la halle« am Werk, sie spritzen frisches Blut von anderen Viechern unter die Kiemendeckel, auf daß es wieder lebendig rot leuchte.

Hierzulande ist man von diesen Sorgen nicht geplagt, sondern froh, wenn man die Zutaten für eine Bouillabaisse überhaupt auf dem Markt findet, für ein Schweinegeld und leider nicht immer den Reboulschen Anforderungen genügend. Aber immerhin. Für sechs Personen brauchen Sie zwei Kilo Fisch – laut Herrn Bocuse wenn möglich noch lebendig, haha –, und sie sollen »poissons de roche«, am Felsen lebende Fische sein, die da sind: Drachenkopf, Petermännchen, Meeraal, Knurrhahn und Seeteufel. Das sind die festfleischigen; Seeteufel ist in Wien fast immer und Drachenkopf oft zu bekommen. Aufpassen auf die Stacheln, kleine Verletzungen können tagelang wehtun, es sind eben echte Meeresungeheuer.

An zartfleischigen sind Heringskönig, Merlan und Wolfsbarsch vorgesehen. Spendable nehmen auch Langusten und/oder Taschenkrebse, nichts zu suchen haben in der Bouillabaisse Muscheln und Sepie und auch die »blauen Fische« (Thunfisch, Makrele und Konsorten). Schuppen, ausnehmen, Köpfe, Flossen, Schwänze abschneiden, Fische in größere Stücke schneiden, die fest- und die zartfleischigen dabei separiert halten. Und da wir nicht im Fischerboot sitzen, machen wir uns eine »Bouillabaisse riche«, das heißt, mit einem – ungesalzenen – Fischfond aus den Schädeln und Flossen der Fische und, so Sie haben, ein paar kleinen

Drachenköpfen. Drei mittlere Zwiebeln in dünne Scheiben schneiden, in einer großen Kasserolle in einem Achtel Olivenöl hell anschwitzen, vier Knoblauchzehen, zwei geschälte, entkernte, gehackte Paradeiser, je ein Zweig Thymian und wilder Fenchel (ersatzweise einige Fenchelsamen), Petersil, ein Lorbeerblatt, ein Stück Orangenschale und eine Prise Safran dazu.

Die festfleischigen Fischstücke, Languste und Taschenkrebs drauflegen, mit kochendem Fischfond aufgießen, salzen, pfeffern und kochen, daß es wallet, siedet, brauset und zischet – nur so entsteht die Emulsion von Olivenöl und Wasser –, nach fünf Minuten die Zartfleischigen dazugeben und weitere fünf Minuten wallend kochen. Die Fischlein herausfischen, sie kommen auf eine angewärmte Platte. Die Suppe wird abgeschmeckt, ein Paar Tröpferln Pernod können nicht schaden, durch ein Sieb wird sie in eine angewärmte Suppenschüssel gegossen. Fische und Suppe werden getrennt serviert, damit man beim Austeilen nicht im Trüben fischen muß.

Dazu servieren wir mit Olivenöl beträufelte, geröstete Weißbrotscheiben und Aioli – Knoblauchmayonnaise –, die jeder sich seinem Grad der Gschertheit gemäß ins Supperl rührt. Aber unser Verleger Michael Baiculescu, dem man gar nicht ansieht, daß er mit uns die Verfressenheit gemeinsam hat, meint, wenn man Aioli in die Bouillabaisse gibt, werde daraus eine Bourride. Soll sein, Hauptsache, uns schmeckt's.

September 1998

Fürs krachende Katholikenmagerl

FISCHSUPPEN: Das freitägliche Fischsupperl ist zu Unrecht aus der Mode gekommen – eine Eloge auf heimische Süßwasser-Juwelen.

Voriges Mal haben wir mit Ihnen die Fischweiber in Marseille besucht, heute bleiben wir im Lande und nähren uns redlich, wenn auch ebenfalls von Fischsuppe. Dazu fällt dem postmonarchistischen Österreicher erst einmal wenig mehr ein als die weihnachtliche Fischbeuschelsuppe – dementsprechend bescheiden liest sich auch das Fischsuppenrezept im Sacher-Kochbuch: Aus Fischkopf und -abfällen eine Suppe kochen, darin geschnittene Semmeln aufsprudeln, in Butter angerösteten, kleinwürfelig geschnittenen Süßwasserfisch und hartgekochte, zerdrückte Eier in der Suppe aufkochen, Petersil – ausmaus, die Fischsuppe für simple Gemüter.

Heiliger Antonius von Padua, der du zu den Fischen sprachst, wohin ist das katholisch-kulinarische Hirnschmalz von Generationen von am Freitag und zu anderen Fasttagen das Bratl und die Würscht' meidenden Österreichern hingekommen? Es würde dem hiesigen Volkscharakter widersprechen, hätten sich es die braven Christenmenschen nicht trotzdem schmecken lassen. Waren es vielleicht Krebsstruderl und Muschelschöberl und Lachsnockerl, die das Fastensupperl aufputzten? Streichelte etwa eine Störvelouté das krachende Katholikenmagerl?

Wir wissen, daß in der meist auf Erbsenwasser basierenden Suppe – darüber kann man diskutieren – Einlagen von Fisch, Austern und Krebs herumschwammen, auch Biber, Fischotter und sogar diversestes, sich von Fischen nährendes Wassergeflügel (nicht sehr orthodox wahrscheinlich, aber in vorkrennschen Zeiten ...) kam dafür in Frage. Tempi passati, die österreichischen Katholiken haben mit dem Ende der kulinarischen Zwänge das Kind mit dem Bade und das

Krebserl mit der Suppe ausgeschüttet. Schade. Nur der Heringsschmaus am Aschermittwoch hat sich gehalten, da wird der liebe Gott alljährlich so richtig schön gelegt.

Und natürlich rund um die österreichischen Seen und Flüsse, da weiß man schon noch annähernd, was man mit den Süßwasser-Juwelen macht – wenn man sie bekommt! Von unseren am Attersee residierenden Freunden wissen wir, wie sehr Hechtzulieferer umsorgt und gehätschelt werden. Sportfischer dürfen ja ihren Fang nicht verkaufen, also bleibt der normale Attersee-Anrainer auf Geschenke oder dunkle Geschäfte angewiesen – und auf die professionellen Fischer, aber das ist natürlich nur halb so interessant.

Hechtfischen ist eine schweißtreibende Angelegenheit, der Köder muß in ständiger Bewegung sein, die Fuchs selbst hat sich schon auf dem Weg von Kammer über Seewalchen nach Litzlberg und retour vom Rudern Blasen auf den zarten Köchinnenhanderln geholt.

~

Aber bevor ihre Zähnt' so lang werden wie die des räuberischen Hechtes, hier unser Hechtsuppenrezept: Eine gehackte Zwiebel in Olivenöl anschwitzen, den Schädel eines kapitalen Hechts im Ganzen zugeben und eine halbe Stunde auf kleiner Flamme schmurgeln lassen (die Flüssigkeit kommt vom Hechtschädel). Dann mit trockenem Weißwein und Rindsuppe – die gibt Rückgrat! – im Verhältnis 50:50 aufgießen, zusammen rund eineinhalb Liter, dazu kommt das Weiße einer großen Porreestange, eine Knolle Fenchel, eine große Karotte (alles in Scheiben), zwei Lorbeerblätter, Thymian, zwei bis drei geschälte und gehackte Paradeiser, Orangenschale, Pfeffer und Salz. Nochmals eine halbe Stunde kochen lassen, durch ein Spitzsieb passieren, mit Safran und Pernod abschmecken. Als Einlage kommen die Hechtwangerln hinein und eine Julienne von Karotten und Stangensellerie. Na, das hört sich doch schon ein bisserl anders an, als der Semmel-Eiergatsch siehe oben.

Aber damit haben wir unser Fischpulver noch nicht verschossen – wenn auch fürs nächste Rezept ein Naheverhältnis zu einem Attersee-Fischereiberechtigten fast Bedingung ist: Als Hauptspeis' verordnen wir Ihnen Saiblinge, die kleinen, gschmackigen, nicht aus der Zucht natürlich, und vorher ein Supperl der besonderen Art.

Für unsere Saiblingsmilchsuppe machen wir als Basis eine Knoblauchsuppe: eine kleine Einbrenn mit Rindsuppe, Gemüsebrühe oder klarer Fischsuppe aufgießen, zerdrückte Knoblauchzehen dazu, kochen, passieren und mit Obers verfeinern. Dann wird die »Milch« der Milchner (ein Milchner ist ein männlicher Saibling) in der heißen Suppe stocken gelassen – und fertig ist das ausgeprägt fischige Vergnügen für Liebhaber.

In unser Repertoire hat auch die Süßwasservariante der thailändischen Garnelensuppe gefunden, die der begnadete Taubenkobel-Eselböck erfunden hat: Eine gehackte Zwiebel und das Weiße von einer Lauchstange fein geschnitten in etwas Butter glasig anschwitzen, eine Knolle geschälter Ingwer (im Ganzen) mit einem Eßlöffel Kokosmilch (unserer Ansicht nach verzichtbar) und einem Liter Fischfond aufgießen, zwei Stangen Zitronengras zugeben und eine halbe Stunde kochen lassen, ein Sechzehntel Liter Obers hinein, pürieren und durchs Sieb streichen, salzen und pfeffern.

Als Suppeneinlage: Den grünen Teil vom Lauch in Streifen schneiden und in Salzwasser garen, ein Saiblingsfilet vierteln, mit Salz, Pfeffer, Koriander und Limettensaft würzen und glasig braten. Lauch, Saibling und acht Krebsschwänze in Suppenteller verteilen, Supperl drüber und mit feingeschnittenem Bärlauch garnieren. – Glauben Sie uns, wir klauen nur Rezepte, die es wert sind.

Oktober 1998

Man nehme heiße Luft

SOUFFLÉS: Diese einsturzgefährdeten Luftschlösser nach Originalrezept zu fabrizieren ist etwas für Profiköche. Weniger ambitionierte Küchenfeen und -faune fahren mit der bastardisierten Variante auch recht gut.

Wer ein vollendetes Soufflé zubereiten will, muß diesem seine volle Aufmerksamkeit widmen und darf sich nicht von anderen Dingen ablenken lassen«. Also sprach Bocuse. Dampfplauderer raus aus der Küche, kühl sei der Kopf, fest der Mut, stark der Arm, Fenster abdichten, Teller anwärmen, und den p.t. Gästen das Husten verbieten oder besser gleich das Atmen, alles eben, was die Luftschlösser zum Einstürzen bringen, die gefürchtete Metamorphose vom sphärisch-entrückten Schaumgebilde zur patzigen Omelette auslösen könnte.

Der Siebeck hat es nach Jahren titanischen Ringens und trotz eines Kochkurses bei Pierre Gaertner – dessen Patissier konnte es nämlich auch nicht – erlernt, die Kunst, die heiße Luft in die gezuckerte Eierspeise zu blasen und sie zu zwingen, dort zu bleiben, bis das Soufflé verspeist ist. Die Primadonna assoluta unter den Soufflés ist bekanntlich das Soufflé Grand Marnier, ein wahrer Trapezakt für schneerutenschwingende Artisten mit ausgeprägtem Sang froid.

Von uns ist, hélas, in dieser Hinsicht leider nichts zu erwarten, sind wir doch Opfer eines Umstands, den Meister Bocuse selbstverständlich nicht vorgesehen hat: Wenn's zum Dessert kommt, sind wir, auch als Gastgeberinnen, unter Umständen, das heißt oft, das heißt meistens zumindest leicht illuminiert, für den Straßenverkehr genauso wenig geeignet wie für das Wandeln am zuckerbäckerischen Abgrund. Und der Ehrgeiz und die Nerven sind auch nicht mehr das, was sie einmal waren, als wir uns als junge, knusprige Köchinnen einstmals an den Herd begaben.

Trotzdem müssen unsere zu Bekochenden nicht auf konditorale Luftgebilde verzichten – denn wie so viele andere hehre Idealbilder in unserem Leben haben wir auch das klassische Soufflé in die uns entsprechende Form gezwungen, sprich bastardisiert.

Unser Soufflébastardl ist keine so aufgeblasene Gschicht wie das Bocus'sche Original, dafür von robuster Natur und zuverlässigem Charakter, ein gsundes österreichisches Bankert eben, aus der morganatischen Verbindung von Soufflé und Dunstkoch entstanden. Darum wird es auch in kleinen Förmchen im Wasserbad gegart.

Hat sich noch keiner beklagt, dem wir unsere Grieß-, Lebkuchen-, Vanille-, Schokolade-, Mandel-, Nuß-, Topfen-, Scheiterhaufen- oder Mohnsoufflés vorgesetzt haben. Daß wir bei dieser pretentiösen Namensgebung bleiben, haben wir etwa mit den Herren Witzigmann und Matt gemeinsam, die uns die Grundrezepte geliefert haben. Aber wenn Sie die Bastardlsoufflierei einmal heraußen haben, können Sie Ihrer Kreativität freien Lauf lassen – wobei Sie sich auch bei den Beilagen austoben können. Ein echtes Soufflé hat so einen Firlefanz wie begleitende Saucen, Früchte etc. natürlich nicht nötig, es genügt sich selbst. Unserem Bastardl tut es hingegen ganz gut, wenn es edel accompagniert wird.

~

Aber lasset uns endlich zur Tat schreiten. Ein *Walnußsoufflé* etwa geht wie folgt, wobei wir die Rezeptur unserem Naturell gemäß in zwei Abschnitte – eine mit und eine ohne Duliö – teilen: Noch einigermaßen nüchtern, zerlassen wir zwei Deka Butter in einem Pfandl, rühren zwei Deka Mehl unter, gießen mit 18 Zentiliter Milch auf und fabrizieren unter Rühren eine Art Brandteig. Überkühlen lassen, nach und nach drei Eidotter hinein und sechs Deka grob geriebene Walnüsse untermischen. Sechs Kaffeehäferl buttern und mit Zucker ausstreuen, fünf Deka Kristallzucker und die drei Eiweiß in Bereitschaft halten.

Das war die Vorbereitung, nun nehmen wir in Gesellschaft unserer Gäste mehrere Gänge und einige Gläser zu sich, pardon, zu uns, und schreiten nach der Hauptspeis' oder dem Käsegang zum Finish wieder in die Küche, wenn auch nicht ganz so festen Schrittes wie vorher: Aus den Eiweiß und dem Zucker einen festen Schnee herstellen, diesen unter die Dottermasse heben, die Häferl befüllen, kochendes Wasser in ein Reindl tun, Häferl hineinstellen und bei 200 Grad eine halbe Stunde backen. Das bringen wir alleweil noch zusammen. Unsere Bastardln werden auf Teller gestürzt und mit Preiselbeeren und Weinchaudeau serviert, aber das können Sie halten, wie Sie wollen.

Der Gerer macht dasselbe mit einer Basis von in Milch eingeweichten Semmeln oder Brioche und einem Butterabtrieb (etwa sechs Deka Butter auf auf zwölf Deka Gebäck), das funktioniert auch ganz hervorragend. Man muß nur aufpassen, daß das Ganze durch die Butter nicht zu schwer und dadurch zu kuchig wird.

Noch simpler als all das ist ein *Topfensoufflé*, das sogar ohne Mehlkorsett auskommt. Für vier Personen zwei Eigelb mit vier Deka Staubzucker sehr cremig schlagen, eine Messerspitze geriebene Zitronenschale und acht Deka passierten Topfen (20prozentiger) untermischen; drei Eiweiß mit drei Deka Kristallzucker zu einem festen Schnee schlagen, ein Drittel davon vorsichtig unter die Dottermasse rühren, dann den Rest dazu. Wie oben verfahren, in Häferln ins Wasserbad. Bei 180 Grad im Ofen fünfzehn bis zwanzig Minuten backen, dabei das Türl nie aufmachen, sonst geht die Luft raus.

Dazu paßt unserer Meinung nach gut eine Limettensauce: Fünf Deka Zucker in einer Kasserolle karamelisieren, mit dem Saft zweier Limetten und eines Deziliters Weißwein löschen, Zesten der Limetten und einen Teelöffel feingehackten Ingwer zugeben, etwas einkochen, fertig. Dieses Souffletscherl können Sie auch noch nach dem Martinigansl, so es für heuer noch nicht zu spät ist, bewältigen – kochtechnisch und magenmäßig.

November 1998

Weihnachtlicher Flieger

Trotz der schweren Konkurrenz von Gänsen, Enten und Fasanen landet alljährlich in der Weihnachtszeit ein HENDERL in unserem Kochtopf. Von den Zutaten her nimmt es unser weihnachtlicher Flieger mit jedem Punschstandl auf.

Der werte Leser, die geschätzte Leserin wundern sich: Ein Gickerl um diese Jahreszeit? Ein weihnachtlicher beziehungsweise adventlicher Flieger – wo es doch von Gänsen, Enten, Fasanen, Truthähnen (die haben übrigens nicht einmal unsere Hundsviecher besonders mögen) nur so wimmelt – im Fuchs/Harrerschen Kochtopfe?

So ist es, liebe austriakische ZeitgenossInnen, wir erweitern heute Ihren Hühnerhorizont, der vielleicht von unserem Wappenadler oder gar noch dem Doppeladler (der grad ein besonders stinkertes Patzerl fallen lassen hat: Die Habsburger tragen den gelben Stern!?, sagte Otto, auch ein Komiker) verhängt ist.

Im Land, das sich mit dem Gockel als Staatssymbol ziert, serviert man hingegen Geflügel zu den allerhöchsten Gelegenheiten und weiß, was man tut. Natürlich handelt es sich dann nicht um den ordinären österreichischen Gummiadler und schon gar nicht um die unseligen Lagerhennen um 29,90 S das Kilo. Brillat-Savarin hat das Bresse-Huhn als »Königin des Geflügels und Geflügel für Könige« bezeichnet. Aber es geht noch besser, und so beginnt alljährlich vor Weihnachten das Gemetzel unter den Bresse-Kapaunen – mindestens sechs Monate alte kastrierte Hähne, die bis zu fünf Kilo auf die Waage bringen –, die, von der Stückzahl sehr begrenzt, fast ausschließlich in den Töpfen der großen Meister landen.

In dieser Liga spielen wir natürlich nicht mit unserem Adventhendl; unsere Poularde – wie die selige Tante Mutzi (Jahrgang 1901) auch in finsterster Batteriehühnerzeit jedes

Huhn nannte – kommt aber selbstverständlich aus biologischer Landwirtschaft, wurde mit Getreide und Mais gefüttert, ist aber kein Vegetarier, denn als Freilandhuhn kommt es auch hin und wieder zu einem fetten Wurm, und es trinkt Wasser (das Bressehuhn selbstverständlich Milch). Deshalb ist es vergleichsweise athletisch gebaut und hat an die zwei Kilo, aber wenig Fett.

Da ist es wieder einmal an der Zeit, ein bißchen Retrospektive zu halten (Hungrige springen halt gleich zum Rezept): Die Wahrheit ist, daß es bis vor gar nicht allzu langer Zeit fast keine Alternativen zu den gräßlichen, nach Fischmehl stinkenden, von Antibiotika und Kraftfutter aufgedunsenen, in Massentierhaltung gezüchteten Hendlexemplaren gab, die – die einzige Gnade – schon in frühester Jugend ihr irdisches Jammertal wieder verlassen durften. Das finale Bad im Eiswasser (zum beschleunigten Abkühlen vor der Tieffrostung) entzog ihnen dann noch den letzten Anflug von Geschmack.

Triste Zeiten, in denen man entweder gute Beziehungen zu Bäuerinnen (Hendlzucht ist im allgemeinen Weibersache) mit freilaufender Hühnerschar brauchte oder einen Deutschdrahthaar mit enormen Springerqualitäten, wie der Onkel Hubert einen hatte. Kein sich im Grünen ergehendes Federvieh war vor ihm sicher, alle Erziehungsmaßnahmen haben nichts gefruchtet, gackergackergacker, ein kurzer Federregen und das Hendi wurde dem Herrli apportiert. Immerhin hat der Ingo seine Familie über Hendlnotzeiten gerettet, es gab eine breite Palette an unverhofften Tafelfreuden: das adoleszierende Junghuhn, rare Mistgrabler (das sind junge, gschmackige Hähne), gschwarige (=schwere) Poularden bis hin zur Suppenhenn'. Die Preise, die die beraubten Bäuerinnen vom Hundevormund verlangten, entsprachen der Dramatik des Augenblicks: Es traf angeblich immer den potentesten Hahn, die beste Legehenne, in Rechnung gestellt wurden die verhinderte Restlebenszeugungs- beziehungsweise -legeleistung, mindestens.

Heute hat sich die Marktsituation geändert, keiner hat mehr die Ausrede, kein Huhn käuflich erwerben zu können, das nicht ein halbwegs tierwürdiges Dasein geführt hat. Und so ein Flieger wird Sie ab jetzt alljährlich im Advent erfreuen – wie Sie sehen, hat seine Zubereitung einiges mit der des Punsches gemeinsam. (Wobei – Abschweifung – zu sagen ist, daß die vorweihnachtliche karitative Punschstandelei in Wien schon so überhand genommen hat, daß man sich nicht wundern würde, wenn demnächst die Anonymen Alkoholiker für ihren Verein auf diese bsoffene Art Geld machen.)

Unser Hendlrezept stammt wieder einmal aus der unerschöpflichen kulinarischen Quelle, die unser Freund, Kammersänger Wicus Slabbert, darstellt. Die Geschichte dazu, die er uns beim Verspeisen dieses Gerichts, das wir in unser Repertoire übernommen haben, erzählte, liefern wir Ihnen aus gutem Grund später.

Also: Legen Sie eine (große Männer)hand voll Rosinen in süßem Sherry ein, sie müssen mindestens 24 Stunden lang marinieren. Reinigen Sie Ihren Vogel innen und außen, befreien Sie ihn von den Fettpölsterchen am Bauch, salzen und pfeffern Sie. Zwei große ungeschälte Granny Smith werden entkernt und in wirklich kleine Würferl geschnitten, mit den abgetropften Rosinen vermischt und ins Hendl gestopft, dieses wird zugenäht und mit der Brust nach unten in einen Bräter gesetzt. Die Schalen von zwei großen unbehandelten (! gar nicht so einfach zu kriegen) Orangen möglichst dünn, ohne weiße Haut, abschälen und in winzige Würfel schneiden, auf das Hendel streuen.

Die restliche Fülle rund um das Huhn verteilen, mit einem Achtel Liter Weißwein und/oder stark reduzierter Hühnersuppe aufgießen, Deckel drauf und bei 160 Grad für eineinhalb Stunden ins Rohr, regelmäßig begießen. Den entstandenen Saft gießen Sie in ein Häferl ab, drehen Sie das Henderl, Brust nach oben, begießen Sie mit einem guten Achtel Cognac und setzen Sie – sonst wird's gar zu mager – einen Butterziegel von mindestens zehn Deka auf die Hühnerbrust. Bei hoher Hitze noch einmal zwanzig Minuten ohne Deckel ins Rohr, weiter begießen.

Während Sie dann Ihren Adventflieger ausführlich rasten lassen, gießen Sie die beiden Säfte zusammen, unter

Umständen etwas einkochen und abschmecken (Salz, Pfeffer, Cognac, Hühnerwürfel?). Das Punschhendl wird mit Basmatireis serviert, dazu kommt ein Fenchel- oder Stangenselleriegemüse und ein älterer, kräftiger Sauvignon blanc.

Und nun zur Geschichte vom Hendl: Die Slabberts besaßen in Südafrika eine Farm, mit Plumpsklos, wie damals halt üblich, und eines schrecklichen Tages fand eine besonders brave Haushenne in einer der Öffnungen ihren frühen, übelriechenden Tod. Am Abend servierte Mutter Slabbert Huhn, selbstverständlich ein anderes. Aber das wollte ihr keiner glauben, denn niemand aß auch nur einen Bissen – mit nachfolgender häuslicher Szene, als die gute Mutter ihr Hendl verschmäht fand. Es folgt an dieser Stelle die Einlage des begnadeten Schauspielers Wicus Slabbert, wie er das in der Kacke immer tiefer einsinkende, erstickende – kaaakakakaka – Hendl nachmacht und den hysterischen Anfall seiner Mutter, der akkustisch dem finalen Hendlgegacker nicht unähnlich gewesen sein dürfte.

Dezember 1998

Hinter uns die Kekssintflut

Erstens ist der 6. Jänner ein klassischer Anlaß, und zweitens erinnert uns die Reintönigkeit des Germteiges gerade nach dem kulinarischen Weihnachtsstreß an die flaumige Leichtigkeit des Seins: Heute gibt's Bauernkrapfen.

Heute geben wir's wieder einmal ländlich sittlich, haben wir doch das vergangene Neujahrsfeste, das vorletzte in diesem Jahrtausend (ja doch, denn wir können bis zehn zählen), im tiefsten Hausruckviertel begangen. Und zwar in Neukirchen/Vöckla, wo sich nicht nur das ehrwürdige Elternhaus unserer Freundin Helene, sondern auch der »Stehrerhof« befindet. Nix »na und«, dort werden zu gewissen Anlässen, namentlich zum Dreschen, Krapfen (= Maschinkrapfen, wegen der Dreschmaschin') hergestellt, derentwegen sich Neukirchen bereits zu einer Art Krapfenwallfahrtsort entwickelt hat.

Wir sprechen, wie Sie unschwer erraten konnten, von *Bauernkrapfen*, die mit der Einbuchtung in der Mitte, nicht von ihren urbanen Verwandten (die ja auch nur mehr bourgeoise Bastardln sind, seit sie nicht mehr zusammengesetzt werden – quasi rund um die Marmelade herum –, sondern letztere ihnen ganz profan geimpft wird). Warum wir Ihnen gerade jetzt damit kommen, hat mehrere Gründe: Erst einmal ist der 6. Jänner ein klassischer Krapfenanlaß auf dem Land, das arme sternsingende Wienerkind weiß gar nicht, was ihm da entgeht. »Bitt' gar schön um an Glöcklerkrapfen, laßt's uns net lang im Schnee umastapfen, gebt's ausse zwoa oder dre, mia miaßn in andere Häuser a wieder geh«, na ja, vielleicht doch nicht das Richtige für die schicken Stadtbalthasare, -melchiore und -kaspare.

Der zweite Grund hängt mit der Weihnachtskeksspringflut beziehungsweise -sintflut zusammen, die Anfang Jänner ja eher noch zunimmt, wenn die übersättigten Familien ihre beträchtlichen Keksrestbestände an die Arbeitsstätten ihrer Lieben abschieben, so zum Beispiel in die Redaktion des STANDARD. Jetzt wird's heikel, müssen wir doch zugeben, daß sich uns da ein weites soziokulinarisches Forschungfeld auftut, vom gemeinen, mit Marmelade zusammengekleisterten Margarinebackpulvermehlradl über tadellose bürgerliche Klassiker bis zu kleinfeinen Meisterwerken österreichischen Patisserieadels: Gib mir die Weihnachtskeks Deiner Mutti, und ich sage Dir, wer Du bist!

Nun, nächstes Jahr wird uns bestimmt niemand mehr »seine« Kekserln anbieten – wie viele Attacken auf unseren von Karpfen, Gansl, Schampussäure und Weintanninen angekratzten Gaumen, von den Eingeweiden gar nicht zu reden, werden wir uns da ersparen. Und sehen Sie, gerade weil es jetzt jedem graust, empfehlen wir den Bauernkrapfen als Jungbrunnen für das ausgepowerte Palatum: Die Geradlinigkeit und Schlichtheit, die Reintönigkeit des ungekünstelten Germteiges, die flaumige Leichtigkeit mit der Andeutung eines krustomanischen Widerstandes beim Hineinbeißen.

~

Aber nun zum Werke: Krapfenbacken ist natürlich nicht irgendeine Art von Kocherei – um damit zu beginnen, gehört eigentlich eine zeremonielle Initiation von der jeweiligen Krapfenahnfrau der Familie, hoffentlich funktioniert das auch via Papier. Zum Procedere gehört unumgänglich das Einheizen der Küche wie zum Ochsenbraten, versperren Sie die Küchentüre, am besten die Haustüre, damit Ihnen nicht der Wind hineinweht, frische Schürze und selbstverständlich Kopftuch antun. (Einwurf der ignoranten Harrer: Auch die Herren Köche? Antwort: Das hat's seinder und meinder nicht gegeben, daß Männer Krapfen backen! – O weh, wozu haben wir ihr jahrelang die »Emma« zu lesen gegeben, der Fuchs?)

Obwohl die legendäre Tante Lini ihre Krapfen völlig aus dem Gefühl heraus machte, hat sich in ihrem handgeschriebenen Kochbuchfundus doch ein Rezept gefunden, offensichtlich hat sie ihrer unroutinierten Nachkommenschaft doch nicht ganz getraut. Also, wie wir schon andeuteten: Merke, die größte Gefahr für Krapfen ist der Zug! Und die Kälte – das heißt, auch die Zutaten müssen angewärmt sein.

Für zirka 20 mittelgroße Krapfen brauchen Sie ein halbes Kilo Mehl (glatt, no na net), drei Deka Germ, zwei Eier, einen Dotter, einen Eßlöffel Öl, Salz, zwei Eßlöffel Zucker, ein Kaffeehäferl (gut ein Viertel Liter) plus ein Achtel Milch. Aus einem Drittel der Milch und der Germ und einem Eßlöffel Zucker ein Dampfl machen, wenn es aufgegangen ist, alles warm zusammenmischen, Teig abschlagen und in einer Schüssel gehen lassen. Wie gesagt, die Küche brav heizen, dann mit einem Eßlöffel Teig herausstechen, kleine Laiberl schleifen (das heißt formen), diese auf ein bemehltes Leintuch setzen, wo sie mit einem Tuch abgedeckt werden und weiter aufgehen müssen.

Jetzt kommt's zum Backen: Schweineschmalz ist landläufiger Usus, eingedenk familiärer magenmäßiger Faiblessen griff man bei uns schon früh zum Ceres, besser ist natürlich Butterschmalz. In eine Ein-Liter-Kasserolle kommt also ein gutes Viertel Kilo Ceres, erhitzen (zur Probe ein Schnitterl Brot braun werden lassen). Die Teiglaibchen werden nun auseinandergezogen, so daß sie in der Mitte das berühmte Grübchen erhalten, mit dem Grübchen nach unten werden sie ins heiße Fett gegeben. Mit dem Löffel wird auf den Krapfen heißes Fett geschöpft – und dieser Tip ist in keinem Kochbuch zu finden, aber dadurch gehen die Dinger schön auf –, dann umdrehen und fertig backen (kein Fett mehr aufschöpfen). Wie die Faschingskrapfen müssen auch die Bauernkrapfen rundherum ein regelmäßiges helles Randerl haben; unsere Freundin Monika hat noch das Lamento ihrer Großmutter selig über die angeblich mißratenen Krapfen im Ohr.

Übrigens hat die Tante Lini darauf geschworen, den Krapfenteig nicht zu gut, eher gsparig zu machen, sonst werden die Krapfen nicht so flaumig. Aber was die Konsistenz betrifft, gibt es ja mindestens zwei Glaubensschulen, wir gehören der flaumig-leichten an. Eine Minorität, die wir als Fraktion des fetten Bratls, der Fettsauce über dem Wiener

Schnitzel, des fetten gekochten Rindfleischs charakterisieren möchten (nein, wieso, wir haben gar nichts gegen die Leute), hängen den festen Bauernkrapfen an, wie U-Boote müssen sie beim Backen im Schweinsschmalz hängen und sich ansaufen.

Natürlich schmecken unsere Bauernkrapfen frisch aus der Pfanne am besten. Der ländliche Brauch erlaubt sie aber auch ein bis zwei Tage alt zum Eintauchen, nicht nur in den Kaffee, sondern auch in den Bratlsaft – selten, aber durchaus authentisch –, so wie sie ja auch von Sauerkraut begleitet werden können. Gebräuchlicher ist aber doch die süße Variante: solo mit Staubzucker bestreut, mit Apfelmus oder -kompott, Zwetschken- oder Hollerröster oder mit Marmelade im Grübchen.

Jänner 1999

Salzherings Erben

Rheinankenterrine und Garnelensuppe statt Heringbutter und Lachsersatz: Heute gedenken wir der HERINGSSCHMÄUSE unserer Kindheit, ohne jede Nostalgie allerdings.

Schön langsam werden wir alt und sentimental. Haben wir Ihnen bei einem früheren Heringsschmaus noch Austernkipferl und Shrimpsstruderl und ähnliches Gschistigschasti serviert, so besinnen wir uns heute der austern- und shrimpslosen Zeiten. Zum Heringsschmaus unserer Kindheit in den sechziger Jahren gab es Heringbutter, Hering mit Erdäpfelsalat, eine erweiterte Version mit Russerl, Rollmops und Teufelsroller, und, wenn es ganz mondän wurde, geräucherte Forellen, Aal, Gemüsemayonnaise und Eiersalat (Cholesterin war noch nicht erfunden), nebst vielleicht irgendwelchen Fischaspikschüsserln (Assoziation: Gabelbissen!).

Seit bei einem unserer ersten Fischbuffets 1985 die *Heringbutter* nicht angerührt wurde – damals fraßen die Menschen noch rasend gern Lachs, der heute auch übrigbleibt –, haben wir's nicht mehr probiert. Heuer aber werden die eintrudelnden Gäste mit Heringbutterbrötchen traktiert werden, das haben wir kühn beschlossen, ein Heringbutterhäppchen von halber Trzesniewskibroterlgröße und ein Pfiff Bier dazu (der Trzesniewski ist seit Generationen der Vater aller Aufstrichbrötchen in Wien).

Die Harrermutter beutelt es hörbar durchs Telefon, als wir sie nach dem Know how fragen: Damals machte man Heringbutter mit den – heute anscheinend unbetrauert ausgestorbenen – Salzheringen aus dem Fassl, die von den Salzkrusten gesäubert, zwölf Stunden gewässert, dann von den Gräten geschabt und fein gewiegt wurden, dazu kamen geriebene Äpfel und Kapern, bei den Fuchsens (dort machte der Papa die stinkerte Arbeit) Äpfel und Zwiebeln, dann die Butter. Wir werden Ihnen mitteilen, wie unsere Gäste die

Innovation, die ja eigentlich ein Ausflug in die Vergangenheit ist, aufgenommen haben.

Ja, der Lachs, schon gesehen 200 g um S 34,90, wahrscheinlich ist der Lachsersatz – den es auf historischen Heringsschmäusen natürlich auch gab, neben Kaviarersatz auf Eischeiben – heute schon teurer. Die Lachshälfte als Weihnachtsgeschenk steht bekanntlich längst in direkter Konkurrenz zur Kekserlplage. Wir sind wählerisch geworden und nicht erst seit uns ein Artikel im »Zeit«-Magazin über die Lachszucht – Massentierhaltung in übelster Form – die Grausbirnen aufsteigen ließ. In dem Bericht stand unter anderem auch zu lesen, daß der Wildlachs ebenfalls nichts heißt: Wir schließen uns dieser Meinung nicht an, vertrauen unseren Geschmacksnerven und erstehen den unseren dankbar bei Feinkost Scherleitner am Aumannplatz – umso mehr, als es dort die ultimative *Senfsauce* dazu (und mehr noch zum Gravad) gibt! Das Scherleitnerische Rezept liest sich schlicht und ergreifend und lebt natürlich vom Abschmecken: Ein Glas Dijon-Senf (20 Deka), die doppelte Menge (selbstgemachte) Mayonnaise, zirka drei Eßlöffel Honig, zwei Eßlöffel weißen Weinessig, Dille, Salz und Pfeffer. Wird bei uns gern auch aufs Buttersemmerl genommen, vom Fuchsischen Ehemann auch schon mal ohne alles!

Was heute eine Heringsschmaustafel so alles bieten kann, brauchen wir Ihnen nicht zu erzählen. Wir kochen Ihnen jetzt einfach zwei unserer Renner, zuerst eine *Rheinankenterrine* und dann den Keulenschlag für den um Mitternacht zu begrabenden Fasching: die Garnelensuppe zum Magen- und Geisteinrichten.

Zuerst das Terrinderl (vier Kaffeetassen ergeben 16 kleine Portionen): 27 Deka (ca. ein halbes Kilo brutto) gehäutete und gut gekühlte (kurzer Aufenthalt im Tiefkühler) Rheinankenfilets im Cutter zerkleinern, nach und nach drei Achtel sehr kaltes Obers unterrühren (offiziell wird auf zerstoßenem Eis gearbeitet, wir nehmen es wie immer etwas salopper), dann die Masse durch ein Sieb streichen – diese Sauarbeit können wir Ihnen nicht ersparen, nur so bleiben alle Häute und Gräten hängen. Salzen, pfeffern, ein Spritzer Zitronensaft. Vier Kaffeehäferl gut buttern, die Masse einfüllen, mit Alufolie abdecken und im Wasserbad bei 170 Grad zwanzig Minuten lang garen. Einen Tag kühl stellen, die Tasse kurz in heißes Wasser tauchen und stürzen und vierteln.

Dazu kommt die Kressesauce: Ein Viertelliter Fischfond mit einem Achterl Wein auf die Hälfte reduzieren, überkühlen lassen, zwei Dotter unterrühren, im Wasserbad aufschlagen, bis die Sauce eindickt, kaltschlagen. Ein Achterl Schlagobers und zwei Becher gehackte Gartenkresse untermischen, salzen, pfeffern, vielleicht noch etwas Zitronensaft.

Und hier das Kraftsupperl (für sechs Kommensalen): zirka dreißig (große) Garnelenkarkassen, aus den Köpfen das Beuschel herausdrücken, alles etwas zerkleinern, eine Karotte, eine große Zwiebel, zwei Stangen Staudensellerie grob hacken, drei angedrückte Knofelzehen, zwei Zweigerln Thymian, etwas Tomatenmark, mit einer Flasche Weißwein und Wasser aufgießen, bis alles bedeckt ist, eine Stunde köcheln lassen. Noch weiter ziehen lassen, dann durch ein Spitzsieb gießen und gut ausdrücken.

Dreiviertel Liter entfettete Rindsuppe zugießen, das Ganze durch ein Tuch filtern und auf zirka eineinviertel Liter einkochen. Mit fünf Eßlöffel heller Sojasauce und Weißwein abschmecken, als Einlage eine Karotte, eine Stange Sellerie und vier Deka geschälten Ingwer in Streifen schneiden und in der Suppe al dente kochen. Im letzten Moment kommen neun halbierte Garnelenschwänze hinein, kurz ziehen lassen – es lebe die Fastenzeit.

Zu den leserbriefverdächtigen dreißig Karkassen: Erstens können Garnelen beim Heringsschmaus nicht schaden, zweitens können Sie die Karkassen von frischen Garnelen tiefkühlend ansparen, drittens können Sie die Karkassen von gefrorenen Garnelen auskochen und ansparen. Viertens …

FEBRUAR 1999

Hinwendung zur juvenilen Sau

Schweine gehören nicht gerade zu unseren Grundnahrungsmitteln, aber ein SENFSCHLÖGEL VON DER JUNGEN WILDSAU mit Semmel-Grießknödeln, Kren- und Cumberlandsauce, hat uns zumindest ein Mitglied der Schweinefamilie ans Herz wachsen lassen.

Daß wir uns heute zum Schweine, allerdings dem in den Wäldern lebenden, hingezogen fühlen, hat gleich zwei gleich gute Gründe: Erstens wurden wir erst unlängst mit einem gefüttert und waren von dessen Zubereitungsart, die sonst im Hause der Harrer-Mutter an ordinäre Hausschweine appliziert wird, schlicht hingerissen. Und zweitens befinden wir uns soeben in einer Jahreszeit, wo es mit frischem Wild sonst schlecht bestellt ist: Die Monate Jänner, Februar und März sind fast lückenlose Schonzeit, die letzte Geiß und die letzte Wildente haben die Jäger am 31. Dezember abgemurkst. Nur das Wildschwein ist, außer der führenden Bache (der Muttisau mit den Butzisauen, haben Sie's?), ganzjährig jagdbar.

Also übt sich der Jäger im Winter, wo es keine Jungen gibt und wo die Alten im Schnee besser auszunehmen sind, in der Hinwendung zur Sau. Dabei handelt es sich um keine sanft-beschaulich äsenden, graziösen Individuen, sondern um nomadisierende Rotten von vier bis zehn Exemplaren, die beachtliche Märsche, oft dreißig bis vierzig Kilometer pro Nacht, zurücklegen und dabei eine Spur der Verwüstung hinterlassen. Nur der Keiler lebt oft allein (wahrscheinlich muß er, weil er so stinkt, sagt die Harrer, weil sie ein paar menschliche Exemplare kennt, denen die Einsamkeit auch zu empfehlen wäre).

Solche Wildschweinkolonien können jedenfalls einen ganz schönen Schaden anrichten, wenn sie nächtens über Äcker und andere landwirtschaftliche Nutzflächen herfallen. Die örtlichen Jagdkonsortien werden dann von einem malariaähnlichen Jagdfieberschub heimgesucht; sie ruhen nicht eher, bis die Rotte gestellt, dezimiert und weitergezogen ist, und das kann schon ein paar Tage und Nächte dauern. Der Papa Spießberger, Vater unserer Freundin Monika, hat zur Wildsau mit einer Geschichte von wahrhaft Münchhausischem Flair aufzuwarten, die jedoch auch von der Gattin Spießberger, der da eher zu trauen ist, bestätigt wird: Mit einem Schuß will er einmal zwei Schweine erlegt haben, das erste mit Blattschuß, die austretende Kugel ging dem zweiten in den Kopf.

Es waren Überläufer, präzisiert die Fuchs, das heißt jugendliche Schweine zwischen sechs Monaten und höchstens zwei Jahren, was auf alle Fälle das beste ist, was im Kochtopf landen kann. Die Kochbücher loben alle den Frischling, das Schweinderl unter sechs Monaten, aber das Ergebnis bei so einem Wildsaukrispindl steht in keinem Verhältnis zum Aufwand. Und woher sollten all die Frischlinge auch kommen? Geschossen wird mit Vorliebe der – unserer Meinung kulinarisch völlig bedeutungslose – Keiler mit den bis zu zwanzig Zentimeter langen Hauern. Damit noch mehr solches Klumpert im Haus herumliegt oder -hängt, wie die Tante Lini zu sagen pflegte.

Das einzige, was an einem größeren Tier eventuell auch noch interessant ist, ist die gegerbte Wildsaudecke als neues Platzi für den Hund, der dann gedankenverloren an deren Klauen herumknabbern kann. Auf die Wildschweinjagd darf er nämlich nicht mitgehen, das ist zu gefährlich für ihn, er hat ja kein Schießgewehr, mit dem er sich gegen eine wildgewordene Sau verteidigen kann.

Jedenfalls ist es so, daß, wenn die Jagdgesellschaft des Vaters Fuchs erfolgreich war – was keinesfalls garantiert ist –, die Jäger ihre – hoffentlich nicht zu knapp abgeschnittenen – Sauschädeln, selbstverständlich nach der tierärztlichen Untersuchung auf Trichinen, bei der Mutter Fuchs abliefern und dafür ein paar Tage später zum Sauschädelessen geladen werden. So ein Schädel wird mindestens 24 Stunden in einer Beize aus Riesling, Oregano, anderen Gewürzen und Gemüsen liegen gelassen, darin gegart, ausgelöst, ganz nach der Natur rearrangiert und mit aus dem Kochsud gefertigten Aspik übergossen. Dieses prächtige kulinarische Sau…

– o pardon – Schaustück wird mit diversen Saucen – Kren-, Cumberland, Kresse-, Bearnaise, Remouladen- und Herrenpilzsauce – serviert.

Auch wir im Freundeskreis haben uns ja beim alljährlichen Vorwärts – dem Sauschädel am Neujahrstag – nunmehr auf die Wildsau besonnen; was für eine kulinarische Verbesserung besonders für die Harrer, die mit dem Haussauschädel so ihre Probleme hatte! Allerdings sind wir uns nicht ganz sicher, ob ein Wildschweinschädel als Glücksbringer auch wirklich gilt, wird der Rüssel – also gerade der Vorwärts – bei der Wildsau doch mit der Decke abgezogen. Aber man kann bekanntlich nicht alles haben im Leben.

Nun lasset uns aber zur Tat schreiten, wir haben einen jungen Überläufer aus dem Eichelwald, besser gesagt dessen Schlögel, und mit dem verfahren wir so: Mischen Sie mehrere Eßlöffel (auf eineinhalb Kilo Fleisch vier große) guten scharfen und milden Senf, reichlich frischen Pfeffer, Thymian und Majoran und eine kleine Menge Öl (kein Salz!), mit dieser Mischung reiben Sie Ihren sauber geputzten Schlögel ganz fest ein und zwar so, daß das Fleisch fast schon wieder trocken ist, und lassen ihn mindestens 24 Stunden abgedeckt ziehen.

Sollte der Senf völlig eingetrocknet sein, wenn Sie das Fleisch wieder hervorholen, reiben Sie es noch einmal etwas mit Senf ein, salzen und braten es zugedeckt etwa eineinhalb Stunden, immer wieder begießen. Gegen Ende zwei Teelöffel grünen Pfeffer und vier Teelöffel Kapern zusetzen, kurz vor Schluß, wenn der Braten weich ist, einen schwachen Viertelliter Sauerrahm dazu. Das Fleisch aus der Sauce heben, diese pürieren, dann mindestens ein Viertel Schlagobers dazu.

Meine Herren, das ist schon etwas anderes als der uns allseits bekannte Würzzwilling Knofel-Kümmel, mit dem hierzulande auch die Wildsau traktiert wird. Um die Senfschlögel-Sache aber perfekt zu machen, brauchen Sie unbedingt die richtigen Knödel dazu, die Semmelknödel mit Grieß der Harrer-Mutter, die auf dem Teller nur so dahergeschwebt kommen: Nehmen Sie drei Achtelliter Milch, zehn

Deka Butter, achtzehn Deka Grieß, drei Eier, Salz, drei alte gewürfelte Semmel und etwas Fett. Die Milch wird mit Butter und Salz aufgekocht, lassen Sie den Grieß einlaufen und kochen Sie das Ganze dick ein. Auskühlen lassen, dann die Eier und die Semmelwürfel einrühren, mindestens eine Stunde ziehen lassen. Die mittelgroßen Knöderl werden etwa zehn Minuten lang in Salzwasser gekocht, eh klar.

Damit sind wir aber noch längst nicht fertig, es gibt zwei weitere Must: Das eine ist eine watscheneinfache warme Krensauce – eine leichte Einmach mit Suppe und etwas Wein aufgießen und frischen Kren hineinreiben – und Kaiser-Günters (eines übriggebliebenen Jugendfreunds der Harrer-Mutter) sogenannte Tschumberland: In vier Eßlöffeln Rotwein abgeriebene Orangen- und Zitronenschale (von je einer Frucht) plus eine kleingehackte Schalotte einkochen und auskühlen lassen, ein halbes Kilo Preiselbeerkompott und ein Viertel Kilo Ribiselkompott oder besser noch -marmelade, zwei Teelöffel Senfpulver, ein Teelöffel sehr scharfen Dijonsenf, ein Teelöffel Grillsenf, zwei Teelöffel ausgepreßter Saft von frischem Ingwer, etwas Cayennepfeffer oder Tabasco, Saft von einer Orange und einer Zitrone, drei Eßlöffel Rum, ein paar Tropfen trockenen Sherry und ein Schuß Portwein, etwas Salz. Uff, das wär's, je nach der gewünschten Konsistenz können Sie's pürieren oder nicht.

Na, da hätten wir heute wieder ordentlich gekocht, Zeit, vom Computer in die Küche zu pilgern und uns vor der toskanischen Wildschweinsalami mit Fenchelsamen eine ordentliche Scheibe abzuschneiden – die uns andererseits wieder schmerzlich daran erinnert, was es bei uns alles nicht gibt. Zwar fangen die ersten Innovativen auch mit der Wursterei von Lamm, Wild und Wildsau an, aber die Braunschweiger-Gewürzmischung und Co. steht offensichtlich allenthalben griffbereit – und, verdammt noch einmal, wir mögen keine Braunschweiger, auch wenn sie vom Lamm, Wild oder der Wildsau kommt. Die p.t. österreichischen Wurster und Selcher mögen sich bitte für ihre Wild- und Lammwurst etwas anderes einfallen lassen, der Blick über den Brenner sei ihnen wärmstens empfohlen. Kulinarisch kann man den ja gar nicht oft genug tun.

März 1999

Glossar

für im Buch vorkommende Dialektausdrücke*

angfressen, Angfressenheit – Angfressen sein bedeutet verärgert – fed up! – sein. Uns nicht ganz einsichtig, sind wir doch im Zustand der physischen Angfressenheit meist ganz zufrieden und heiter.

angschmiert – getäuscht, zum Narren gehalten

Ausgsuachat, das (oberösterreichisch) – das Ausgesuchte, jedoch in negativem Sinne, das was man weggibt, weil man es selbst nicht will. Das Ausgsuachat vom Reh geht an den Wildbrethändler.

aushageln – Entfernen des Darms bei Wildgeflügel durch das Weidloch mittels eines Hakens. Wer aus dem Wort »Weidloch« Analogieschlüsse zur Bedeutung von »Weidmann« zu schließen dürfen glaubt, irrt.

auszuzeln – auslutschen, ein Zuz ist ein Schnuller

Bankert, das – Die Fuchs Leopoldin ist kein Bankert, weil ganz legitim im Ehebett gezeugt – und nicht auf dem Bankl.

Baz, der – wie Gatsch, breiig-cremige Masse, es bazt: sehr feuchter Schneefall. Der Bazi – Kerl – ist eher bayrisch, aber auch der Nestroy hat ihn schon gekannt und als Lumpazi(vagabundus) unsterblich gemacht.

Beisl, das – In Wien so ein Mittelding zwischen Kneipe und Trattoria. Aber seit sich der Herr Siebeck so oft in Wien herumtreibt, weiß das eh jeder Castrop-Rauxler.

Beuschl (Beischl), das – der Bauschen: die oberen Innereien (Lunge, Herz, Milz) eines zu verzehrenden Tieres. Aber auch der österreichische Mensch besitzt eines, wie anders wäre es zu erklären, daß eine besonders starke Zigarre »Beuschlreißer« heißt. Weiters kennen alle Wiener Choristen den »Beischlziaga« (Beuschelzieher) – ein Gesangsstück, das sehr viel Atem braucht –, und wenn man es nicht derschnauft (siehe Präfix der-), dann ist man eben »hin am Beischl«.

---

* erstellt mit der tätigen Mithilfe von Freunden und Peter Wehles Standardwerk »Sprechen Sie Wienerisch? Von Adaxl bis Zwutschkerl.« (Ueberreuter, Wien 1980)

Blunzen, die – Blutwurst, von mittelhochdeutsch »blunsn«, aufblähen. Ein praktisches Wort, vielfach verwendbar: Das ist mir blunzn (egal), oder auch als Bezeichnung für ein blödes Weibsstück.

Bowern (Plural) (oberösterreichisch) – kleine Mehlklumpen, die entstehen, wenn man eine Einbrenn nicht ordentlich weiterverarbeitet.

Bratl, das – Braten, natürlich Schweinsbraten (nota bene: nicht Schweinebraten!), das »Bratl in der Rein« (siehe Rein dortselbst) wird im Oberösterreichischen sogar besungen. »Bratlgeiger« waren vagabundierende Musikanten, die um ein Essen spielten – oft wird es weniger als ein Bratl gewesen sein. Und Rabenbratl: Dieses Wort verwendet der Ehemann der Fuchs ab und zu, wenn er von seiner Tochter Leopoldine spricht. Ein Rabenbratl ist ein durchtriebenes, schlitzohriges Ding – daß es moralisch nicht einwandfrei, ist beim Alter der Fuchs Leopoldin jedoch auszuschließen.

Burenhäutl, das – (gesprochen: -heidl), Burenhaut, Burenwurst, auch »Haaße« (Heiße) genannt, am Würstelstand zu verzehren. Sie ist der schlagende Beweis dafür, daß der Wiener stoffwechselmäßig anders gebaut ist als der Rest der Menschheit. Angeblich hat sie ein aus dem Burenkrieg heimgekehrter Fleischhauer erfunden. Und wenn wir Sie schon in die Niederungen der Wiener Gastronomie führen: Es gibt auch die »Käsekrainer«: Ihre Order am Würstlstand würde dann »a Eitrige« (die zerfließenden Käsestücke!) lauten. Eine komplette Burenheidlbestellung klingt so: Reiß her a gschnittene Haaße mid an Siaßn, an Buckl, ana Wuazn und ana Hüsn (Reichen Sie mir bitte eine aufgeschnittene Burenwurst mit süßem Senf, einem dicken Stück vom Brotanschnitt, einem Pfefferoni und einem Bier).

Bschoad, der (oberösterreichisch) – Bescheid, in Oberösterreich kann man den nicht nur geben, sondern auch mitgeben – dann handelt es sich um ein Doggy bag für Menschen.

Dampfl, das – Hefeansatz, Vorteig, in warmer Milch aufgelöste Hefe, zum Gehen gebracht.

Deka, der – eigentlich Dekagramm (das), ein Deka sind – wenig überraschend – zehn Gramm.

der – Die Verben mit dem Präfix der- sind im Österreichischen eine eigene Kategorie, der- zeigt an, daß man etwas dertan hat – also das Tun erfolgreich abgeschlossen hat. Wobei »erfolgreich« nicht unbedingt positiv sein muß: Man kann sich auch derrennen, das heißt, so sehr rennen, bis man irgendwo anrennt.

derpacken – eine Arbeit überstehen,
derstrudeln – sich eilend bemühen,
derwarten – wir haben's derwartet, heißt, das Erwartete ist eingetroffen.
derwürgen – erfolgreich gewürgt, ergo erwürgt und viele andere ...

Duliö – Rausch

eh – ohnedies, sowieso. Philosophische Betrachtungen eines Waldviertler Bauern zu einem Argument, das ihn nur halb überzeugt: No eh – und do wieda net a!

Eierschwammerl, das – Pfifferling

Eierspeis, die – Rührei

Einbrenn, die – Wie hieß das noch in Deutschland? Mehlschwitze! Einbrennen ist – leider – ein allgegenwärtiges österreichisches Kochverfahren.

Einsoachen – einweichen

Erdäpfel, der – Leider setzt sich auch in Österreich die Kartoffel immer mehr durch, fast ausgestorben ist die schöne Bezeichnung »Bramburi«, die etymologisch auf Brandenburg zurückgeht, woher Erdäpfel nach Österreich importiert wurden. Dialektal gibt es auch noch die Krumpern (Grundbirnen).

Erdäpfelwuzerl, das – Wuzerl sind etwas Gewuzeltes, wuzeln heißt rollen, drehen. Ein Wuzerl ist aber auch eine kleine, runde Person.

Ezzes (Plural) – jiddisch: Ratschläge

Faschiertes, das – Hackfleisch

Fasching, der – Karneval, wird am Aschermittwoch zu Mitternacht begraben

frotzeln – sagen wir mal: verhohnepipeln

fuzelig – in kleinste Teile zerlegt, fuzeln oder auch fizeln aus dem Mittelhochdeutschen, »vitze«: Garnreste beim Spinnen

gach – jäh, schnell, ebenfalls mittelhochdeutsch; und wer seiner Wut Ausdruck verleiht, kriegt einen Gachen.

Gatsch, der; gatschig, eingatschen – kommt etymologisch von Kot, gemeint ist alles Manschige, »Hupf in Gatsch und schlag Wellen« ist eine österreichische Variante des Götzzitats. Und der »Kellergatsch« ist ein Aufstrich beim Heurigen (siehe dortselbst).

genant – Da fehlt kein n! Unser genant ist ein Gerundium von genieren, und zwar ist die Sache genant, für die man sich geniert.

Germ, der – Hefe

Gmachtl, das – bei uns Sauerrahm, mit Mehl versprudelt (um das Gerinnen des Sauerrahms beim Aufkochen zu verhindern); aber ein Gmachtl ist eigentlich alles, was man schnell mit Mehl zusammenrührt (zum Beispiel zum Eintropfen in die Suppe).

Gmias, das – Gemüse

gneißen, Gneißer, der – erahnen, verstehen, kommt vom Althochdeutschen »ganniuuizen«. In einer in Wien spielenden Fernsehserie, dem Kaisermühlen-Blues, ist der Herr Gneißer ein besonders depperter (=dümmlicher) Lokalpolitiker der Sozialistischen Partei. Sein Pendant aus der Österreichischen Volkspartei heißt »Schoitl«, also Trottel. Ein Publikumserfolg!

Godn, der oder die – Pate, im Oberösterreichischen auch das Patenkind

Golasch, das – manchmal auch Gollasch, die Wiener Aussprache fürs ungarische Gulyás

grantig, Grant, der – zornig, mißmutig, könnte von »greinen« kommen. Aber die Wiener Volkskundler haben eine viel hübschere Erklärung: Mit dem spanischen Hofzeremoniell kamen im Barock auch die spanischen Granden nach Wien, die sich so überheblich aufführten, daß die Wiener bald einen ordentlichen Grant auf sie bekamen. Und da gibt es die Geschichte von den zwei Granden, die bei jüdischen Lehrern in Spanien Deitsch gelernt hatten, bevor sie nach Wien kamen und sich vorstellten: Mir sennen zwa spanische Granden ...

Graunder oder Graund, der – rechteckiger, gemauerter Waschzuber in der Waschküche, zum Schwemmen der Wäsche, aber auch gemauerter Wasserbehälter im Freien, in dem das Regenwasser (zum Blumengießen) gesammelt wurde

grausen, grauslich, Grausen, der oder das – sich ekeln, Ekel. Das s in der Mitte gibt dem Grauen eine österreichische Dimension, finden Sie nicht? Zugegeben, es stimmt nicht ganz, aber stellen Sie sich einmal vor, Goethes Gretchen hätte zu Faust »Heinrich, mir graust's vor dir« gesagt! Wolfgang Amadeus Mozart, als Kind zu Gast bei Maria Theresia, soll als Antwort auf die Aufforderung zum Zugreifen bei Tisch entgegnet haben: »Danke, mir graust's schon.« In anderen Quellen war's der Anton Bruckner, natürlich nicht bei der Maria Theresia, sondern in irgendeinem adeligen Haus. Also ist die Geschichte wahrscheinlich überhaupt erstunken und erlogen.

Gschamsterer – low-key-Ausdruck für Freund, Geliebter, kommt von Gehorsamster (»Gehorsamter Diener«)

gschert – von geschoren, bäuerlich, derb, eines unserer Lieblingswörter, wie auch unser Lektor kritisch anmerkte. Ist aber schwer zu ersetzen, hat es doch einen ironischen Unterton, der seinen hochdeutschen Synonymen völlig fehlt. Die Herkunft: Die (unfreien) Bauern durften früher keine langen Haare tragen. Heute ist die Geschichte natürlich eher umgekehrt: Nicht der Provinzler, der Wiener ist gschert, zumindest in den Augen der Provinzler. Wahrscheinlich sind es ja beide. Im Biedermeier hieß der Tod auch der gscherte Hansl, nur einer der zahlreichen Namen für den Tod in Wien.

Gschistigschasti, das – aus dem Tschechischen »čisté šaški«, purer Unsinn, unnützes Zeug. Peter Wehle berichtet in seinem Standard-Werk »Sprechen Sie Wienerisch?« von einem Kinderauszählreim: Gschisti gschasti gummilasti (auch gehört: gumberlasti).

gschmackig, Gschmackn, der – pikant, anregend, ein geschmackiger Wein ist – dieselbe Wurzel – ein schmeckerter Wein, stark aromabetont (z.B. Muskateller); früher ging diese Geschmacksrichtung auch noch ins Süßliche, eher für den »Frauenmund« also.

Gschlader, das – dünne, unter Umständen auch nicht sehr appetitliche Flüssigkeit, wahrscheinlich von mittelhochdeutsch »slote«: Mischung von Lehm und Wasser. In Österreich oft für einen inadäquaten Kaffee gebraucht, aber auch eine Suppe kann ein Gschlader sein, ein Wein, ein warmes Kracherl (Limonade mit Kohlensäure) und, wie wir seit Helmut Qualtinger-Travnicek wissen, auch eine Bullabessé (Bouillabaisse). Kaiser-Günters Mutter sagte zum Gschlader auf Brünnerdeutsch »Sprunder«, und daß diesen Ausdruck niemand von uns mehr kennt, ist Grund genug, ihn zu bringen.

gschtaucht – untersetzt

gschwarig (oberösterreichisch) – schwer, korpulent

Gselchtes, das Gselchte – Geräuchertes

Gsiberger, der – »Ich bin z'Kuba gsi«, sagt der alemannische Vorarlberger, wenn er von Kuba heimkehrt, und heißt deshalb zu Recht »Gsiberger«. Der Gsiberger zeichnet sich außer durch seinen sprichwörtlichen Fleiß besonders durch seine Käsknöpfle aus. Wir haben diese im Repertoire, seit wir einen echten Gsiberger derheiratet (siehe der-) haben.

gsparig (oberösterreichisch) – sparsam bis geizig

Gspritzter, der Gspritzte – Gspritzt (sprich: gschpritzt) ist eines der Wörter, die wir unsere nicht deutschsprachigen Freunde zu allererst lehren. Ein Gspritzer ist zuerst einmal ein (rescher bitte!) Wein, der mit Soda versetzt wird: Fifty/fifty ist es ein Wintergspritzer, ein Drittel Wein, zwei Drittel Soda ist es ein Sommergspritzer. Aber auch eine Person kann gspritzt sein, nämlich gspritzt im Hirn, das heißt prätention, eitel, nervtötend. Gspritzte sind etwa ein paar der ständig wiederkehrenden Protagonisten in der beliebten ORF-Fernsehsendung »Seitenblicke«. Szene im Wirtshaus. Gäste: Herr Ober, zwei Gspritzte. Ober: Das seh' ich eh, aber was wollen'S trinken?

Gstankerl, das – natürlich von Gestank, ein Gschtankerl kann aber etwas durchaus Feines sein – etwa das Pinot-Gstankerl bei einem Wein oder ein Knofl-Gstankerl ...

Gstopfter, der Gstopfte – pekuniär wohlbestallter Mensch, gestopft ist er, weil ihm die volle Brieftasche die Brust aufbläht.

Gwand, das – Kleidung

Hackn, die – Arbeit gleichzeitig Arbeitsstelle (ich geh in die Hackn), wer keine hat, ist »hacknstad« (stad = still). Angeblich und einleuchtend kommt es von der klassischen Landstreicherarbeit, dem Holzhacken im Tausch für ein Essen.

Häfn, der oder das – ist ein Topf, aber auch das Gefängnis (Häfnbruder!) – und das Häferl ist demgemäß ein kleiner Topf oder auch eine Tasse (aber kein kleines Gefängnis!). Weil das Häferl geschwind übergeht, kann damit auch ein jähzorniger, aber auch ein »leicht ang'rührter« (leicht zu kränkender) Mensch bezeichnet werden.

halt – eben, nicht im Sinn von flach, sondern dieses wunderschöne Füllwort: Da kann man halt nix machen. I bin halt a echts Weana Kind. Gibt es übrigens schon im Gotischen (»haldis«) und im Althochdeutschen (»halto«).

hantig – herb, bitter, gallig, ein uraltes deutsches Wort, Geschmacksrichtung, und wenn das Maidlein nicht so anschmiegsam und lieblich ist, wie es die Herren gern haben, dann ist sie hantig – deshalb gibt es heute viel mehr hantige Weiber als früher, Göttinseidank!

Herzpinkerl, das – der Liebling von jemandem, ein Pinkerl ist ein aus Tuch geformter Behälter, in dem man seine (Wert-)Sachen mitträgt. Aber übertragen bedeutet es auch Schicksal, Last des Schicksals: Jeder tragt sein Pinkerl und steht bald im Winkerl ...

Heuriger, der Heurige – Auch dieses identitätsstiftende Wiener Vokabel ist nicht auf der Nudelsuppn dahergeschwommen, wie man bei uns sagt, sondern kommt aus dem althochdeutschen »hiu jaru«, dieses Jahr. Der Heurige ist der Wein der letzten Lese (zu St. Martin, am 11. November, zum erstenmal ausgeschenkt – damit wird der vorhergehende Jahrgang zum »Alten«), andererseits das Lokal, wo er ausgeschenkt wird. Unter Heurigen (nur im Plural) versteht man auch junge Erdäpfel. Und dann gibt es noch die Bedeutung von »Heurigen«, die nur negativ artikuliert wird: »Das ist auch kein Heuriger mehr«, im Sinn von »Das ist ein erfahrener Mensch«, durchaus als Kompliment zu verstehen.

hobn (oberösterreichisch: Kein Wiener kann mit diesem Wort etwas anfangen) – hobn tut ein Most, wenn er so adstringierend ist, daß es einem den Mund (und vielleicht sonst noch einiges) zusammenzieht, das machen die Mostbirnen.

kakanisch – Kakanien (von k. k., kaiserlich königlich, also altösterreichisch) ist der Schauplatz von Robert Musils »Mann ohne Eigenschaften«.

kampeln – kämmen, geschneuzt und gekampelt: für besondere Anlässe ordentlich hergerichtet. Ein fescher Kampl ist ein leckerer Knabe, wobei natürlich die Assoziation mit dem Hahnenkamm völlig richtig am Platz ist.

Karfiol – Blumenkohl

Karkassen (Plural) – Gerippe bzw. Panzer zu verzehrender Tiere. Wir bringen dieses Wort in unserem Glossar, weil ein Leser aus Nairobi (!) auf einer Ansichtskarte um Aufklärung gebeten hat. Er schrieb: Ich kenne nur »Tscherkessen«. Wir antworteten ihm: Karkassen sind so etwas Ähnliches wie das Chassis beim Auto. Tatsächlich wissen wir jetzt, daß es für ein Schiff eine eigene »Karkassenversicherung« gibt..

Klachlsuppe, die – allgemein für Schweinssuppe, Klachln sind geschnittene Schweinshaxen (oder auch Schwanz und Ohren), alle Teile des Schweines halt, die knorpelig sind. Klachl ist aber eines der wenigen Schimpfwörter aus dem kulinarischen Bereich, die sich auf Männer beziehen: Ein blöder Klachl ist ein blödes Mannsbild.

Klumpert, das – überflüssige Gegenstände, wertloses Zeug

Knackwurst, die – auch Beamten-, Maurer- oder Eisenbahnerforelle oder Studentenschnitzel, des Hundes Lieblingsbelohnung, eigentlich deutsche Importware, denn sie wurde 1553 das erste Mal offiziell bei Hans Sachs erwähnt. In Österreich gibt es weiters jede Menge »alter Knacker«, das sind keine alten Würste, sondern ältliche Männer. Knackig ist heute ein epitheton ornans, das gerne für den A ... verwendet wird, und zwar für den weiblichen sowohl als auch für den männlichen, so er es verdient.

Knofl und Zwiefl – Knoblauch und Zwiebel, die Tante Heide der Harrer findet Knofl ganz furchtbar, deshalb sei ihr heute gesagt, daß es von althochdeutsch »chlovolouch« kommt, und da das erste l im Wort eh schon unwiederbringlich assimiliert ist, wollen wir wenigstens das v phonetisch behalten, gelt ja?

Kohl, der – Wirsing

Kren, der – Meerrettich, tschechisch Křen

Krispindl, das – zartes, schwaches Wesen, das Wort erinnert an den heiligen Crespinus (Krispin), den Schutzpatron der Schneider, die bekanntermaßen alle klein und schmächtig waren.

Krusperl, das – Kruste, im Idealfall mit mannerwafferlähnlichem Biß, und weil das so lecker ist, heißt »verkruspeln« vernaschen, durchaus im übertragenen Sinn.

Küchenschammes, der – jiddisch, der Diener, Helfer in der Küche, der die den Juden am Sabbat verbotenen Tätigkeiten ausführte

Laberl, das – Laibchen, ein kleiner Laib, ein faschiertes Laberl ist eine Frikadelle beziehungsweise Bulette. Aber auch der Fußball heißt Laberl, haben wir uns sagen lassen. A Laberl reißen ... das ist genau das, was jüngst (März 1999) die Österreicher gegen die Spanier nicht getan haben. (0:9, sic!)

Lavoir – Waschschüssel, sprich Lavoor, wienerisch Lawúr, mit einem schönen harten l, wie es nur Russen und MeidLinger – und österreichische Politiker – können

Latschen (Plural) – bequeme Schuhe

Leich', die – Die Leich' ist nicht nur der oder die liebe Verstorbene, sondern auch dessen oder deren Begräbnis. Beim »Leichansagen« (oberösterreichisch) wird den zum Begräbnis Geladenen der Ort und die Zeit der Leich genannt. Eine Leich' muß »schön« sein, am schönsten ist sie – oder auch das Allerseelenfest -, wenn man den Weinkeller des Verblichenen leertrinken darf. Den Rausch anläßlich der Leich' sehen die Gläubigen traditionell quasi als Pflicht: »Wir haben ja bet' (gebetet) für die arme Seel« – und wenn's was genützt hat, muß man das ja feiern.

letschert – welk, nicht bißfest, aber auch eine Person kann letschert sein.

letteln – schlammig schmecken, die Lettn (laut Duden: der) besteht aus Ton, Lehm, in Ostösterreich heißt auch das Abwaschwasser des Geschirrs Lettn.

Mamalad – Marmelade, pardon Konfitüre. Alle Österreicher unserer Generation haben dabei dieselbe Assoziation, den Waschpulver-Werbespot der berühmtesten Ski-Tochter der Nation, Annemarie (Moser-)Pröll: »Da Mamalad-Fleck ist weg«.

Marillen – Aprikosen

Melanzani - Auberginen

Mistgrabler – der juvenile Hahn, sein Lebenszweck ist nicht die Fortpflanzung, sondern der Verzehr (im passiven Sinn!). Dazu O-Ton aus dem Hause Heikerdinger (Timelkam) angesichts der frischgeschlüpften Singerlpopulation (Singerl = Kücken) mit hohem männlichen Anteil: Sohn (hocherfreut): Muatta, scheiß da nix an, die Gockerl eß ma alle söm (=selbst). Mutter (weniger erfreut): Bleda Bua, mia haum d'Henna do zum Legn.

Mostschädl, der – Oberösterreicher, das – alte – Nationalgetränk ist dort der Most, was sich angeblich auf den oberösterreichischen Kopf auswirkte, wir wollen es ja nicht so recht glauben. Ungern bringen wir auch den Wiener Ausdruck für Most: die »Landessäure«.

Naschmarkt, der – großer Viktualienmarkt mitten in Wien, dem Vernehmen nach beginnt dort der Balkan.

Neb(b)ochant, der – jiddisch, einer, der nichts weiß und nichts kann

no na (net) – Antwort auf eine selbstverständliche Aussage, etwa: Wartender klopft an besetzte Telefonzelle. »Wollen S' telefonieren?« »No na, brausen (=duschen) werd' ich mich wollen!«

Obers – schlicht und ergreifend: Sahne. Das Oberste auf der Milch ist das Obers, no na net! Schlagobers wäre demnach Schlagsahne, nicht mehr und nicht weniger. Sahne, allen unseren – wie man in schlechteren Zeiten sagte: reichsdeutschen – Nachbarn sei es jedoch ins Stammbuch geschrieben: Sahne ist in Österreich ein Reizwort, die »Schlach«-Sahne erst recht. Gastronomen, die das Unwort auf die Speisekarte schreiben, begehen Hochverrat. Gibt uns natürlich zu denken, daß wir uns übers Obers definieren, aber ...

Papperl, das – ist Nahrung in qualitativ (und bestimmt auch quantitativ) ansprechender Form, meist in Union mit dem nicht minder wichtigen Pipperl (ergötzlicher Trank, von lateinisch bibere) auftretend, gutes Papperl und Pipperl bringen das Wienerherz in den güldensten Farben zum Leuchten.

Paradeiser, der – Deutsche glauben, das sei schlicht das österreichische Wort für – horribile dictu – Tomate. Welch trauriges Mißverständnis! Hätten wir sonst einen ganzen Artikel über unsere Liebe zur Frucht aus dem Garten Eden geschrieben? Wenigstens die Italiener mit ihrem Apfel von Gold, dem pomodoro, verstehen uns. Und deshalb behaupten wir: Mozzarella mit Paradeisern sind göttlich, wohingegen Mozzarella mit Tomaten eine ganz und gar irdische Angelegenheit sind. Na gut, wenn die Paradiesfrucht botanisch und nicht ideologisch bezeichnet wird, verwenden sogar wir manchmal das Wort Tomate.

patzig (auch patzert) oder batzig – gatschig, klebrig. Je schärfer das harte p – im Österreichischen sonst stark vernachlässigt – gesprochen wird, desto wahrscheinlicher handelt es sich um eine Person, eine trotzige, arrogante, uneinsichtige, die einen »Patzer« – einen Fehler – nie einsehen würde.

Petersil, der – die Petersilie, gleich dem Dill geht sie im Österreichischen des finalen -e verlustig und erfährt eine Geschlechtsumwandlung.

Plastiktazerl, das – ein wichtiges, ein schönes Wort: auf neudeutsch sagt man Tupperware dazu. Plastiktazerl ist ein Wort des österreichischen Widerstands der 2. Hälfte des 20. Jahrhunderts: Oder können Sie sich vorstellen, daß »Plastiktazerlnparties« zu veranstalten möglich wäre?

pomali – tschechisch: langsam, gemächlich, meistens mit dem Attribut »schön« versehen, was auch einiges über das – verlorene (?) – österreichische Lebensgefühl aussagt.

Pompfunebrer, der – Die Pompfunebrer sind ganz allgemein die Menschen, die ein Leichenbegängnis ausrichten, Bestatter und ihre Gehilfen also. Im 19. Jahrhundert gab es laut Wehle noch eine »Entreprise des pompes funèbres« in Wien. Bei Auswärtigen hinterläßt vor allem derjenige Pompfunebrer nachhaltigen Eindruck, der am Grab das Schauferl reicht, mit dem dem lieben Verstorbenen ein bißchen Erde auf den Sarg gedonnert wird, und der (der Pompfunebrer, nicht der liebe Verstorbene) dafür ein Trinkgeld, einen »Schmattes« (polnisch szmata: Fetzen, d.h. Inflationsgeld) zu bekommen hat. Seinen unvergeßlichen Fernsehauftritt hatte so ein Wiener Pompfunebrer bei der Leich' des seligen Kreisky: Und zwar suchte damals sein Amtsnachfolger Franz Vranitzky vor den internationalen Kameras in Großaufnahme mit steigender Nervosität in allen Rocktaschen nach einem angemessenen Obulus für Big Bruno, möge ihm die Erde leicht werden.

Porri, der – Porree, Lauch

Powidl, der – tschechisch: Pflaumen/Zwetschkenmus, ohne Zugabe von Zucker werden die Zwetschken stundenlang zu dicker, aber nicht schneidfester Konsistenz eingekocht, unverzichtbar für allerhand österreichisch-böhmische Mehlspeisen. Wie vieles andere auch, diente der Powidl dem kakanischen (siehe dortselbst) Menschen zur Ausrede – die allerdings niemand recht glauben wollte: »Bist wieder zur Mali-Tant' Powidl-Kochen gefahren?«

Prato, Katharina – eine Art Ahnfrau von Harrer/Fuchs, auch wenn wir sie nicht mehr um Erlaubnis fragen können. »Die Süddeutsche Küche« der Edlen von Scheiger, 1858 in Graz erschienen, war ein Meilenstein in der österreichischen Kochbuchliteratur, es gab Neuauflagen bis in die jüngste Zeit. Die Prato war das Standardwerk für unsere Urur- bis Großmütter, auch wir sind noch immer beeindruckt, nicht zuletzt vom Umfang ihres Werkes.

Rein, die, Reindl, das – eine Rein ist eine große Kasserolle, ein Reindl ein Topf mit nicht sehr hohen Wänden. Und »die hat an Arsch wie um zehn Gulden a Rein – wie's G'schirr noch billig war« ist ein durchaus achtbares Kompliment.

Ribisel, die – Johannisbeere, der österreichische Ausdruck stammt vom italienischen »ribes« ab beziehungsweise aus dem Mittellateinischen, das seinerseits aus dem Arabischen kommt (ribas).

Roas, die (oberösterreichisch)- Reise, aber da die Oberösterreicher eher bescheidene Leute sind, ist es meist eher ein Ausflug. Und wenn etwa die Fuchs und die Harrer in die Wachau fahren, ist es eine »Weiberroas«.

Ruhm, Franz – Standardwerk der Wiener Kochbuchliteratur; »Kochbuch für alle. Rezepte der Wiener Küche«, 1933, aber später auch in zeitgeistigen Variationen: Kriegsküche, Rohkost etc., letzte Publikation 1968

Sackerl, das – als Nylon- oder Plastiksackerl (-tüte) auch in die österreichische Musikgeschichte eingehend, setzt sie unser aller Opernführer Marcel Prawy doch erfolgreich zum Archivieren ein.

schiach – häßlich, aus dem Mittelhochdeutschen »schiehe«, »schiach wie die Nacht« oder »schiach wie der Zins (=Mietzins)«.

Schlampertheit, schlampert – unordentlich, nachlässig, ein schönes altes Wort, mittelhochdeutsch »slampen« hieß »schlaff herabhängen«. Der, der schlampert ist, heißt Schlampertatsch. Eine Schlampn ist jedoch immer weiblich und sozusagen moralisch unordentlich – was immer das auch heißen mag.

schmurgeln – der Duden sagt »umgangssprachlich für ‚in Fett anbraten'«. Wir verstehen eher darunter, etwas langsam und mit wenig Hitze auf dem Herd – na eben schmurgeln zu lassen.

Schnepfendreck, der – Eingeweide, Herz (ob Magen oder nicht gehen die Glaubensschulen auseinander), Galle und Enddarm einer Schnepfe, kulinarisch aufbereitet als Brotaufstrich.

Schnittling oder Schniddling, der – wieder keine österreichische Verunglimpfung des Schnittlauchs – wir haben einfach das ältere Wort! »Snitelinc« hieß es im Mittelhochdeutschen. Ein Schnittling auf allen Suppen ist einer, der sein Maul zu allem aufreißt, ein typischer Journalist?

Schnoferl, das – gehört zu schnaufen, ein Schweindl hat ein »Schnoferl« (Rüssel), und ein beleidigter Mensch macht eines.

Schöberl, das – eine klassische Suppeneinlage der Wiener Küche. Wehle hat zwei Erklärungen für die Herkunft des Wortes: erstens den Herrn Schöberl, der es erfunden hat, zweitens den »Schub«, mit dem sie in den Ofen befördert werden. Sei es, wie es sei, jedenfalls handelt sich's um eine biskuitartige Masse, die entweder auf ein Backblech aufgetragen, gebacken und in Würfel oder Rhomboide geschnitten oder in eigene Schöberlformen (Mini-Terrinenform) gefüllt und gebacken wird. Schöberlvarianten gibt es viele: Schinken, Krebs- oder Kaiserschöberl (letztere mit faschierten Kaisern?) etc. etc. Und der Major Schöberl (Ernst Waldbrunn) war natürlich der unvergeßliche Kabarettpartner vom Oberstleutnant Nordberg (Karl Farkas).

Schwammerl, das – Pilz, und allein, daß es einen Fußpilz, aber kein Fußschwammerl gibt, läßt das Match eins zu null fürs Österreichische ausgehen.

seinder und meinder (oberösterreichisch) – eh und je, nie und nimmer, aber das läßt sich wohl nur durch einen Beispielsatz erklären: Das hat es seinder und meinder nicht gegeben, daß die Fuchs und die Harrer zum Spargel den Sauvignon Blanc verweigert hätten.

sekkieren – quälen, ärgern, stören, nicht nur »er sekkiert mich«, sondern auch »es sekkiert mich« im Sinn von »es stört mich«

Stelze, die – Haxe von Schwein, Kalb oder Lamm.

Steri, der (oberösterreichisch) – Kletzenbrot (dunkler Brotteig mit Dörrobst), vor Weihnachten produziert.

Taschenfeitl – Taschenmesser, das »Feitl« kommt vom Mittelhochdeutschen »vitelen«, sägen. Es gehört zur Grundausstattung fürs Paradeisereinkaufen am Naschmarkt und andere knifflige Wechselfälle des Lebens.

Teller, das – oberösterreichisch: Gib den Butter auf das Teller!

Topfen, der – Quark. Wehle bringt dazu den ergreifenden Schüttelreim: »Du ißt ja soviel Topfenstrudl, du wirst dich noch verstopfen, Trudl!« Aber auch auf den Topfenneger – einen Menschen, der lange nicht mit der Sonne in Berührung gekommen ist – darf man in diesem Zusammenhang nicht vergessen.

Trzesniewski, der – der Unaussprechliche, dessen berühmte Aufstrichbrötchen in aller Wiener Munde ist. Klassisches Accompagnement: ein Pfiff Bier

Trumm, das, Trümmer (Plural) – größeres Stück, Exemplar, ein Trumm Weibsbild verlangt nach keiner weiteren Erklärung, Hundstrümmerln detto.

Verhackerts, das (steirisch) – Brotaufstrich aus faschiertem, fettem Gselchten.
verhunzen – verderben, verunstalten.
versumpern – versumpfen, ein wichtiges Wort: in einem Wirtshaus/Heurigen die Zeit übersehen und hängenbleiben, dabei sich nach und nach eintrankeln
Wampen, die, wampert – dicker Bauch, dick, »Wampen« ist das echt deutsche Wort für Embonpoint, kommt es doch aus dem Althochdeutschen »wambe«.
walken – ausrollen
Wappler, der – ein Mensch ohne Charakter und Ehrgeiz
zach – zäh
Zähnt oder Zähnd (Plural) – Zähne, eh klar, was uns beeindruckt, ist, daß die österreichische Form im Plural das indogermanische -t erhalten hat, das man in anderen Sprachen (italienisch, französisch, griechisch), und deshalb auch im Wort Dentist findet. Wehle meint dazu: Zähnd sind auf jeden Fall europäischer als Zähne!
zamschreien (zusammenschreien, sich durch Rufen verständigen) tun sich die Weinberln (Rosinen) im Kuchen: Wenn sie das nicht können, ist das der schlagende Beweis dafür, daß sie zu wenige sind, ergo daß die Köchin eine Gsparige (siehe dortselbst) ist.
Zecherl, Zechen (Plural) – natürlich Zehen, vom Knofl, aber auch von der Sau, und eine Zechn ist auch noch ein blödes Weib.
zermantschkern oder zermatschkern – etwas zerdrücken, zerkleinern
Zniachtl, das – vom ausgestorbenen »zernichten«, ein Zniachtl ist ein mageres, kleines, unbedeutendes Menschlein.
Zuagraste, der, die – Zugereister, das heißt einer, der anderswo als in seiner Heimat ansässig geworden ist. Ein Zuagraster bleibt man in Österreich sein Leben lang und über den Tod hinaus, und trotz seiner bekannten Xenophobie ist wahrscheinlich Wien doch der Ort, wo man als Zuagraster in Österreich am besten lebt.
zufleiß – absichtlich, vorsätzlich
Zwetschken – In der süddeutschen Bezeichnung für Pflaumen (auch Zwetschge, Zwetsche) soll das Wort »Damaskus« stecken, das immer als Heimat dieser Frucht galt.

Lieber Freund und *Zwetschkenröster*, ist das nicht ein schöner Abschluß für ein Glossar!

Adressen

Green Cottage, Wien 4., Kettenbrückeng. 3, Tel. 01-5866581

Papuschek und Kohl (ab Mai 2000?), Wien 14., Heschg. 185, Tel. 01-9140360

Verein Niederösterreichische Wirtshausaktion, Wien 1., Fischhof 3, Tel. 01-53610-2002

Karl und Dr. Christine Müller, 2135 Neudorf bei Staatz, Kirchstetten 35, Tel. 02523/505

Hotel Poseidon, Via Pasitea 148, 84017 Positano, Italien, Tel. 0043-89-811111, Fax. 876833

Steirischer Gourmetpaß. (Zwei Teile: Einkaufsführer Ausgabe Nord und Süd) Arge bäuerlicher Selbstvermarkter Steiermark, 8020 Graz, Kindermanngasse 8, Tel. 0316/716551

Rudolf Muster, Schloßberg 38, 8463 Leutschach, Tel. 03454/388

Marcel Kropf (Gewürze), 8504 Preding 42, Tel. 03185/83

Vorspannhof Mayr, 3552 Droß 48, Tel. 02719/2342

Gasthaus Schwarz, 3521 Nöhagen 13, Tel. 02717/8209

Loibnerhof, 3601 Unterloiben 7, Tel. 02732/82890-0

Wirt in der Spöck, Spöck 1, 4872 Neukirchen/Vöckla

Freilichtmuseum Stehrerhof, 4872 Neukichen/Vöckla, Haid 7, Tel. 07682/7033

Rezepte

Kulinarisches bei Mandelbaum

Arne Opitz
Bergholde, Sauffhäuser und Bauernschinder
Ein kulturgeschichtlicher Bummel durch 1000 Jahre steirische Wein- und Eßkultur
Gebunden, 216 Seiten, viele Abb., öS 289,– / DM 39,60 / sfr 37,–

Hier findet sich Unterhaltsames und Wissenswertes über *Bigerl, Heckenklescher, Woaz, Tommerl, Klachelsupp* oder *Kästenburg*, darüber, daß der steirische Prinz nicht nur für den gleichnamigen Jodler steht, sondem auch für die steirische Weinkultur Entscheidendes geleistet hat – und seine bürgerliche Frau Anna Plochl für die steirische Küche, wie die Fronarbeit der *Bergholden* im Mittelalter aussah, warum hier Klima und Boden besonders günstig für den Weinbau sind und warum die Erdäpfel zur Demokratisierung des steirischen Küchenzettels beitrugen. Ein kultur- und sozialgeschichtlicher Wegbegleiter für die noch Unkundigen, der das Wissen der Kundigen erweitert, Appetit macht und Wissensdurstigen Details vermittelt, die anderswo fehlen.

Walter Eckhart / Robert Sommer
„Es war die Reblaus" – Die Uhudler-Legende
Gebunden, Großformat, 144 Seiten, viele farbige Abb.
öS 348,– / DM 47,70 / sfr 44,60

Seit 1992 ist der Uhudler wieder legal. Die Region ist stolz, in Zeiten der Austauschbarkeit und Vereinheitlichung aller Dinge eine regionalspezifische Rarität vorweisen zu können.
Edelweinrittern, die über den Direktträger – als „mißratenem" Verwandten – die Nase rümpfen, antwortet die Uhudlergemeinde mit zunehmender Gelassenheit: Über Geschmack läßt sich streiten.
Der Uhudler scheint also rehabilitiert zu sein. Er ist es noch nicht ganz, denn erst das Wissen über Herkunft dieser Weinrebe, über ihre Sorten, über die Hintergründe und Zusammenhänge der jahrzehntelangen Prohibition, über die Uhudlerwinzer und das Uhudlerland (zu dem auch Teile der ehemaligen und heutigen südlichen Steiermark gehören) macht die Rehabilitierung komplett. Diese Funktion erfüllt das vorliegende Buch, ein Cuvée aus Information und Vergnügen, das Ihnen den Kopf verdrehen wird.

Helmut Zilk

Kulinarisches bei Mandelbaum

Phebe Ndam
Die Kunst der afrikanischen Küche
mit 200 Rezepten
Gebunden, 224 Seiten, viele Abb., öS 298,- / DM 40,80 / sfr 38,20

Haben Sie schon einmal Kokosreis und Koki-Bohnen aus Kamerun, Okra-Sauce aus Ghana und zum Nachtisch südafrikanische Koeksisters probiert? Sie können sie jetzt nicht nur probieren, Sie können sie selber kochen. Phebe Ndam hat jahrelang aus ganz Afrika Rezepte zusammengetragen und stellt jetzt ihre Sammlung vor. Es ist ein klassisches Kochbuch mit 200 Rezepten aus allen Regionen Afrikas, nach denen auch in Europa gekocht werden kann. Phebe Ndam erklärt die Zubereitung und gibt praktische Anleitungen. Dieses Buch ist aber nicht nur ein Kochbuch. Es erläutert auch den kulturellen Zusammenhang, in dem die Speisen stehen. Phebe Ndam zeigt dabei das traditionelle genauso wie das moderne, urbane Afrika, den sozio-kulturellen Hintergrund der Speisen und zu welchen Zeiten und Anlässen sie zubereitet werden. Grundrezepte und eine Fülle von Tips geben Hilfestellung bei den uns nicht vertrauten Zubereitungsarten.
Ein Buch, das uns die Lebensart eines Kontinents vermittelt, dessen Musik und Kunst uns mittlerweile vertrauter ist, dessen reiche Eßkultur uns bisher jedoch verschlossen blieb.
Und keine Angst: Fast alle Zutaten finden sich bereits auf unseren heimischen Märkten, und wenn nicht, bietet das Buch ein ausführliches Glossar mit Ersatzprodukten. So ist Ihr afrikanisches Menu gesichert. Illustriert ist es mit vielen Fotos, davon 24 farbig.

Das Mandelbaum-Verlagsprogramm schicken wir Ihnen gerne zu:
Mandelbaum *Verlag*
Ferdinandstr. 25 / 2605
A-1020 Wien
Fax: 0043-1-21368 2605